AF532115

·FOLIA·
·INTER·
·SEMPER·
·FRUCTUS·

Till Kinzel

Nicolás Gómez Dávila

Parteigänger verlorener Sachen

5., um ein Nachwort und bibliographische Nachträge ergänzte Auflage

Lepanto Verlag, Rückersdorf üb. Nürnberg

Bibliographische Information der Deutschen Nationalbibliothek

Die Deutsche Nationalbibliothek verzeichnet diese Publikation in der Deutschen Nationalbibliographie; detaillierte bibliographische Angaben sind im Internet über http://ww.d-nb.de abrufbar.

Fünfte, um ein Nachwort und bibliographische Nachträge ergänzte Auflage

Lektorat: Dat Medienhus GbR | www.dat-medienhus.de

Für die neuen Teile der fünften Auflage:
Lektorat: Christoph Fackelmann
Satz: werksatz-dresden.de

Druck: Mazowieckie Centrum Poligrafii, 05-260 Marki, Polen

ISBN 978-3-942605-31-1

INHALT

PROLOG

Ein »kolumbianischer Nietzsche«?

Gerade in Zeiten, in denen die Protagonisten des intellektuellen Konformismus und der politischen Korrektheit als vorgebliche Querdenker gefeiert werden, wird echte Geistesarbeit zu einem dringenden Desiderat. Das Aufgeben oder zumindest zeitweilige Suspendieren eigener liebgewordener Denkschablonen liegt aber meist außerhalb des zu erwartenden Verhaltens derjenigen, die ihre kulturelle Hegemonie über eine Gesellschaft ausüben. Der feste Wille des philosophischen juste milieu, sich nicht aus seinem dogmatischen Schlummer wecken zu lassen, ist mithin, wenn auch an sich unphilosophisch, nicht weiter überraschend. Er bestimmt aber wesentlich, welche Denker jeweils als wichtig gelten, zum Gegenstand eingehender Studien im Rahmen von Promotionen und Habilitationen gemacht werden und somit als Eintrittskarte zur Teilnahme am sogenannten herrschaftsfreien Diskurs herhalten dürfen und welche nicht. Nicolás Gómez Dávila ist dafür ein Testfall ersten Ranges.[1]

Die Rolle von Denkschablonen und die Schwierigkeiten, sie bei der Betrachtung der Welt beiseite zu lassen, seien mittels eines Seitenblicks auf die moderne Tiefenpsychologie illustriert. Der Psychologe Alfred Adler hat im Anschluß an Vaihingers Philosophie des Als Ob davon gesprochen, daß der Mensch gleichsam ein Netz von Hilfskonstruktionen – Fiktionen – entwerfe, mit denen er sich die Welt zurechtlege.[2] Er lebt demnach mit einem großen und zweifellos sehr nützlichen Als-Ob, das zudem in seiner spezifischen Form von kulturellen Normen geprägt ist. Der seelisch Gesunde macht von diesen fiktiven Leitlinien

1 Vgl. Amalia Quevedo: ¿Metafísica aqui? Reflexiones preliminares sobre Nicolás Gómez Dávila, in: Ideas y Valores Nr. 111 (Dezember 1999), 80. Daß Gómez Dávila selbst zur Zielscheibe politisch korrekter Illiberalität wird, kann kaum verwundern. Vgl. dazu etwa Peter Schultze-Kraft, (Hg.): Dossier zu Nicolás Gómez Dávila, in: Akzente. Zeitschrift für Literatur 2 (April 2008), 137; Felix Johannes Krömer: Rechte Ecke, böser Bube. Ein Berliner Kolloquium zu Nicolás Gómez Dávila, in: Frankfurter Allgemeine Zeitung , 7. Dezember 2007.

2 Siehe Alfred Adler: Über den nervösen Charakter. Grundzüge einer vergleichenden Individual-Psychologie und Psychotherapie, Frankfurt/M. 1972, 47, 54, 58, 65, 169. Vgl. Detlef Horster: Alfred Adler zur Einführung, Hannover 1984, 25-28.

ebenso Gebrauch wie der Nervöse – doch mangelt es dem Nervösen an der »Unbefangenheit, im Falle des Entschlusses, sich von diesen abstrakten Fiktionen zu befreien und die Rechnung mit dem Realen zu machen«. Der nervöse Charakter des modernen Zeitalters sei nun aber gerade dadurch gekennzeichnet, daß er nicht in der Lage sei, diese Hilfskonstruktionen im Bedarfsfall an der Realität abzugleichen. Er »klammert sich an den Strohhalm der Fiktion, hypostasiert sie, verleiht ihr willkürlich Realitätswert, sucht sie in der Welt zu realisieren«.[3] Neurotisch verfestigen sich so die Hilfskonstruktionen zum Weltbild, aus dem die unliebsamen Aspekte der Welt und des Menschen ausgeschieden oder an den Rand gedrängt werden. Ziel einer Psychotherapie müsse es daher sein, diese Wirklichkeitsdistanz des Neurotikers aufzuheben, um zu einer adäquaten Analyse der Lage zu gelangen, aus der heraus die Bewältigung der Lebensprobleme erst erfolgen könne.

Setzt man heuristisch die kulturneurotischen Zustände der »Spätmoderne« in Analogie zur Seelenstörung des Individuums, mit dem sich der Psychologe und Arzt beschäftigte, so darf man sagen, daß das Denken des kolumbianischen Philosophen Nicolás Gómez Dávila einer Psychotherapie gleichkommt – oder doch gleichkommen könnte. Das wäre der Fall, wenn es seinen scharfen Spitzen gelänge, hinter die gut gesicherten Festungen und Panzerungen der tendenziösen Wahrnehmung seiner und unserer Zeitgenossen zu kommen. Vielleicht aber ist das reaktionäre Denken, dessen sich Gómez Dávila nach eigenem Bekunden und Vorsatz bediente, doch nur eine Therapie der feinen Nadelstiche, die immer wieder an verschiedenen Stellen des Denk- und Fühlapparates appliziert werden müssen, um eine dauerhafte Wirkung – möglicherweise sogar Heilung – herbeizuführen. Denn der Reaktionär, als der sich Gómez Dávila verstand, ist seinem Selbstverständnis nach der Pathologe, der bestimmt, was Krankheit und was Gesundheit ist (E II 433=351/SCH 535). Das reaktionäre Denken ist demnach wie eine Art Akupunktur am dogmatisch verfestigten Geist. Das ist die zeitlos unzeitgemäße Aufgabe der Philosophie im Gefolge von Reaktionären wie Sokrates und Platon, wie sie in der Apologie des Sokrates und den Dialogen Platons exem-

3 Adler: Über den nervösen Charakter, 54.

plarisch vorgeführt wird. Reaktionär sein bedeutet Gómez Dávila zufolge »Automatismen demontieren« (E I 478=387/ SCH 560). Diese Option für das Demontieren von Automatismen im Denken ist Gómez Dávilas eigene Antwort auf die Frage nach dem richtigen Leben, die eine grundsätzliche Entscheidung erfordert: »Man muß wählen zwischen einem routinemäßigen Leben und einem routinemäßigen Denken« (NE II 144=141/VP 217).

Ein Vorbehalt ist hier jedoch am Platze: Die Begriffe »reaktionär«, »Reaktionär«, »Reaktion« werden im folgenden nicht als Begriffe der politischen Denunziation verwendet wie etwa im Sprachgebrauch von Marxisten und Nationalsozialisten oder auch im Rahmen gegenwärtiger politischer Auseinandersetzungen. Vielmehr greifen sie die Eigenbezeichnung des Denkers auf, dem dieses Buch gewidmet ist. Gómez Dávila begriff sich gegen jede politische Klugheit ausdrücklich als Reaktionär. Der präzise Wortsinn des Reaktionären im Sinne Gómez Dávilas ergibt sich erst aus dem Durchgang durch die Denkbewegungen des Philosophen und sollte daher von vorgefaßten Meinungen tunlichst freigehalten werden.[4] Die Einübung in das reaktionäre Denken in diesem wohlverstandenen Sinne ist nicht zuletzt eine Intention, die das vorliegende Buch verfolgt.

Der unverwechselbaren Eigenart des Nicolás Gómez Dávila ist es geschuldet, daß seine denkerischen Impulse bisher nur ganz verstreut und an den Rändern der akademischen Philosophie, in einer modernitätskritischen Subkultur gleichsam und bei einzelnen nicht klassifizierbaren Außenseitern, aufgegriffen wurden. Dies geschah oft kaum anders als durch gelegentliches Zitieren, das auf tiefere Sympathien und das Weiterdenken von Impulsen hinweist.[5] Ausgehend von Österreich, Deutschland und Italien findet seit einigen Jahren auch in Gómez Dávilas Heimatland Kolumbien eine immer stärkere Rezeption seiner Schrift-

4 Vgl. dazu unten den Abschnitt „Reaktionäre Denkbewegungen"; siehe auch den wichtigen Hinweis bei Jean Starobinski: Aktion und Reaktion. Leben und Abenteuer eines Begriffspaars, München 2001, 341. Siehe auch Harald Seubert: Reaktion als geistiges Prinzip. in: Sezession 54 (Juni 2013), 16-19.

5 Z. B. die Mottos bei Bernard Willms: Postmoderne und Politik, in: Der Staat 3/1989, 321; Karlheinz Weißmann: Der Weg in den Abgrund. Deutschland unter Hitler 1933 bis 1945, München [2]1997, 5; Armin Mohler: Der faschistische Stil, in: Derselbe: Das Gespräch. Über Linke, Rechte und Langweiler, Dresden 2001, 120; sowie Rudolf Burger: Ptolemäische Vermutungen. Aufzeichnungen über die Bahn der Sitten, Lüneburg 2001, 13-14; Wolfgang Hilbig: Das Provisorium, Frankfurt/M. 2001, 5.

en statt, wovon eine wachsende Zahl wissenschaftlicher Aufsätze und Essays sowie verschiedene Veranstaltungen im Jahr 2013 aus Anlaß seines hundertsten Geburtstages Zeugnis ablegen.[6] Darüber hinaus ist Gómez Dávila in den letzten Jahren auch in Frankreich, wo er einen Teil seiner Jugend verbrachte, beachtet worden. Vor allem in Polen und Spanien hat die Auseinandersetzung mit seinem Werk unterdessen recht beachtliche Ausmaße angenommen. Selbst in den Vereinigten Staaten dokumentierte die altkonservative Zeitschrift Modern Age im Jahre 2010 die singuläre Sichtweise Gómez Dávilas mit einer Übersetzung seines Essays über den authentischen Reaktionär.[7]

Der Husserl-Schüler Dietrich von Hildebrand, einer der prononciertesten Verteidiger der philosophia perennis, der immerwährenden Philosophie, aus dem Geist der Phänomenologie, soll als einer der ersten auf den kolumbianischen Denker hingewiesen haben, ohne daß dies indes ein vernehmbares Echo hervorgerufen hätte.[8] Gómez Dávila findet dagegen in der einschlägigen Fachliteratur nur selten Erwähnung[9] – er war noch vor wenigen Jahren ein »berühmter Unbekannter« (José Miguel Oviedo).[10] Die Romanistik hat sich wenig interessiert an dem kolumbianischen Autor gezeigt, doch sind im Zuge des verstärkten allgemeinen Interesses an Gómez Dávila eine Reihe von Studien er-

6 Die italienische Übersetzung eines Teiles des ersten Bandes der Escolios (bis S. 244) erschien im März 2001; bereits im September mußte die zweite Auflage gedruckt werden.

7 Siehe die von R. V. Young erstellte Übersetzung von Nicolás Gómez Dávila: The Authentic Reactionary, in: Modern Age 52/1 (Winter 2010), 76-80.

8 Siehe Franco Volpi, in: ETI 498; M 182. Hildebrand hatte Familienangehörige, die in Bogotá lebten. Zu Hildebrand, der starke monarchistische Sympathien hatte, siehe Alice von Hildebrand: The Soul of a Lion. Dietrich von Hildebrand. A Biography, San Francisco 2000 (eine Hagiographie); Josef Seifert (Hrsg.): Dietrich von Hildebrands Kampf gegen den Nationalsozialismus, Heidelberg 1998. Vgl. auch Aurel Kolnai: Political Memoirs, Lanham 1999, 198; sowie die kritische Diskussion von Eberhard Straub: Zur Tyrannei der Werte, Stuttgart 2010, 102-110.

9 So fehlt sein Name etwa in dem Grundlagenwerk von Heinz Krumpel: Philosophie in Lateinamerika. Grundzüge ihrer Entwicklung, Berlin 1992, aber auch in anderen Überblickswerken zur lateinamerikanischen Literatur. Ohne eigene Textkenntnis erwähnt Ivo Höllhuber: Geschichte der Philosophie im spanischen Kulturbereich, München/Basel 1967, 276, Gómez Dávila als einen Denker, »der zu den traditionellen Problemen der Philosophie vitalistische Lösungen sucht«, was kaum besonders aussagekräftig ist. Eine Ausnahme auch: José Miguel Oviedo: Breve historia del ensayo hispanoamericano, Madrid 1991, 150-151; vgl. José Miguel Oviedo: Historia de la literatura hispanoamericana, Bd. 3: Postmodernismo, Vanguardia, Regionalismo, Madrid 2001, 484.

10 José Miguel Oviedo: Breve historia del ensayo hispanoamericano, Madrid 1991, 150.

schienen, die immerhin den Anfang einer ernst zu nehmenden Rezeption bedeuten.[11] Selbst der ungewöhnliche Fall einer professoralen Polemik gegen den eigenen Forschungsgegenstand Gómez Dávila ist inzwischen zu verzeichnen.[12]

Für die Philosophie könnte ein Rezeptionshindernis nach wie vor darin bestehen, daß hier auf unerkannte Weise die Heideggersche Kritik an der philosophischen Romanität nachwirkt, auch wenn Heidegger paradoxerweise selbst in Lateinamerika eine ernsthafte Rezeption erfahren hat.[13] Die lateinamerikanische Philosophie bleibt daher, wie Franco Volpi zu Recht bemerkt, ein noch zu entdeckender Kontinent, dessen Reichtümer zu ignorieren verhängnisvoll wäre.[14] Dies gilt auch angesichts herablassend ironischer Kommentare im Stile der Pseudo-Vermutung Henning Ritters, »daß es ihn gar nicht gegeben hat, daß er eine Fiktion ist, die man in Kolumbien erdachte, um einmal geistig ins Gespräch zu kommen«.[15] Man mag mit Volpi in ihm einen »kolumbianischen Nietzsche« sehen. Doch diese Charakterisierung Gómez Dávilas bedarf der Präzisierung, wenn nicht der Korrektur. Sie gilt mit einer entscheidenden Volte nur im Sinne eines Wortes von Botho Strauß, der einmal in einem anderen Zusammenhang verlauten ließ, Joseph Ratzinger, der damalige Kardinal und Präfekt der Kongregation für die Glaubenslehre, sei der Nietzsche unserer Zeit. Mit einer paradoxen Wendung, die eines Chesterton würdig wäre, ist für Botho Strauß somit gerade der Verteidiger der Orthodoxie in der heutigen Zeit der wahre Ketzer – was hier

11 Lange Zeit war das Nachwort des Romanisten Franz Niedermayer zur deutschen Auswahlausgabe der Escolios die einzige Auseinandersetzung eines Fachwissenschaftlers mit Gómez Dávila. An neueren Arbeiten seien die Aufsätze von Hinrich Hudde und Werner Helmich genannt.

12 Siehe Eberhard Geisler: Entgegnung auf Gómez Dávila. Eine Polemik, in: Germanisch-Romanische Monatsschrift 3 (2012), 331-351. Geisler liest Gómez Dávila von Derrida her, so als sei dieser der unhintergehbare Maßstab der Lektüre philosophischer Texte, und er macht dann Gómez Dávila im Zusammenhang mit Derridas Platon-Lektüre in La pharmacie de Platon den merkwürdigen Vorwurf, er sei nicht neugierig gewesen und habe nichts Neues in Erfahrung bringen wollen (344). Auch weise Gómez Dávila »bemerkenswerte Bildungslücken« auf, wie Geisler mit Verweis auf Hölderlin, Mallarmé und Michaux sagt. Gómez Dávila habe deshalb »offenkundig nicht zur Kenntnis genommen, daß es moderne Dichtung von Rang gibt, die sich an die Grenzen der Sprache wagt« (351). Gómez Dávila besaß übrigens Exemplare von Derridas De la grammatologie und von L'Écriture et la différence sowie einige Werke Michaux'.

13 Siehe etwa die Studie des kolumbianischen Philosophen Carlos B. Gutiérrez: La crítica del concepto de valor en la filosofía de Heidegger, Bogotá 2009.

14 Franco Volpi: Heidegger et la romanité philosophique, in: Revue de Métaphysique et de Morale 3/2001, 5-18, 18.

15 Henning Ritter: Notizhefte, Berlin 2010, 404.

jedoch nicht im kirchenrechtlichen Sinne zu verstehen ist, sondern in bezug auf die herrschenden Ideensysteme und Gesinnungen einer telekratisch beherrschten Gesellschaft.[16]

So erscheint eine pointierte Interpretation der Hauptzüge des Werkes von Nicolás Gómez Dávila mehr als gerechtfertigt. Die vorliegende Monographie richtet sich an diejenigen aus dem »Häuflein der versprengten Einzelnen«, von dem Botho Strauß gesprochen hat[17], deren Denkbahnen noch nicht unverrückbar festgelegt sind und die für das Abenteuer der Selbsterkenntnis bereit sind. Selbsterkenntnis sollte freilich, wie wir noch sehen werden, nicht mit »Selbsterfahrung« verwechselt werden, mit der sie nichts gemein hat. Die Form der Selbsterkenntnis, um die es Gómez Dávila zu tun war, findet ihren prägnantesten Ausdruck in einem Satz aus dem zweiten Band der *Escolios*: »Niemals können wir auf den zählen, der sich nicht selbst mit dem Blick des Insektenforschers betrachtet« (E II 60=55/SCH 323).*

Diese zuerst 2003 erschienene Studie war in ihren ersten drei Auflagen das weltweit erste Buch über den »kolumbianischen Nietzsche«. Es konnte damals noch kaum auf wissenschaftliche Detailstudien zu dessen Werk zurückgegriffen werden; inzwischen hat sich die Lage zwar deutlich gebessert und es sind eine Reihe von Publikationen erschienen, sowohl einzelne, eher schmale Monographien (Volpi, Abad) als auch Sammelbände. Dennoch hat die Forschung zu Gómez Dávila gerade erst begonnen und es stehen genauere Untersuchungen zu verschiedenen Aspekten seines Werkes aus, zu denen verschiedene Disziplinen einen Beitrag zu leisten haben. Nach wie vor bestehen zudem manche Publikationen zu Gómez Dávila in analytisch eher schwach ausgeprägten Aneinanderreihungen von Zitaten oder in eher assoziativen Essays. Daher hat, so scheint mir, auch die hier vorgelegte überarbeitete und stark erweiterte Neuausgabe dieses Buches ihren guten Sinn. Der Schwerpunkt der Darstellung liegt auf dem kritischen Nach-

---

16 Botho Strauß: Kardinal Ratzinger ist der Nietzsche unserer Zeit, in: Frankfurter Allgemeine Zeitung, 27. Oktober 1994, 37. Siehe Helga Arend: Mythischer Realismus – Botho Strauß' Werk von 1963 bis 1994, Trier 2009, 218.

17 Botho Strauß: Anschwellender Bocksgesang, in: Heimo Schwilk/ Ulrich Schacht (Hg.): Die selbstbewußte Nation. „Anschwellender Bocksgesang" und weitere Beiträge zu einer deutschen Debatte, Frankfurt/M.-Berlin [2]1994, 33. Strauß setzt seine reaktionäre Gegenwartskritik in seinem Essay »Der Plurimi-Faktor« fort. Siehe Spiegel Nr. 31/2013, 108-112; sowie insgesamt Die Lichter des Toren. Der Idiot und seine Zeit, München 2013.

vollzug einiger zentraler Denkbewegungen Gómez Dávilas, um die Vielfalt seiner Reflexionen und deren kulturkritisches Potential sichtbar zu machen. Es geht also um eine Annäherung an seinen »*Grundwillen* der Erkenntniss« (Nietzsche), nicht um eine vollständige Kommentierung.[18] Gegenüber der Erstausgabe des vorliegenden Buches bietet die Neuausgabe ausführlichere Erörterungen zur literarischen Ästhetik Gómez Dávilas, zur »impliziten Bibliothek« Gómez Dávilas als einer zentralen Kategorie für das Verständnis seiner literarischen Bezugsgrößen sowie zur religionsphilosophischen Kontextualisierung seines Denkens. Das vorliegende Buch stellt somit auch einen Beitrag zum theologisch-politischen Problem dar.

So berechtigt sie in mancher Hinsicht sein mag, wie jeder leicht sehen kann: Kritik an Gómez Dávila, zu der jeder Leser in hohem Maße herausgefordert ist und die selbstredend ihre Berechtigung hat, wird dabei nicht im Mittelpunkt stehen. Ich folge darin der wahrhaft reaktionären Devise: »Ein kritisches Studium scheint uns nur bei unwichtigen Autoren angebracht« (SE 162=137/AB 93). Um einen Philosophen zu verstehen, so mahnt uns Gómez Dávila, müsse man die Weise kennen, in der er zweifele (N 305=421=348). Und auch dies gilt: »Einen Philosophen zu verstehen, heißt, sich für einen Augenblick von ihm überzeugen zu lassen« (SE 74=62/AB 43). Freilich darf all dies nur cum grano salis genommen werden, denn weder ideologiekritische Denunziation noch moralistische Anklage oder gar kritiklose Affirmation darf das Geschäft des Interpreten sein. Überdies dürften die zahlreichen Einwände des Lesers gegen die reaktionäre Weltsicht gleichsam von selbst erzeugt werden, eben weil diese Weltsicht der seinigen in aller Regel nicht entspricht. Die dementsprechend mit Kritik zurückhaltende Vorgehensweise ist bei weitem derjenigen vorzuziehen, bei welcher der Kritiker von der vermeintlich überlegenen Warte des Besserwissers eilfertig Lob und Tadel verteilt und so den Leser in falscher Sicherheit wiegt. Es soll ihm nicht suggeriert werden, er könne sich von der eigenen Anstrengung des Begriffs und Denkens entlasten – die Tragfähigkeit und das Anregungspotential der Modernitätskritik Gómez Dávilas kritisch zu

18 Friedrich Nietzsche: Zur Genealogie der Moral (Vorrede 2), in: KSA 5, München 1988, 248.

werten, soll und muß seinen prüfenden Abwägungen überlassen werden.

Das reaktionäre Denken ist offen systemfeindlichen Charakters, wie viele Stellen zeigen; so sagt Gómez Dávila etwa: »Die Idee, die sich zu einem System entwickelt, begeht Selbstmord« (E I 103=89/SCH 65); oder er bezeichnet jedes System als einen Zentauren, der halb Mensch, halb Tier sei (E II 86=76/SCH 339), also als etwas, das unweigerlich inkongruent ist. Dennoch soll der Versuch unternommen werden, so etwas wie wiederkehrende Motive zu benennen, die als Indizien für den intentionalen Kern dieses Denkens verwendet werden können. Die Therapie, die der Reaktionär Gómez Dávila für die allzu offenkundigen wie verborgenen Übel der Zeit vorschlägt, ist keine im modernen Sinne politische Therapie und kann daher per definitionem nicht verallgemeinert werden. Denn Gómez Dávila wendet sich an die einzelnen, deren Leben zwar allenthalben von Politik und einer dekadenten Kultur gleichsam umzingelt ist, aber zur Gesundung auch ein beträchtliches Maß der Abwendung von der Kultur der Gegenwart erfordert. Dies darf nicht mit zynischer Gleichgültigkeit gegen das Geschehen der Gegenwart verwechselt werden oder gar mit apolitischem Desinteresse am Zeitgeschehen, wie verschiedene Texte Gómez Dávilas sehr wohl zeigen. Die untergründige und verstreute Wirkung dieses Geistesriesen soll wenigstens in knappen Verweisen auf die bisherige Rezeption aufscheinen – die meisten Länder der westlichen Welt haben indes die Bekanntschaft mit dem Denken Gómez Dávilas noch vor sich. Der Reaktionär gehört nicht der Vergangenheit an, sondern der Zukunft: »Ich gehöre nicht einer Welt an, die untergeht. Ich verlängere und übermittle eine Wahrheit, die nicht stirbt« (E II 500=405/SCH 573).

I. ZUM LEBEN NICOLÁS GÓMEZ DÁVILAS

Historisch-geographische Verortung

Das Leben des kolumbianischen Denkers – ein nach Maßstäben der Mediengesellschaft im höchsten Maße uninteressantes, weil wenig aufregendes Leben[19] – tritt ganz hinter seinem Werk zurück. Gómez Dávila verweigert sich als Denker der klatschhaften und allzu beliebten Methode, das Interesse an der Person des Denkers oder Schriftstellers über das an seinen Werken zu stellen.[20] Mit gutem Grund: Die Blüte der biographischen Literatur mit ihren dickleibigen Produkten in unserer Zeit legt Zeugnis davon ab, daß von den Biographen oft noch die unwesentlichsten Dinge des Lebens bedeutender Persönlichkeiten ausgebreitet (E II 97=85/SCH 345; E I 292=237/SCH 173) und Versuche unternommen werden, in detaillierter Weise »Seelenaushorchung und -anschnüffelung« bei den behandelten Autoren zu betreiben.[21] Dadurch aber wird allzu oft die Sache verdunkelt, um die es jenen Autoren zu tun war, so daß Gómez Dávila durchaus recht hat, wenn er sagt: »Traurig wie eine Biographie« (E I 217=177/SCH 129).[22] Ein tieferes Verständnis der Texte eines Autors erwächst aus dergleichen detailbesessener Forschungsarbeit nicht notwendigerweise, sondern nur, wenn man diese Tatsachen philosophisch deutet und dadurch den Rang des Autors, der durch sein Werk begründet ist, nicht aus dem Blick verliert (vgl. N 157-158=231-232=182-183). Denn man kann, wie Gómez Dávila bereits in den *Notas* bemerkt, jedes Detail über das Leben eines Menschen wissen, ohne etwas auszulassen, und doch bloß eine ebenso nichts-

19 So Mauricio Galindo Hurtado: A Reactionary in the Andes: An Intellectual Biography of Nicolás Gómez Dávila, 1999, 4.

20 Vgl. Martin Heidegger: Grundbegriffe der aristotelischen Philosophie (GA II 18), Frankfurt/M. 2002, 5.

21 Friedrich Nietzsche: Die Unschuld des Werdens. Der Nachlaß, Band 1, Stuttgart 1978, 213 (Nr. 563).

22 Vgl. Nirad C. Chaudhuri: Three Horsemen of the New Apocalypse, Delhi 1999, 99-100.

sagende Vorstellung von ihm gewinnen wie aus einem Lehrbuch der Geschichte (N 19=53=26; NR 41). Das Aufzeigen der Entstehungsbedingungen eines Werkes, so erinnert uns Gómez Dávila, bedeutet nicht schon, es lasse sich auf diese zurückführen. Das bedeutende schriftstellerische oder philosophische Werk geht niemals darin auf, Ausdruck seiner Entstehungsbedingungen zu sein (NE I 7=11/VP 8). Der Biograph hat daher nicht die Aufgabe, uns das Warum einer Person zu erklären, sondern deren Wie mitzuteilen (NE I 59=59/VP 39). Deshalb soll an dieser Stelle nur eine Skizze stehen, welche für die historische Einordnung nötige Eckdaten vermittelt und auf einige Querverbindungen zur lateinamerikanischen Literatur und Philosophie hinweist. Denn auch, wenn das Werk nicht reduktionistisch auf seine Entstehungsbedingungen bezogen werden kann, so ist es doch nützlich, »den geschichtlichen Kontext eines literarischen Werkes zu kennen«. Diese Kenntnis hilft dabei, es »von den Verzerrungen zu befreien, denen seine Geschichtlichkeit es unterwirft« (NE II 150=147/VP 222).[23] Das bedeutet in methodischer Hinsicht auch, daß sich dieses Buch nicht der gleichsam mythologisierenden These Franco Volpis anschließt, Gómez Dávila sei »aus dem Nichts« hervorgegangen.[24] Die Bedeutung des Denkers Gómez Dávila wird indes durch die Zurückweisung dieses Mythologems keineswegs geschmälert.

Nicolás Gómez Dávila wurde am 18. Mai 1913 in Santafé de Bogotá geboren.[25] Er starb dort am 17. Mai 1994. Sein äußerlich gesehen ausgesprochen ereignisarmes Leben spielte sich ganz überwiegend in Kolumbien ab, mit zwei wichtigen Ausnahmen. Nachdem er sechs Jahre alt geworden war, zog er mit seinen Eltern – der Vater war Bankier und Teppichhändler – nach Paris, wo er bis zum Alter von 23 blieb. Zunächst besuchte er dort eine Benediktinerschule,[26] in der er einen traditionellen humanistisch-christlichen Unterricht genoß, während er die Sommerferien in England verbrachte. In jener Zeit wurde Nicolás durch eine Lungen-

23 Siehe zum lateinamerikanischen Kontext des Werkes auch die Bemerkungen von Alfredo Andrés Abad Torres: Pensar lo implícito. En torno a Gómez Dávila, Pereira 2008, 56-62.

24 Vgl. Franco Volpi: Nicolás Gómez Dávila. El solitario de Dios, Bogotá 2005, 17.

25 Zu den folgenden biographischen Angaben siehe Franco Volpi, in: M, 160-161.

26 Man mag sich die Schule etwa so vorstellen wie die von etlichen Südamerikanern besuchte Einrichtung St.Augustin in Valéry Larbauds *Fermina Márquez*.

entzündung gezwungen, gut zwei Jahre im Bett zu verbringen, ein Umstand, den er für ausgiebige Lektüre und das Erlernen der klassischen Sprachen nutzte. Eine regelrechte Berufsausbildung scheint Gómez Dávila nicht erhalten zu haben, auch über ein Studium an der Universität ist nichts bekannt. Zwar unterstützte Gómez Dávila die Gründung der privaten Anden-Universität in Bogotá (1949), doch fand er sich nicht zu irgendeiner Lehrtätigkeit bereit.[27] Gleichwohl wirkte er im Gespräch auch vielfach als Anreger philosophischen, literaturkritischen und politischen Nachdenkens.[28]

Als er dann nach Kolumbien zurückgekehrt war, heiratete er binnen kürzester Zeit María Emilia Nieto, die ihm drei Kinder schenkte. Bis auf eine sechsmonatige Reise durch Europa mit seiner Gattin im Jahre 1949 sollte er Kolumbien kein einziges Mal mehr verlassen.[29] Das Bedürfnis auf Reisen zu gehen, war demnach bei ihm nicht allzu stark ausgeprägt. Denn die Welt, so Gómez Dávila, in der zu reisen sich lohne, gebe es nur noch in alten Reisebeschreibungen (NE II 189=184/VP 246). Das Leben Gómez Dávilas zeigt sich uns fortan als das des Schriftstellers im Kreise seiner Großfamilie in seinem Haus in Bogotá, wo er in seiner immensen Bibliothek dem Lesen, Denken und Schreiben nachgeht und sich dem Gespräch mit seinen engen Freunden widmet (vgl. T 62=55=42), die ihn »Colacho« nannten. Gómez Dávilas Bibliothek, die er mit Hilfe seines Freundes Hans Ungar, einem aus Wien stammenden Buchhändler, zusammentrug, umfaßte schließlich mehr als 27.000 Bände, darunter zahlreiche bibliophile Kostbarkeiten.[30]

Gómez Dávila strebte keinerlei politische Ämter an. Als ihm unter der Militärdiktatur der fünfziger Jahre erst der Posten des Staatspräsidenten, dann der eines Botschafters in einer europäischen Metropole angeboten wurde, lehnte er ab und zog dem politischen Leben dasjenige mit seiner

27 Vgl. Mario Laserna Pinzón: Nicolás Gómez Dávila, el hombre, in: ETI, 13.

28 Mario Laserna: Klassenlogik und formale Einteilung der Wissenschaft, Diss. Berlin 1963, 23; Mario Laserna Pinzón: Dos ensayos sobre la posibilidad de la historia – Carta de Heidelberg, Santafé de Bogotá 2000., 15, wo er seinen Freund Gómez Dávila als einen der gelehrtesten Kolumbianer aller Zeiten würdigt.

29 Mauricio Galindo Hurtado: Reactionary in the Andes, 1.

30 So Franco Volpi, in: M, 161-162; sowie Martin Mosebach: Ein Besuch bei Nicolás Gómez Dávila, in: AB, 111. Zur Bibliothek siehe auch http://picus.sns.it/index.php?page=Filosofo&id=313&lang=de, wo eine Liste der Bücher in seiner Bibliothek als PDF abgerufen werden kann [01-12-2013].

Familie, seinen Freunden und seinen Büchern vor. Außerdem verzichtete er auf das Lesen der Zeitung und auf Fernsehen.[31] Dabei scheute Gómez Dávila keineswegs den geselligen Umgang mit Menschen, denn er spielte etwa als Präsident des Jockey-Clubs sehr wohl eine bedeutende Rolle im sozialen Leben der Hauptstadt.[32] Zudem pflegte er enge Kontakte mit seinem Freundeskreis, der sich einmal wöchentlich in seiner Bibliothek versammelte, darunter die Schriftsteller Hernando Téllez (1908-1966)[33] und Álvaro Mutis (1923-2013), der konservative Politiker und Kunstliebhaber Douglas Botero Boshell (1916-1997)[34] oder der Journalist und Botschafter Alberto Zalamea (1929-2011). Auch gehörte Gómez Dávila zum Kreis derjenigen, die von Mutis in seiner Funktion als Chef der Öffentlichkeitsarbeit von Esso zu einem legendären Essen im Restaurant Temel eingeladen worden waren.[35] Zu den engen Freunden gehörte zudem der Architekt Franciso Pizano de Brigard, der über die Gespräche im Freundeskreis einige Aufzeichnungen anfertigte, welche 2013 erstmals publiziert wurden und zumindest einen fragmentarischen Eindruck von der dort diskutierten Themenvielfalt geben. Diese Diskussionen nahmen oft ihren Ausgang von aktuellen Nachrichten, so etwa über das Gerichtsurteil gegen den russischen Dichter Joseph Brodsky von 1964.[36] Auch Martin Mosebach zeichnet ein eindrucksvolles Bild des alten Denkers zwischen seinen Büchern und im Kreise der Familie sowie der Freunde.[37] Diese Lebensform brachte Gómez Dávila prägnant folgendermaßen auf den Punkt: »Klarsichtig ein schlichtes, verschwiegenes, diskretes Leben führen, zwischen klugen Büchern, einigen wenigen Geschöpfen in Liebe zugetan« (E I 253=206/SCH 150). Zum Gottesdienst besuchte er die in derselben Straße

31 Franco Volpi, in: M, S. 162.

32 Mosebach: Ein Besuch bei Nicolás Gómez Dávila, 113.

33 Zu Téllez siehe Juan Gustavo Cobo Borda: Hernando Téllez. Estética y violencia, in: A propósito de Hernando Téllez. Vida y obra/ Hernando Téllez: Cenizas para el viento, Bogotá 2010, 9-21.

34 Siehe Alfonso López Michelsen: Visiones del siglo XX colombiano a través de sus protagonistas ya muertos, Bogotá 2003, 337-343, 342 (zu seiner Freundschaft mit Gómez Dávila).

35 Álvaro Castaño Castillo: Mutis, una voz inolvidable en la radio del país, in: El Tiempo 28. August 2013, 19.

36 Francisco Pizano de Brigard: Semblanza de un colombiano universal & Conversaciones con Nicolás Gómez Dávila, Bogotá 2013, 37, 48-49.

37 Siehe Martin Mosebach: Auf verlorenem Posten. Der kolumbianische Aphoristiker Gómez Dávila, Frankfurter Allgemeine Zeitung, 11. Dezember 1993.

gelegene Kirche des Franziskanerkonvents La Porciúncula.[38] Sein erstes Buch wurde 1954 von seinem Bruder Ignácio Gómez Dávila »veröffentlicht«,[39] und zwar als Privatdruck in einer Auflage von ca. 100 Exemplaren – die seitdem erst 2004 nachgedruckten und daher bis zu diesem Zeitpunkt äußerst seltenen und folglich noch seltener gelesenen *Notas*. Gómez Dávila habe, so heißt es, die Autorschaft des Buches indes nicht anerkannt, weil er keine Möglichkeit hatte, die Druckfahnen zu korrigieren – ein Umstand, der vor allem die zahlreichen Druckfehler bei griechischen Zitaten erklärt.[40] Es handelt sich dabei um ein 350 Seiten umfassendes Buch, das angefüllt mit Aphorismen, Notizen und Kurzessays ist, die nicht zuletzt deswegen von Wert sind, weil sie uns viel über die ausgedehnte Lektüre des jungen Gómez Dávila verraten und den ernsthaften Charakter seines Denkens in früher Reife präsentieren.[41] Auch finden sich hier eher als in späteren Texten selbstreflexive Äußerungen, wenn er etwa beklagt, er glaube nicht, daß irgendein Mensch weniger Begabungen habe als er; er allein sei bloß, nackt und erstaunlich wehrlos geboren (N 156=229=180). Es ist nicht bekannt, ob Gómez Dávila vor dieser Veröffentlichung irgendwelche Texte publiziert hatte.[42] Doch hat sich, wie Mauricio Galindo Hurtado berichtet, Gómez Dávila auch schon vorher schreibend betätigt; im Nachlaß befänden sich mit Bleistift geschriebene Aufzeichnungen in französischer Sprache, die sich mit dem Zweiten Weltkrieg und der Verzweiflung darüber befassen sollen.[43] Ebenso gibt es

38 Giovanni Cantoni: L'hidalgo di Cristo. Postmoderno, in: Tempi Nr. 33, 16. August 2001.

39 Gómez Dávila habe seinen Bruder haßerfüllt angesehen, als er ihm das Buch überreichte. So die Tochter Gómez Dávilas laut Hans Christoph Buch: Das rollende R der Revolution. Lateinamerikanische Litanei, Springe 2008, 99.

40 Vgl. Amalia Quevedo: ¿Metafísica aqui? Reflexiones preliminares sobre Nicolás Gómez Dávila, in: Ideas y Valores Nr. 111 (Dezember 1999), 80.

41 Siehe Mauricio Galindo Hurtado: Reactionary in the Andes, 5.

42 Eine der wenigen Publikationen von Texten Gómez Dàvilas – vermutlich die früheste neben den Notas – findet sich in der für die kolumbianische Literaturgeschichte höchst bedeutenden Zeitschrift Mito, in deren Nr. 4 des Jahres 1955 Auszüge aus seinen »Notas« auf die *Escolios* vorausweisen. Literaturgeschichtlich bedeutsam ist der Umstand, daß Gómez Dávila in diesem Heft gemeinsam mit Álvaro Mutis und Gabriel García Márquez publiziert wurde – drei große Sterne der kolumbianischen Literatur (ich danke Juan Gustavo Cobo Borda für den Hinweis auf diese Konstellation). Siehe zum literaturgeschichtlichen Kontext auch das Kapitel über Mito in Juan Gustavo Cobo Borda: Historia de la poesía colombiana siglo XX. De José Asunción Silva a Raúl Gómez Jattin, 4. Auflage, Bogotá 2008, 217-253.

43 Mauricio Galindo Hurtado: Reactionary in the Andes, 5.

ein Notizheft mit Escolios aus den letzten Lebensjahren mit religiösem Charakter, die aber stark repetitive Züge tragen. Bereits die frühen gedruckten Texte dürften das Resultat eines langen geistigen Reifeprozesses sein. Dies gilt auch für den Band *Textos* I, der 1959 erscheint und auf 190 großzügig gesetzten Seiten in essayistischer Form Grundmotive der Weltsicht Gómez Dávilas darlegt.

Diese beiden Bände stellen ein Bücherpaar dar, das José Miguel Oviedo zufolge »niemand gelesen« hat und so ohne jede öffentliche Resonanz blieb.[44] Auch wenn zumindest im Falle der *Textos* eine Art geschlossener Text vorzuliegen scheint, so behandeln doch die abgedruckten Essays recht unterschiedliche Themen, deren gemeinsamer Fokus nicht ohne weiteres ersichtlich ist. Kein Inhaltsverzeichnis oder Vorwort deutet eine Struktur oder eine spezifische Thematik an; der dürre Titel *Textos* weckt beim Leser keinerlei konkrete Vorstellung in bezug auf das, was ihn erwartet, wenn er das Buch aufschlägt.[45] Spannt sich doch der Bogen von Fragen der Anthropologie über Begräbnisse und das Wesen der Demokratie bis hin zu literaturästhetischen Problemen und der Situation der Kirche in der modernen Welt. All dies wird zudem, selbstverständlich ohne jede erläuternde Fußnote, in einem komprimierten, metaphernreichen Stil dargetan, der in vielem schon die aphoristische Begabung Gómez Dávilas zu erkennen gibt, die später in seinen *Escolios a un texto implícito* zur Blüte der Meisterschaft gelangen sollte. Zahlreiche Stellen ließen sich ohne weiteres aus dem Zusammenhang herauslösen und als Aphorismen präsentieren. Bemerkenswert ist weiterhin, daß nur eher selten und gleichsam aperçuhaft auf andere Denker und Autoren Bezug genommen wird. Zugleich aber wird man Óscar Torres Duque zustimmen müssen, wenn er feststellt, daß sich die Textos noch nicht vom Joch der Metapher und der poetischen Analogie freimachen konnten, woraus nicht zuletzt die enormen Schwierigkeiten einer Übersetzung ins Deutsche resultieren.[46]

Die Skizzierung der historischen Rahmenbedingungen für Gómez Dávilas schriftstellerisches Werk dient vor-

44 José Miguel Oviedo: Breve historia, 150.

45 Oscar Torres Duque: Nicolás Gómez Dávila: la pasión del anacronismo, in: Boletín Cultural y Bibliográfico 32, Nr. 40 (1995), 36.

46 Oscar Torres Duque: Nicolás Gómez Dávila, 36-37.

rangig der – platonisch gesprochen – Beschreibung der Schatten der Höhle, aus der heraus er seine denkerische Aufwärtsbewegung vollzieht. Auch derjenige Denker, der sich im Einklang mit der Tradition auf das überzeitlich Seiende orientiert, muß seinen Ausgang von der Analyse der vergänglichen Dinge nehmen, zu denen nicht zuletzt die herrschenden Lehren sowie die politischen und sozialen Gegebenheiten seiner Zeit gehören. Diese Gegebenheiten sind für den Denker keine quantité negligeable, die mit bloßer Verachtung gestraft werden dürfte. Die Freiheit, die in der Distanz zu den modischen Gewißheiten besteht, muß erarbeitet werden. Allerdings gilt auch hier eine heuristische Maxime der Hermeneutik, die beachten sollte, wer nicht schnurstracks am Wesentlichen eines Denkers vorbeigehen möchte. Diese Maxime besagt, daß bei der Rekonstruktion des Kontextes, im Rahmen dessen ein Autor interpretiert werden soll, die Hinweise des Autors auf den für ihn entscheidenden Kontext nicht übersehen werden sollten. So mag es durchaus sein, um nur ein Beispiel zu nennen, daß für das Verständnis von Hobbes Aristoteles ein wichtigerer Kontext ist als die Philosophen seiner Zeit. Dies gilt auch für Gómez Dávila: Der reaktionäre Denker denkt nicht einfach gegen seine Zeit, sondern über diese hinaus, gleichsam außerhalb dieser, indem er den in Wahrheit allein entscheidenden Horizont der bleibenden Wahrheit in den Blick nimmt (vgl. N 44=86=54). Dazu freilich bedient sich Gómez Dávila oft nur kurzer Hinweise auf Autoren, die der sorgfältige Leser dann im Lichte der Bemerkungen des Kolumbianers zu lesen eingeladen ist.

Stets sollte sich der Leser der vorliegenden Studie das für jeden Verfasser von Sekundärliteratur etwas bedrückende Wort Gómez Dávilas vergegenwärtigen, das den Primat des behandelten Gegenstandes betont: »Statt den Autor selbst liest man heutzutage lieber das idiotische Buch, das über ihn geschrieben wurde« (NE II 27=29/VP 146). Zwar ist dieser Sachverhalt, wenn er denn zutrifft, auch ein Problem des Lesers; das Problem der wuchernden sekundären Diskurse läßt sich aber nicht prinzipiell aufheben.[47] Es mag genug sein, wenn innerhalb dieser sekundären Diskurse, deren der heutige Leser zweifelsohne bedarf, und sei es nur als Hin-

47 Vgl. dazu insgesamt George Steiner: Real Presences, Chicago 1991.

weisstruktur, zuweilen erkennbar wird, worauf es ankommt, nämlich den großen Autor selbst zu lesen. Nicht jedes Buch, das über einen Autor geschrieben wird, muß schließlich idiotisch sein. »Die Literatur über einen Autor ist am Anfang Brücke zwischen ihm und dem Publikum«, stellt Gómez Dávila selbst einmal fest, »und am Ende Barriere zwischen dem Publikum und ihm« (SE 139=117/AB 79). So mag diese Einführung in das Denken von Gómez Dávila ihre Rechtfertigung darin finden, daß sie versucht, einem kleinen Publikum eine Brücke zu ihm zu schlagen.

Die kolumbianische Literatur, in die Gómez Dávilas Werk zunächst aus pragmatischen Gründen eingeordnet werden kann, ist in Europa vor allem durch die Werke von Autoren bekannt geworden, die wie Gabriel García Márquez oder Álvaro Mutis mit unübertroffener Fabulierkunst Kolumbien auf der weltliterarischen Landkarte verzeichnet haben. Die kolumbianischen Traditionen des Erzählens werden im letzten Drittel des 20. Jahrhunderts und bis in die Gegenwart auch von so unterschiedlichen Autoren wie Luis Fayad, Juan Gabriel Vásquez, Santiago Gamboa, Tomás González, Laura Restrepo, Sergio Álvarez oder Antonio Ungar fortgesetzt. Diese Literatur kann auf eine Tradition zurückblicken, deren wichtigster Beitrag im 19. Jahrhundert der bis heute populäre romantische Roman *María* (1867) von Jorge Isaacs (1837-1895) ist, der als »erster großer lateinamerikanischer Roman« gilt;[48] vor allem ist hier aber an José Eustasio Rivera (1889-1928) zu denken, einer der wenigen genuin kolumbianischen Autoren, deren Werke sich in Gómez Dávilas Bibliothek befanden. Riveras Roman *Der Strudel* (*La Vorágine*; 1924) vermittelt ein Bild Kolumbiens als eines wilden Landes mit tiefen Urwäldern, in denen die Kautschuksammler von skrupellosen Geschäftsleuten ausgebeutet wurden und ein Menschenleben nichts zählte. Der letzte Satz dieses Romans über ein aus Bogotá fliehendes Liebespaar lautet daher in höchst passender Weise: »Der Wald hat sie verschlungen.«[49] Der Durchbruch von der provinziellen zur

48 So Klaus-Dieter Ertler: Kleine Geschichte des lateinamerikanischen Romans. Strömungen – Autoren – Werke, Tübingen 2002, 96-102; Sebastián Pineda Buitrago: Breve historia de la narrativa colombiana. Siglos XVI-XX, Bogotá 2012, 103-109.

49 José Eustasio Rivera: Der Strudel, Berlin-Weimar 1972, 262; La Vorágine, edición crítica, Luis Carlos Herrera Molina, S.J., Bogotá 2005, 381. Vgl. Christoph Strosetzki: Kleine Geschichte der lateinamerikanischen Literatur im 20. Jahrhundert, München 1994, 112-114.

Weltliteratur gelang Kolumbien allerdings erst mit dem auch in Auseinandersetzung mit Riveras Werk geschriebenen Roman *Hundert Jahre Einsamkeit* (1967) von Gabriel García Márquez (1927 - 2014), dessen Bücher millionenfache Verbreitung fanden. Sie sollten das literarische Bild Kolumbiens nachhaltig prägen.[50]

Zwar findet sich laut Franco Volpi pikanterweise keines der zahlreichen Werke von García Márquez im Katalog der Bibliothek Gómez Dávilas.[51] Der linksorientierte Nobelpreisträger (1982) und Freund Fidel Castros ist hingegen von Gómez Dávila fasziniert, wie das folgende Lob eines der erfolgreichsten Schriftsteller aller Zeiten für einen der unbekanntesten zeigt: »Wäre ich nicht Kommunist, dächte ich in allem und über alle Dinge ganz wie Gómez Dávila«.[52] Der Lyriker und Romancier Álvaro Mutis war, wie erwähnt, ein langjähriger Freund Gómez Dávilas – jener Mutis, der von sich sagte, daß er niemals wählen ging. Mit seinen linken Freunden, zu denen auch García Márquez gehört, vermied er Gespräche über Politik, weil er, wie übrigens auch Jorge Luis Borges, in der Demokratie lediglich einen »kuriosen Mißbrauch der Statistik« sah.[53] Mutis, der zunächst als Dichter Berühmtheit erlangte, trat später überdies als Verfasser von Romanen hervor, die wie *Der Schnee des Admirals* (1986), *Ilona kommt mit dem Regen* (1988), *Ein schönes Sterben* (1989) – mit einem Gómez Dávila-Zitat als Motto – oder *Das Gold von Amirbar* (1990) von einer großen erzählerischen Ökonomie geprägt sind und stark unter dem Einfluß Joseph Conrads stehen.[54] Schuf García Márquez den unvergleichlichen mythischen Ort Macondo in der kolumbianischen Karibik und die an einer unermeßlichen Einsamkeit leidende Familie der Buendías[55], so verdanken wir

50 Vgl. Gabriel García Márquez: Die kolumbianische Literatur, ein Betrug an der Nation, in: Mythos und Wirklichkeit. Materialien zum Werk von Gabriel García Márquez, hg. von Tom Koenigs, Köln 1985, 95-103.

51 Franco Volpi, in: M, 162.

52 Siehe Franco Volpi: Nicolás Gómez Dávila. El solitario de dios, Bogotá 2005, 81. Vgl. auch Gabriel García Márquez: Der Geruch der Guayave. Gespräche mit Plinio Apuleyo Mendoza, Köln 2002, 123.

53 Francisco Goldman: Alvaro Mutis. Interview, in: Bomb Magazine, www.bombsite.com/mutis/mutis3.html; siehe auch Álvaro Mutis: La muerte del estratega y tres conversaciones con Julián Meza, México 2007, 104-105.

54 Die Romane Mutis' liegen in deutscher Übersetzung auch in einer einbändigen Ausgabe vor: Die Abenteuer und Irrfahrten des Gaviero Maqroll. Die sieben Maqroll-Romane, Zürich 2005.

55 Vgl. Carlos Rincón: Gabriel García Márquez – Mythologe und Wundertäter, in:

Mutis die Erfindung des mythischen Seefahrers Maqroll – el Gaviero –, eine der eindringlichsten Allegorien des individuellen Schicksals und zugleich des »desencanto«, einer Desillusionierung, die aus der Reise des Menschen zu sich selbst hervorgeht.[56] Diesen kraftvollen mythischen Schöpfungen seiner kolumbianischen Zeitgenossen stellte Gómez Dávila seinerseits die unnachahmliche literarische Figur bzw. Maske des »Reaktionärs« – el reaccionario – an die Seite, mittels derer er seine Versuche der Weltbewältigung und der Modernitätskritik zum unverlierbaren Bestandteil der Weltliteratur machte. Man darf die literarische Maske des Reaktionärs, die Gómez Dávila in seinen *Escolios* häufig aufsetzt, als ein Sprechen verstehen, hinter dem das »Ich« verschwindet. Wenn es bei ihm heißt: »El reaccionario...«, nimmt Gómez Dávila eine Positionsbestimmung vor, die durch die allgemeine Formel zugleich überindividuelle Geltung beansprucht.[57]

Gómez Dávila ist ebenso wie Mutis insofern ein Ausnahmefall unter den lateinamerikanischen Autoren, als er sich des direkten politischen Engagements enthalten hat, das seit den zwanziger Jahren für diese Autoren charakteristisch wurde. Die politische Stellungnahme, die das Publikum von den Autoren erwartete, nahm im 20. Jahrhundert bei den meisten Autoren wie García Márquez oder Carlos Fuentes sozialistische beziehungsweise »neulinke« Züge an und war geopolitisch durch die Ausrichtung auf den Feind USA geprägt.[58] Auch wenn sich erstaunlich wenige konkrete Bezüge auf die historische Realität der lateinamerikanischen Staaten im Werk Gómez Dávilas finden, so wird doch durch eine Reihe von Stellen deutlich, daß diese – ebenso wie die prägenden Jahre in Frankreich – sehr wohl in seinem Werk

Mythos und Wirklichkeit. Materialien zum Werk von Gabriel García Márquez, hg. von Tom Koenigs, Köln 1985, 278-286, 292.

56 Jaime Jaramillo Escobar: Rehén de la nada, in: Boletín Cultural y Bibliográfico, Número 11, Band XXIV (1987); Michael Rössner (Hg.): Lateinamerikanische Literaturgeschichte, Stuttgart-Weimar ²2002, 447.

57 Vgl. RA 16-19, wo er den »reaccionario auténtico« sowohl den liberalen wie den radikalen Fortschrittlern, aber auch den Konservativen gegenüberstellt. Der Reaktionär entkomme der Unterwerfung unter die Geschichte, sei aber kein nostalgischer Schwärmer von vergangenen Zeiten, sondern der Jäger heiliger Schatten auf den ewigen Hügeln (19; vgl. leicht verändert als Glosse in NE I 149=143/VP 94), wie er in sehr poetischer Sprache schreibt.

58 So Mechtild Strausfeld: Die neue Literatur Lateinamerikas. Versuch einer Bestandsaufnahme, in: Dieselbe (Hg.): Materialien zur lateinamerikanischen Literatur, Frankfurt/M. 1976, 23; Ilan Stavans: Gabriel García Márquez. The Early Years, New York 2010, 124-125.

präsent sind. Denn auch Gómez Dávila schreibt aus dem Bewußtsein heraus, daß Lateinamerika in geistiger Hinsicht von den europäischen Kolonisatoren geprägt wurde (E II 149=127/SCH 376), womit zahlreiche Probleme verbunden sind, nicht zuletzt das des geistigen Epigonentums und der Provinzialität. Vor allem in den frühen Notas wird sehr deutlich, daß Gómez Dávila sich des Gefühls der lateinamerikanischen Minderwertigkeit nur allzu bewußt gewesen ist, wenn er etwa sagt: »Ich glaube, daß die einzige Wissenschaft, in der es von Kolumbianern geschriebene Abhandlungen gibt, die politische Ökonomie ist; deshalb bezweifle ich, daß sie eine Wissenschaft ist« (N 255=357=292). Diese Beobachtung bezieht sich aber auch auf die schöne Literatur: »Ein Schriftsteller ist normalerweise eine Person, die gut schreibt; die lateinamerikanischen Literaturgeschichten lehren uns jedoch, daß ein Schriftsteller eine Person ist, die schreibt« (N 292=404=333). Gómez Dávila selbst empfand das Leben in einer ehemaligen Kolonie als zutiefst problematisch, weil es mit intellektueller Hörigkeit, dürftiger Tradition, subalterner Geistigkeit, inauthentischer Zivilisation, einer zwangsläufigen und verschämten Nachahmung verbunden war. Gómez Dávilas »äußerst einfache« persönliche Lösung dieses im eigentlichen Sinne postkolonialen Dilemmas war die Anerkennung der Tatsache, daß der Katholizismus seine Heimat war (E I 179=147/SCH 108).

Kulturell und geistig muß der Einfluß der katholischen Kirche auf die kolumbianische Kultur hoch veranschlagt werden, zumal Ende des 19. Jahrhunderts die Kirche die Kontrolle über das gesamte Bildungswesen erhielt (Konkordat von 1887), nachdem die Verfassungen des 19. Jahrhunderts die Trennung von Kirche und Staat festgeschrieben hatten. Auch in philosophischer Hinsicht zeigt sich dies an der Vorherrschaft zunächst der Scholastik, dann am zunehmenden Einfluß der Denkströmungen des 19. Jahrhunderts und schließlich im 20. Jahrhundert an der Rezeption der Phänomenologie Husserls, Schelers und Heideggers sowie der Neuscholastik; vor allem die Phänomenologie gewann in der Rechtsphilosophie und in der Ethik Bedeutung, ebenso wie in der Wertlehre.[59] Spuren dieser philosophischen Strömungen lassen sich in unterschiedlicher Dichte auch

59 Ivo Höllhuber: Geschichte der Philosophie im spanischen Kulturbereich, München/Basel 1967, 275, 288.

bei Gómez Dávila finden, nicht zuletzt in seiner Beschäftigung mit axiologischen Fragen sowie vielleicht auch in seiner rechtsphilosophischen Studie *De iure*. In diesem Zusammenhang wird man vor allem an Max Scheler denken, der in seiner gegen Kants Formalismus gerichteten materialen Wertethik die Auffassung vertrat, daß es eine Rangordnung der Werte als emotionales Apriori gebe, die dem Menschen als Orientierung, gleichsam als Polarstern, diene.[60] Das intellektuelle Niveau der Länder Lateinamerikas zeigte sich Gómez Dávila indes trotz oder wegen dieser Entlehnungen europäischer Geistesprodukte wenig vorteilhaft, um es euphemistisch auszudrücken. Tatsächlich bedeutete dies, daß den geistigen Leistungen Lateinamerikas auch keinerlei größere Bedeutung für die intellektuelle Bildung des Reaktionärs Gómez Dávila zugesprochen werden kann: »Die intellektuelle Arbeit unserer Länder«, so klagt Gómez Dávila beredt, »befindet sich auf dem Niveau einer Hausarbeit für eine Universität dritten Ranges« (NE II 27=30/VP 146).

Lateinamerika insgesamt war im 20. Jahrhundert noch stark an Europa sowie den USA orientiert, obwohl bereits in der ersten Hälfte des 19. Jahrhunderts die spanische Kolonialherrschaft abgeschüttelt worden war. Die hegemoniale Rolle der USA, für die es in Lateinamerika nach John Foster Dulles keine Freunde, sondern nur Interessen gab, prägte die lateinamerikanische Interpretation der USA als Dr. Jekyll und Mr. Hyde, wie Carlos Fuentes sagt – nach innen Demokratie, nach außen Weltmacht.[61] Trotz der im Vergleich etwa zu Afrika sehr frühen Selbständigkeit wirkte das Erbe der unzweifelhaft ausbeuterischen und brutalen Kolonialherrschaft in vielfacher Hinsicht weiter.[62] Kolumbien errang 1819 durch den Sieg Simón Bolívars bei Boyacá seine Unabhängigkeit und trat als eigenständiger Staat mit dem Auseinanderfallen der Republik Großkolumbien in Ecuador, Venezuela und Neugranada (das heutige Kolumbien) in Erscheinung. Wie in vielen lateinamerikanischen Staaten gestaltete sich der Prozeß der Nationswerdung und

60 Wilhelm Mader: Max Scheler in Selbstzeugnissen und Bilddokumenten, Reinbek 1980, 50, 53.

61 Carlos Fuentes: Der vergrabene Spiegel. Die Geschichte der hispanischen Welt, Frankfurt/M. 1998, 329-334.

62 Vgl. die linkspopuläre Darstellung bei Eduardo Galeano: Die offenen Adern Lateinamerikas. Die Geschichte eines Kontinents von der Entdeckung bis zur Gegenwart, Wuppertal 2002.

der Bildung von Nationalstaaten höchst schwierig und dauerte mehrere Jahrzehnte. Die Geschichte Kolumbiens war daher über viele Epochen hin bis in die unmittelbare Gegenwart hinein durch gewaltsame Auseinandersetzungen und Bürgerkriege geprägt.[63] Besonders zu erwähnen ist der Bürgerkrieg zwischen Liberalen und Konservativen um die Jahrhundertwende, der sogenannte »Krieg der tausend Tage« (1899-1902), dem unzählige Menschen zum Opfer fielen (die Schätzungen reichen von mehreren zehntausend bis hunderttausend bei einer Gesamtbevölkerung von vier Millionen).[64] Diese und spätere Ereignisse gewaltvoller Art hinterließen ein nationales Bewußtsein, »das von Ressentiment, Zwist und Ungerechtigkeiten geprägt war.«[65] Für Kolumbien war diese blutige Zeit nicht zuletzt deshalb von weitreichender Bedeutung, weil sich in der Tat »die beiden großen historischen Feinde, der Liberalismus und der Konservatismus, als zwei komplizenhafte Gesichter einer Politik erwiesen.«[66]

In die Lebenszeit Gómez Dávilas gehört schließlich auch die sogenannte Violencia, jene Periode der »Gewaltsamkeiten«, die 1948 durch die Ermordung des linksliberalen Oppositionellen Jorge Eliécer Gaitán, einer Schlüsselfigur der kolumbianischen Geschichte des 20. Jahrhunderts, ausgelöst wird,[67] bis 1958 fortdauert und in der kolumbianischen Literatur tiefe Spuren hinterlassen hat. Auch der Bruder von Don Nicolás, Ignacio Gómez Dávila, verfaßte mit *Viernes 9* von 1953 einen Roman über den sogenannten Bogotazo – jene Unruhen, die auf die Ermordung Gaitáns folgten.[68] Wohl 200.000 Menschen fallen diesem Bürgerkrieg zum Opfer und erste Guerillabanden entstehen.[69] Die revolutionäre Bewegung zur Errichtung einer sozialistischen

63 Siehe Dasso Saldívar: Reise zum Ursprung. Eine Biographie über Gabriel García Márquez, Köln 1998, 34.

64 Vgl. Gabriel García Márquez: Geruch der Guayave, 13-14.

65 Dasso Saldívar: Reise zum Ursprung, 36.

66 Dasso Saldívar: Reise zum Ursprung, 36. Saldívar weist darauf hin, daß Oberst Aureliano Buendía in García Márquez' *Hundert Jahre Einsamkeit* den Unterschied zwischen Liberalen und Konservativen in Kolumbien allein darin sah, »daß die einen die Fünfuhrmesse, die anderen die Achtuhrmesse besuchten.« (37).

67 Alfonso López Michelsen: Visiones del siglo XX colombiano a través de sus protagonistas ya muertos, Bogotá 2003, 193-209, 194.

68 Siehe Sebastián Pineda Buitrago: Breve historia de la narrativa colombiana. Siglos XVI-XX, Bogotá 2012, 250.

69 Gabriel García Márquez: Leben, um davon zu erzählen, Köln 2002, 442-443; Tom Feiling: Short Walks from Bogotá, London 2013, 117.

Gesellschaft in Kolumbien fand im ehemaligen Priester Camilo Torres Restrepo einen Führer, der fast wie Ernesto Che Guevara zu einem Mythos für die europäischen Möchtegernrevolutionäre wurde.[70] Man kann nach Lage der Dinge geradezu von einer »hundertjährigen Kultur der violencia« in Kolumbien sprechen, die vielfältige Spuren in der Literatur und Kunst des Landes hinterlassen hat.[71] Nach zivilen de facto-Diktaturen wurde das Land ab 1953 von einer Militärdiktatur unter General Gustavo Rojas Pinilla regiert, der 1957 ein Nationalstreik ein Ende machte.[72] Die formal repräsentativ-demokratisch geordnete Republik findet 1958 durch eine Verfassung der Nationalen Front die eigenwillige Ausprägung einer oligarchischen Herrschaft, die auf der Teilung der Macht durch Liberale und Konservative beruht: diese wechseln sich bei der Präsidentschaft ab und unabhängig vom Wahlergebnis setzt sich der Kongreß aus Abgeordneten und Senatoren zusammen, die jeweils zur Hälfte Liberale und Konservative waren.[73] Gómez Dávila lebte also in einem formal gesehen parlamentarisch-demokratischen Staat, in dem jedoch von einer funktionierenden Demokratie im westlichen Sinne nur in eingeschränkter Weise die Rede sein konnte. Entweder bestimmten die vielfach als typisch lateinamerikanisch empfundenen Militärdiktaturen das politische Leben – was paradigmatisch in García Márquez' Roman *Der Herbst des Patriarchen* (1977) zum Ausdruck kommt, dessen Protagonist bewußt als eine »Synthese aller lateinamerikanischen Diktatoren« gestaltet wurde.[74] Oder es herrschte der Ausnahmezustand gleichsam als Dauerzustand.[75] In diesen Regimes stellten Liberale und Konservative keine wirklichen Alternativen zueinander dar. In der Zeit nach der Diktatur Rojas' lehnt Gómez Dávila es ab, sich politisch zu betätigen; Ansinnen, ihm einen Posten als

70 Dazu Elena Hochman/ Heinz Rudolf Sonntag: Christentum und politische Praxis: Camilo Torres, Frankfurt/M. 1969.

71 Gabriel García Márquez: Nachricht von einer Entführung, Köln 1998, 278.

72 Dasso Saldívar: Reise zum Ursprung, 311; Gabriel García Márquez: Leben, um davon zu erzählen, Köln 2002, 517-518.

73 Zur Geschichte Kolumbiens im 20. Jahrhundert siehe Aline Helg: Kolumbien, in: Handbuch der Geschichte Lateinamerikas, hg. von Walther L. Bernecker u. a., Bd. 3: Lateinamerika im 20. Jahrhundert, Stuttgart 1996, 703-726; sowie Hans-Joachim König: Kleine Geschichte Kolumbiens, München 2008.

74 Siehe Gabriel García Márquez: Geruch der Guayave, 106, 110.

75 Damit wird aber gerade der staatspolitische Sinn des Ausnahmezustands als ultima ratio problematisch. Siehe Rüdiger Voigt (Hg.): Ausnahmezustand. Carl Schmitts Lehre von der kommissarischen Diktatur, Baden-Baden 2013, S. 9.

Botschafter in Paris und London oder als Präsidentenberater anzutragen, weist er, wie bereits erwähnt, zurück.[76] Man geht wohl nicht fehl, wenn man feststellt, daß Gómez Dávila trotz seiner Integration in das Leben der kolumbianischen Oberschicht im Entscheidenden ein Heimatloser war, der seine Nationalität als kontingent ansah: »Mit meinen Landsleuten von heute habe ich nur den Reisepaß gemeinsam« (NE II 135=133/VP 212). Die eigentliche geistige Heimat mußte daher anderswo liegen, auch und gerade weil Gómez Dávila sich dafür entschied, in seinem Heimatland zu bleiben. Gómez Dávila ist nach alledem kein typischer Schriftsteller des lateinamerikanischen Kontinents, denn weder teilt er die politische Ausrichtung der meisten anderen Autoren, die wie García Márquez oder Carlos Fuentes auf der äußersten Linken standen,[77] noch war er ein radikaler Marktliberaler wie der Peruaner Mario Vargas Llosa, der sich in mehreren seiner Romane mit den politischen Verhältnissen der lateinamerikanischen Staaten auseinandersetzte.[78] Gerade diese Inkommensurabilität, dieses Herausfallen aus allen zur Verfügung stehenden Kategorisierungen macht die Schriften Gómez Dávilas zu einem einzigartigen literarischen Phänomen, auch wenn die Kulturkritik von Vargas Llosa, die dieser zuletzt in *La civilización del espectáculo* entwickelte, durchaus einige Berührungspunkte zu dem kolumbianischen Modernitätskritiker im Namen einer literarischen Hochkultur nahelegt.[79] Gómez Dávila bietet die lateinamerikanische Rezeption alteuropäischen Geistes, die auch für die inzwischen vielfach von ihren kulturellen Überlieferungen abgeschnittenen Erben des alten Europas zu einem geistigen Erlebnis wird. Die Anregungen, die das alte Europa in geistiger Hinsicht von einem solcherart kulturell hochstehenden Lateinamerika erhalten kann, sind nicht gering zu achten. Der philosophische Schriftsteller Ivo Höllhuber hatte bereits Ende der sechziger Jahre die Hoffnung ausgesprochen, daß die geistige Verbundenheit mit diesem Lateinamerika auch Europa selbst davor bewahren möge,

76 Volpi, in: M, 162; Mosebach: Ein Besuch bei Nicolás Gómez Dávila, in: AB, 113.

77 Siehe dazu auch die Erinnerungen von Plinio Apuleyo Mendoza: Gabo. Cartas y recuerdos, Barcelona 2013.

78 Vgl. nur seinen Roman Das Fest des Ziegenbocks (2000), der den dominikanischen Diktator Trujillo und dessen Herrschaft zum Gegenstand hat.

79 Mario Vargas Llosa: La civilización del espectaculo, México 2012.

»in dem Strudel zwischen der Scylla einer Amerikanisierung und der Charybdis einer marxistischen Nivellierung als eigenständiger Kulturträger allmählich unterzugehen«.[80] Im Angesicht der sogenannten »Globalisierung«, die in ihren vielfältigen Facetten unzweifelhaft eine Grundstruktur des gegenwärtigen Zeitalters darstellt, wird man den sachlichen Gehalt dieser Hoffnung auch bei veränderten weltpolitischen Rahmenbedingungen als berechtigt empfinden müssen. Der Denkimpuls Gómez Dávilas mag helfen, diese globalisierte Moderne nicht nur zu denken, sondern sie im Denken auch in ihrer ganzen Frag-Würdigkeit aufscheinen zu lassen. Zugleich könnte durch die Auseinandersetzung mit dem Denken des Kolumbianers in Europa eine Wiederaneignung alteuropäischen Geistesguts erfolgen, die sowohl das normative Erbe wie auch eine realistische Analyse dessen, was ist, umfaßt. Europa bedarf dessen heute wohl mehr denn je.

80 Ivo Höllhuber: Geschichte der Philosophie im spanischen Kulturbereich, München/ Basel 1967, 289.

II. STIL UND DENKEN:

Ein System in Aphorismen?

Es ist gleich tödlich für den Geist, ein System zu haben, und keins zu haben. Er wird sich also wohl entschließen müssen, beides zu verbinden.

Friedrich Schlegel

Philosophisches Denken kann nicht ohne die sprachliche Form gedacht werden, in der dieses Denken seinen Ausdruck findet und mitgeteilt wird. Gleichwohl ist nicht bei jedem Denker die literarische Form, in der er seine Gedanken der Mit- und Nachwelt präsentiert, von gleicherweise elementarer Bedeutung. Einige der herausragendsten Denker der Philosophiegeschichte aber gehören gerade wegen ihrer sprachlich-literarischen Eigenheiten zu den größten hermeneutischen Herausforderungen, was in der eher hilflosen Frage seinen Ausdruck findet, ob dieser oder jener Schriftsteller nun eher ein Dichter oder ein Denker sei.[81] Platon und Nietzsche sind hier an erster Stelle zu nennen, deren Denken man immer wieder versucht hat, in eine systematische Form zu bringen. Neuere Interpretationen jedoch, die sich mit großer Aufmerksamkeit der literarischen Form des platonischen Dialoges widmen, ziehen traditionell überlieferte Lehren wie die sogenannte Ideenlehre Platons in Zweifel, die von Nietzsche ohnehin als »edle Lügen« verbucht wurden. Eine Neubewertung und -beachtung des literarischen Mediums des Philosophen mag so wichtige inhaltliche Veränderungen in der Interpretation der Lehren des Philosophen nach sich ziehen, wie Gómez Dávila andeutet: »Platon verwirrt die Philosophiehistoriker, denn statt vor einem System zu stehen, straucheln sie über ein scharfsinniges Lächeln« (NE II 53=55/VP 162). Während aber Platon in seinen Dialogen niemals mit eigener Stimme spricht, ist Nietzsche ein nur allzu oft mit eigener Stimme Philosophierender. Ein Großteil seines Werkes besteht aus Sammlungen von Aphorismen, so daß man versucht hat,

81 Vgl. z. B. Martin Heidegger: Nietzsche, Band 1, Pfullingen 196, 13–14.

hinter der Fülle der Gedankensplitter ein System zu finden, um dem Kern seines Denkens nahezukommen. Karl Löwith grenzt das Konzept eines Systems in Aphorismen ab von einem einheitlich geschlossenen System einerseits, wie es etwa der deutsche Idealismus zu schaffen suchte. Andererseits unterscheide sich ein solches aphoristische System auch von einer Mannigfaltigkeit auseinanderfallender Aphorismen.[82] Nur wenn man in diesem Sinne den Gegenpol zu einem System in der Mannigfaltigkeit auseinanderfallender Aphorismen erkennt, ist es legitim, auch Gómez Dávila als einen Systematiker in Aphorismen zu bezeichnen. Denn weder bietet der Reaktionär ein geschlossenes System oder eine irgendwie geschlossene Theorie, noch sind seine Aphorismen ohne einen faßbaren tieferen Zusammenhang.[83]

Gómez Dávila gehört zweifellos zu jenen Denkern, die wie Nietzsche mit äußerster Intensität darüber nachgedacht haben, welche literarische Form sie ihrem Denken geben wollen, und die mit ebenso großer Intensität daran gearbeitet haben, diese Form zu erreichen. Die Schöpfung der literarischen Figur des Reaktionärs verrät ein zugleich existentiales wie ästhetisches Interesse des Schriftstellers an der Form wie an der Sprache. Hermeneutik ist bei Gómez Dávila nicht ein bloßes Hilfsmittel zum Verstehen der Welt, sondern integraler und damit unverzichtbarer Bestandteil der philosophischen Selbstreflexion. Gómez Dávila unterscheidet zwei verschiedene Arten des Stiles, zwei Arten zu schreiben (N 21-22=56-57=28-29). Die eine ist langsam und minutiös, während die andere Art, derer sich auch Gómez Dávila bedient, kurz und elliptisch ist:

»Auf die erste Weise zu schreiben bedeutet, mit Vergnügen im Thema zu versinken, es mit Vorbedacht zu durchdringen, sich ohne Widerstand seinen Mäandern hinzugeben sowie darauf zu verzichten, sich dessen zu bemächtigen, damit uns das Thema besitzen möge. Hier gehört es sich, in der Kontemplation jedes Grundsatzes zu verbleiben und sich träge in jeder Schlußfolgerung niederzulassen. Die Übergänge sind hier von der höchsten Wichtigkeit, denn es ist dieser [Stil] vor allem eine Kunst des Kontextes der Idee,

82 Karl Löwith: Nietzsches Philosophie der ewigen Wiederkehr des Gleichen, Stuttgart 1956, 15-24, ein Buch, das sich im Besitz Gómez Dávilas befand; vgl. auch Georg Picht: Nietzsche, Stuttgart 1988, 19-27.

83 Siehe Gerd-Klaus Kaltenbrunner: Un pagano que cree en Cristo, in: Revista del Colegio Mayor del Nuestra Señora Rosario 542, Bd. 81 (April-Juni 1988), 32.

ihrer Ursprünge, ihrer Halbschatten, ihrer Zusammenhänge und ihrer stillen Stauwässer. So schreiben Péguy oder Proust, so wird eine große metaphysische Meditation möglich« (N 21=56=28-29).

Auf die zweite Weise zu schreiben bedeute, das Thema in seiner abstraktesten Form zu ergreifen. Hier sei die Idee gleichsam ein feuriges Zentrum, ein Feuer trockenen Lichts. Aus dieser Schreibweise resultierten unendliche Konsequenzen. Wer auf diese Art schreibe, berühre gleichsam nur die Spitzen der Idee, die harte Spitze eines Diamanten. Zwischen den Ideen spiele die Luft in einem weiten Raum. Die Beziehungen der Ideen untereinander sind bei dieser Schreibweise verborgen, ebenso wie die Wurzeln der Ideen. Das Denken, das diese vereint und trägt, offenbart sich nicht in dessen Arbeit, sondern in dessen Früchten, in jenen einsamen Archipelen, die in einem unbekannten Meer auftauchen. Auf diese Weise habe Nietzsche geschrieben, und so habe auch der Tod gewollt, daß Pascal schrieb (N 21-22=56-57=29). Die didaktische Darlegung, der Traktat, das Buch dagegen sagten lediglich jenen zu, die zu Schlüssen gelangt seien, mit denen sie zufrieden sind (N 17=51=24). Gómez Dávila optiert vor diesem Hintergrund und in vollem Bewußtsein der Bedeutungslosigkeit seiner Aufzeichnungen für »Notizen, Glossen, Scholien« als diejenige sprachliche Ausdrucksform, die am diskretesten und der Stille am nächsten sei (N 17=50=24).

Gómez Dávila gibt in der Passage, die den beiden Stilarten gewidmet ist, nicht nur eine metaphorische Umschreibung der Funktion und Funktionsweise der beiden verschiedenen Arten zu schreiben, er nennt auch Autoren, die diesen Schreibweisen zuzuordnen sind. Allen diesen erwähnten Autoren brachte Gómez Dávila große Wertschätzung entgegen. Für seine eigene schriftstellerische Praxis wählte er jedoch eindeutig den kurzen und elliptischen Ausdruck seiner Gedanken. Einerseits tat er dies, um nicht zu langweilen und zu ermüden (E I 45=42/SCH 33), andererseits, weil er wußte, daß die Weitschweifigkeit nicht so sehr ein Übermaß der Worte als ein Mangel an Ideen sei (E I 57=52/SCH 39). Trotz seiner Würdigung auch der Schreibweise Péguys und Prousts entsprach es offenbar nicht der Mentalität Gómez Dávilas als Autor (nicht als Leser!), sich träge in jeder Schlußfolgerung eines Gedankengangs niederzulassen und sich um die Kunst zu kümmern, zwischen den Gedanken richtige Übergänge zu finden. Entsprechend finden sich auch in Gómez Dávilas Werk schon auf stilistischer Ebene keine Voraussetzungen für große metaphysische Meditationen, während es keinem Zweifel unterliegen kann, daß sich dessen aphoristische Glossen und Sentenzen tatsächlich als Abstraktion aus einem Denk- und Schreibprozeß ergeben. Dabei gilt zugleich, daß auch hier die Beziehungen der Ideen untereinander ebenso verborgen sind wie die Wurzeln der Ideen selbst.[84]

Die häufig bemerkte Verwandtschaft des aphoristischen Stiles von Autoren wie Pascal und Nietzsche, aber auch der französischen Moralistik zu Gómez Dávilas eigener Schreibweise erweist sich in den frühesten seiner Texte bereits als vollkommen bewußte Orientierung an diesen Vorbildern.[85] Es ist demnach zweifellos richtig, daß Gómez Dávila wie schon Nietzsche[86] als Teil jener Tradition verstanden werden muß, die von den französischen Moralisten und Philosophen von Montaigne (1533-1592) über La Rochefoucauld (1613-1680), Blaise Pascal (1623-1662) und La Bruyère (1645-1696) bis Antoine de Rivarol (1753-1801)[87] und Joseph Joubert (1754-1824) begründet und zu

84 Auf die Frage seines Freundes Mario Laserna, was ihn zu seiner nächtlichen Geistesarbeit treibe, antwortete Gómez Dávila, diese Frage gleiche der, warum er diese und keine andere Nase habe. Er wolle es jedenfalls nicht herausbekommen. Bestimmte Themen stiegen in ihm auf, die dann gemeinsam mit jenen Herren, die in Form der Bücher in seiner Bibliothek präsent sind, ausgearbeitet werden: »Una vez surgen ciertos temas, mi mente los elabora de acuerdo con estos señores – señalaba su biblioteca – y es sobre esa materia prima que yo trabajo –«. Siehe Mario Laserna Pinzón: Nicolás Gómez Dávila, el hombre, in: ETI 11-15, 12-13.

85 Juan Gustavo Cobo Borda: Escolios a un texto implícito de Nicolás Gómez Dávila, in: Vuelta 2/13 (Dezember 1977), 35-37; Galindo Hurtado: Reactionary in the Andes, II; Gerd-Klaus Kaltenbrunner: Nicolás Gómez Dávila. Wenn Systeme vergehen, überdauern Aphorismen. Eine christliche Kathedrale über heidnischen Krypten, in: Derselbe: Vom Geist Europas, Band 2, Asendorf 1989, 518-522, 520; Hernando Téllez: La obra de Nicolás Gómez Dávila. Una dura punta de diamante, in: Revista del Colegio Mayor de Nuestra Senora del Rosario 81/542 (April-Juni 1988), 21-22.

86 Lou Andreas-Salomé: Friedrich Nietzsche in seinen Werken, Frankfurt/M.-Leipzig 2000, 132.

87 Rivarol protokollierte und kritisierte die Französische Revolution aus royalistischer Sicht und soll eine wichtige Quelle für Edmund Burkes *Reflections on the Revolution in France* (1790) gewesen sein. Eine deutsche Auswahl wurde von Johannes Willms unter dem Titel Politisches Journal eines Royalisten 5. Mai bis 5. Oktober 1789, Frankfurt/M. 1989, herausgegeben; eine Auswahl der Maximen Rivarols mit einem Essay findet sich bei Ernst Jünger: Rivarol, Frankfurt/M. 1959. Gómez Dávila bezieht sich auf Rivarol als ersten Moralisten, der den demokratischen Menschen beobachtet habe; Rivarol sei der große Moralist des

höchstem Glanz gebracht wurde.[88] Der vielleicht berühmteste Schriftsteller, dessen Denken sich in besonderer Weise in Fragmentform ausdrückte, ist in mancher (vor allem theologischer) Hinsicht zudem als Geistesverwandter Gómez Dávilas anzusprechen. Pascal, auf den sich Gómez Dávila ausdrücklich bezieht, bietet nämlich mit seinen *Pensées* ein grandioses Werk voller Paradoxien, das zu ordnen ein vergebliches Unterfangen zu sein scheint, zugleich aber eine konsistente Weltsicht zum Ausdruck bringt.[89] Wie Pascal war auch Gómez Dávila ein eminent theologisch orientierter Denker, dessen Denkbewegungen sich im Spannungsfeld von Glaube und Skepsis abspielen, das mit einigem Recht als eine Grundspannung der gesamten abendländischen Geschichte betrachtet werden kann.[90]

Im Vergleich zu diesen theologisch-philosophischen Grundsatzfragen sind viele der französischen Moralisten eher damit befaßt, Überlebensregeln für die höfische Gesellschaft oder Maximen für den Umgang mit dem schönen Geschlecht zu bieten, die der Leser unmittelbar lebenspraktisch für sich nutzen kann. Darum aber ist es Gómez Dávila kaum je zu tun. Die Klugheit, dieser Gott der niederen Welt (Edmund Burke), ist nicht das vorrangige Ziel des Moralisten Gómez Dávila, auch wenn sich sehr wohl die eine oder andere Handlungsmaxime finden läßt.[91] Anläßlich der Publikation der *Nuevos escolios* relativierte daher Cobo Borda den oft bemerkten Bezug auf die französischen Moralisten mit der Begründung, ein solches Buch wie das Gómez Dávilas sei unvergleichlich. Das heißt, es kann in seiner Individualität als bloße Spielart einer literarischen Tradition nicht angemessen verstanden werden.[92] Man kann daher

politischen Durcheinanders (N 142=211=164).

88 Siehe Volpi, in: M, 159, Gerd-Klaus Kaltenbrunner: Un pagano que cree en Cristo, in: Revista del Colegio Mayor del Nuestra Señora Rosario 542, Bd. 81 (April-Juni 1988), 32. Übersetzungen der wichtigsten Moralisten finden sich in der Sammlung von Fritz Schalk (Hg.): Die französischen Moralisten, 2 Bde., München 1973/74.

89 Vgl. dazu Lucien Goldmann: Der verborgene Gott. Studie über die tragische Weltanschauung in den 'Pensées' Pascals und im Theater Racines, Frankfurt/M. 1985, 290-305. Freilich gilt es zu bedenken, daß die »romantisch-fragmentarische Unbestimmtheit« der Pascalschen Pensées aus ihrem unfertigen Charakter resultiert (vgl. Wilhelm Schmidt-Biggemann: Blaise Pascal, München 1999, 110), wie auch Gómez Dávila wußte (N 22=57=29/NR 43).

90 Vgl. Wilhelm Schmidt-Biggemann: Blaise Pascal, München 1999, 81-106.

91 Vgl. Leo Strauss: Naturrecht und Geschichte, Frankfurt/M. 1977, 334.

92 J. G. Cobo Borda: Escolios a un texto implícito de Nicolás Gómez Dávila, in: Vuelta Bd. 2, Nr. 13 (Dezember 1977), 36.

Gómez Dávila nicht als Moralisten im klassischen Sinne bezeichnen. Óscar Torres Duque weist denn auch darauf hin, daß die reaktionäre Haltung im Letzten mehr ästhetisch als ethisch ist; denn das Böse sei für den Reaktionär nicht in erster Linie schädlich, weil es unmoralische, sondern weil es häßliche Werke hervorbringe.[93] Ob man deshalb so weit gehen muß wie Franco Volpi, Gómez Dávila zu den »aristokratischen Immoralisten« zu zählen, darf jedoch füglich bezweifelt werden, weil es für Gómez Dávila eben auch ein ethisches Gebot ist, keine häßlichen Werke hervorzubringen – wozu nicht zuletzt das Werk seines Lebens gehörte.[94]

Gómez Dávilas Texte sind gekennzeichnet durch einen ungewöhnlich bewußten Sprachgebrauch. Mit analytischer Schärfe und großer Achtsamkeit versucht er, sich sprachlicher Ausdrücke und Leerformeln zu enthalten, die allein zur geistigen Verwirrung und Verwahrlosung beitrügen: »Wer das Vokabular des Feindes akzeptiert, ergibt sich ohne sein Wissen. Bevor die Urteile in den Sätzen explizit werden, sind sie implizit in den Wörtern« (E I 340=276/SCH 202). Gerade in den Geistes- und Sozialwissenschaften, so kann man Gómez Dávilas Gedanken erläutern, sowie auf dem ganzen Felde der Politik, läßt sich dieser Sachverhalt, im eigentlichen Sinne ein Mißbrauch der Sprache, immer wieder beobachten. Ohne hinlängliche Reflexion übernimmt der moderne Mensch die Parolen und Phrasen der geistigen Trend- und Agendasetter, so daß es ihm zunehmend schwerer fällt, die ihn umgebenden Absurditäten als das zu erkennen, was sie sind. Denn weil er sich unbemerkt des »feindlichen«, das heißt in der Regel des fortschrittlichen und emanzipatorischen Vokabulars bedient hat, wird ihm jede Möglichkeit einer intellektuellen Offensive genommen. Der Verteidiger der Tradition gerät unter diesen Bedingungen hoffnungslos in die Defensive und jede Rückzugsmöglichkeit ist ihm abgeschnitten. Wie, so stellt sich dem Reaktionär die Frage, kann also unter diesen Bedingungen noch vernünftig gesprochen werden, unter denen die Manipulation gleichsam institutionalisiert worden ist? Man geht wohl nicht fehl, wenn man im Lichte dieser Überlegungen die Intention des reaktionären Denkens

93 Óscar Torres Duque: Nicolás Gómez Dávila, 48.

94 Franco Volpi: Nicolás Gómez Dávila, in: Derselbe (Hg.): Großes Werklexikon der Philosophie, Bd. 1: A-K, Stuttgart 1999, 581.

dahin gehend auffaßt, daß er seinen Lesern ein Vokabular und eine Ausdrucksmöglichkeit offerieren möchte, die ihm zumindest eine anständige und ehrenvolle Verteidigung ermöglicht, wenn schon die Niederlage eine ausgemachte Sache ist: Stets sei er nur der Parteigänger verlorener Sachen gewesen (N 339=465=386; vgl. N 77=128=91). Denn nur für verlorene Sachen könne man uneingeschränkt als Parteigänger eintreten (E I 31=31/SCH 25). Der Reaktionär sei heutzutage, daran ließ Gómez Dávila keinen Zweifel, lediglich ein Passagier, der mit Würde Schiffbruch erleide (E I 449=366/SCH 271).

Das reaktionäre Denken Gómez Dávilas kommt in Gestalt geschliffenster Aphorismen, Glossen und Sentenzen daher, die auf die enge Verknüpfung von Inhalt und literarischer Form in diesem Denken verweisen. Aphorismen sind nun aber per definitionem mit ganz eigenen Problemen behaftet. Sie scheinen weit eher zu verkünden als zu argumentieren. Sie setzen an die Stelle der Abhandlung oder des Dialoges die blitzartig treffende Einsicht, die verblüffende Wertung, die scheinbare oder wirkliche Paradoxie. Aphorismenbände eignen sich denn auch nicht, so scheint es, für die Entwicklung eines nach allen Seiten abgestützten logischen Argumentes. Im Lichte dieser Tatbestände hat man versucht, den Aphorismus literaturpsychologisch zu deuten: Er sei erwachsen aus »der Abneigung, sich einer festen Logik zu beugen«. Der Aphorismus vertrage keine Einrede, keinen Widerspruch; die monologische Form des Aphorismus stelle eine Geringschätzung des Lesers dar, weil durch die Apodiktik des aphoristischen Stiles der Dialog mit dem Leser unterbunden werde.[95] Zwar hat diese Auffassung zunächst den Anschein der Plausibilität für sich, zumal im Falle Nietzsches, doch erfaßt diese Deutung mitnichten die Möglichkeiten dieser Gattung, nämlich mit dem Leser in einen »Dialog« zu treten und ihn zum selbständigen Denken zu führen. Sie verkennt also grundlegende Einsichten der Rezeptionsästhetik, welche die aktiven Reaktionspotentiale des Lesers in den Blick nehmen. Denn Aphorismen setzen auf den kurzen, prägnanten Satz, der den Leser anstößt, ihn verwirrt und perplex macht. Er kann ihn aber auch

95 Joachim Bernd Hoefele: Individualpsychologie und Literatur. Zur Literaturästhetik Alfred Adlers und seiner Schule, Frankfurt/M. 1986, 222 (unter Bezug auf A. Friedmann); vgl. José Miguel Oviedo: Breve historia, 151.

über diese Verunsicherung hinaus weiterbringen, sofern er es nicht vorzeitig aufgibt, dem Sinn der verwirrenden Worte nachzuspüren. Der Aphorismus ist von Francis Bacon daher geradezu als eine Einladung zum Weiterforschen gedeutet worden.[96] Er ist so verstanden in der Tat die Kunstform eines Verführers und Versuchers zum Denken.[97] Viele glaubten irrtümlich, eine lakonische Aussage sei dogmatisch, so Gómez Dávila (E II 42=40/SCH 313). Man darf daher nicht außer acht lassen, daß der Aphoristiker nicht in jedem Falle dogmatisch redet, sondern seine Aussagen von Fall zu Fall polemisch oder auch protreptisch, also aufmunternd verstanden wissen will. Der Aphorismus wird von Gómez Dávila im eigentlichen Sinne herausfordernd verwendet, also als Kriegsmittel, als Teil seiner literarischen Anverwandlung »der Kriegslisten eines Guerillakämpfers« (E I 456=372/SCH 275). Weil die Taktik der üblichen Polemik am unerschrockenen Dogmatismus des zeitgenössischen Menschen scheitere, dürfe man diesem nicht mit systematischen Gründen oder gar methodisch kommen. Es käme vielmehr darauf an, die Gelegenheit beim Schopfe zu packen und dort anzugreifen, wo es gerade möglich und halbwegs erfolgversprechend sei. Der reaktionäre Denker wird zum Guerillero der Gegen-Aufklärung (E I 456=372/SCH 275), die sich freilich gegenüber einer neodogmatischen Aufklärung als die »eigentlichere Aufklärung« erweist.[98]

Erst wenn der Leser ein solchermaßen verstandenes Buch mit Aphorismen wieder und wieder zur Hand nimmt, erschließt sich ihm Schritt für Schritt ein netzartiger Sinnzusammenhang, der zuletzt sogar so etwas wie eine argumentative Struktur erkennen lassen mag. Verstreute, zunächst einzeln dastehende Aphorismen zeigen sich im weiteren Zusammenhang in einem anderen Licht als zu Beginn, rücken langsam und sachte an ihren Platz im Gefüge des reaktionären Weltbildes: »Meine kurzen Sätze sind die Farbtupfen einer ›pointillistischen‹ Komposition« (E I 11=15/SCH 13), wobei es die Aufgabe des Lesers sei, die reinen Farben zu einem Gesamtbild zusammenzufügen (N 332=457=379). An dieser Stelle muß aber zugleich er-

96 Siehe Francis Bacon: The Advancement of Learning, hg. von G. W. Kitchin, London 1973, 142 (II 17, 7).

97 Vgl. wiederum Picht: Nietzsche, XXII.

98 Bernard Willms: Postmoderne und Politik, in: Der Staat 3/1989, 323.

wähnt werden, daß Gómez Dávila eben diesem Satz am Anfang seiner *Escolios* eine weitere Aussage voranstellt, die dem bisher ausgeführten zu widersprechen scheint: »Der Leser wird auf diesen Seiten keine Aphorismen finden« (E I 11=15/SCH 13). Der Aphorismus des Gómez Dávila ist nämlich, wie es bei ihm heißt, eigentlich eine Glosse oder Scholie zu einem implizierten, das heißt inbegriffenen Text (escolio a un texto implícito).[99] Diese Scholien, im eigentlichen Wortsinne kleine Kommentare oder Erläuterungen, bieten gerade keinen linear fortschreitenden Gang der Argumentation, sondern ein scheinbar unzusammenhängendes Sammelsurium auskristallisierter Anmerkungen. Und wenn Scholien im herkömmlichen Sinne »der Interpretation besonders schwieriger, dunkler Textstellen« (Wilpert) dienen, so sind Gómez Dávilas Scholien dankbar entgegengenommene Hilfsmittel beim Lesen der modernen Welt, bei der Interpretation dessen, was uns in einem besonderen Maße dunkel erscheint. Die Lesbarkeit der Welt, wie es ein Buchtitel von Hans Blumenberg formuliert, ist immer nur partiell gegeben – das »volle Bewußtsein von der radikalen Nicht-Verständlichkeit der Welt« führt deshalb für Gómez Dávila zu der existentiellen Alternative: radikale Rebellion oder radikale Unterwerfung (SE 159=134/AB 91). Die Scholien erhalten ihren unverkennbaren Charakter also dadurch, daß sie bezogen sind auf etwas Unausgesprochenes, das gleichsam im Hintergrund des tatsächlich Gesagten steht und von den Lesern rekonstruiert werden muß: Dies wird auch durch das Shakespeare-Zitat aus *The Rape of Lucrece*, Z. 1427-1428, nahegelegt, das Gómez Dávila als eines von sechs Wahlsprüchen dem ersten Band seiner Scholien vorangestellt hat.[100] So wie hier ein Teil für das Ganze steht, das durch die Phantasie ergänzt werden muß, sind auch die Glossen Gómez Dávilas nur die Fragmente eines vorausgesetzten Ganzen, das ohne den Einsatz der imaginären Kraft des Lesers nicht erfaßt werden kann. Damit aber gerät er durchaus in die Nähe Nietzsches, zwischen und hinter dessen kurzen Aphorismen »lauter verborgene lange Dinge und Gedanken-Ketten« zu finden seien, wie

99 Zu den Deutungsmöglichkeiten hinsichtlich des impliziten Textes siehe Amalia Quevedo: ¿Metafísica aqui? Reflexiones preliminares sobre Nicolás Gómez Dávila, in: Ideas y Valores Nr. 111 (Dezember 1999), 81.

100 Volpi, in: ETI, 487.

dieser selbst zu bedenken gab.[101] José Miguel Oviedo meint deshalb, der Titel »Scholien zu einem impliziten Text« enthalte eine ironische Anspielung auf das lange literarische Schweigen seit den ersten beiden Büchern Gómez Dávilas; die *Escolios a un texto implícito* seien ein Epilog zu einem Werk, das nicht existiere.[102] Es ist indes nicht unumstritten, worin der »implizite Text« besteht, auf den sich die Glossen beziehen,[103] da Gómez Dávila das an keiner Stelle explizit erläutert. Es mag letztlich unerheblich erscheinen, ob der texto implícito, auf den sich Gómez Dávilas Glossen beziehen, tatsächlich, wie Pizano de Brigard meint, im Kapitel über die Demokratie und ihre theologischen Voraussetzungen in den *Textos* I enthalten ist.[104] Ein Indiz dafür ist einerseits – neben der langjährigen intensiven Freundschaft der beiden Autoren[105] – zwar Gómez Dávilas Bemerkung im zweiten Satz dieses Kapitels, er arbeite schreibend an einem centón reaccionario, einem reaktionären Flickenteppich (T 61=55=42), das heißt an einem Gedankengewebe spezifischer Art, das sich aus mannigfachen Einzelstückchen zusammensetzt und auf dem erst der gründliche Leser bedeutungsvolle Muster zu erkennen vermöchte. Andererseits liegen zwischen der Publikation dieser Selbstinterpretation und der Veröffentlichung der ersten beiden Glossen-Bände 18 Jahre, so daß ein direkter Zusammenhang im Sinne Pizano de Brigards nicht zwingend scheint, auch wenn man angesichts des eingeschränkten Leserkreises annehmen könnte, daß dort die *Textos* bekannt gewesen sein mögen. Problematisch ist diese Deutung insofern, als sich keinerlei textinterne Hinweise in diesem Sinne finden lassen; in den Bänden der *Escolios* gibt es nirgends einen Hinweis auf die bloße Existenz der *Textos* oder ihren sachlichen Gehalt. Wie auch immer diese Frage zu werten ist: Entscheidend für das Selbstverständnis Gómez Dávilas ist jedenfalls die Tatsache, daß er nicht als Aphoristiker aus eigenem Recht vor den

101 Friedrich Nietzsche, zitiert in: Löwith: Nietzsches Philosophie der ewigen Wiederkehr, 23.

102 José Miguel Oviedo: Breve historia, 150.

103 Amalia Quevedo: ¿Metafísica aqui? Reflexiones preliminares sobre Nicolás Gómez Dávila, in: Ideas y Valores Nr. 111 (Dezember 1999), 81.

104 Siehe Francisco Pizano de Brigard: Die Schlüssel des Nicolás Gómez Dávila, 265; Volpi, in: M, 164; Semblanza de un colombiano universal & Conversaciones con Nicolás Gómez Dávila, Bogotá 2013, 22.

105 Gómez Dávila empfand Francisco Pizanos Interpretation als eine gute Einführung in sein Denken. Freundliche Mitteilung von Diego Pizano.

Leser tritt, sondern sich in seinem Hauptwerk als Kommentator präsentiert: Er schreibt Glossen zur Erläuterung eines impliziten Textes, dessen Bekanntheit nicht vorausgesetzt werden kann. Das heißt, er versteht seine schriftstellerische Tätigkeit als dienende Tätigkeit, die der Entschlüsselung und Erläuterung von etwas Anderem dienen, nicht aber Protokolle seiner subjektiven Befindlichkeit liefern soll. Es sollte so möglich sein, den texto implícito allein aus den zu ihm verfaßten Glossen zu rekonstruieren.

Formal betrachtet läßt sich also auch das einzelne Scholion ohne weiteres als Aphorismus deuten, weshalb die bisherigen Interpreten Gómez Dávilas mit einem gewissen Recht regelmäßig diesen Terminus verwenden.[106] Es sollte deshalb nicht auf den Versuch verzichtet werden, die Einsichten in die Eigenheiten des aphoristischen Stils auch für die Entzifferung des impliziten Textes Gómez Dávilas fruchtbar zu machen. Im Gebrauch des Aphorismus scheint die Einsicht in das Fragmentarische der menschlichen Existenz wie der menschlichen Erkenntnis auf. So ist das literarische Fragment für den Reaktionär »Ausdruck rechtschaffenen Denkens«, das nicht dort eine Bruchlosigkeit suggeriere, wo sie nicht wirklich vorhanden sei (NE II 203=197/VP 254). Genau das aber, die Illusion der Bruchlosigkeit, scheint das Ergebnis einer Abhandlung zu sein, eines Diskurses, der die Brüche des Seins verbirgt oder zu verbergen sucht. »Was in der Philosophie nicht Fragment ist«, heißt es in Ergänzung dieses Gedankens an anderer Stelle, »ist Betrug« (SE 162=137/AB 93). Gómez Dávila dürfte mit diesen Gedanken auf Nietzsche angespielt haben, der bekanntlich den Willen zum System als Mangel an Rechtschaffenheit charakterisiert hatte.[107]

Der Aphorismus hat gegenüber dem System für Gómez Dávila den Vorteil, leichter seine Unzulänglichkeit zu offenbaren, denn zwischen wenigen Worten sei es ebenso schwer sich zu verstecken wie zwischen wenigen Bäumen (E I 362=294/SCH 216). Zugleich gelte aber auch: »Das Fragment umfaßt mehr als das System« (E II 362=297/SCH 497). Gómez Dávila kann daher mit einigem Recht dem Vorwurf begegnen, der Aphorismus drücke lediglich

106 Vgl. José Miguel Oviedo: Breve historia, 150.

107 Friedrich Nietzsche: Götzen-Dämmerung (Sprüche und Pfeile 26), in: Kritische Studienausgabe (KSA) 6, München/Berlin ^{2}1988, 63.

Teile der Wahrheit aus; denn diese Behauptung »kommt der Annahme gleich, die weitschweifige Rede könne sie voll und ganz ausdrücken«, und sei also klarerweise eine Illusion (NE II 122=121/VP 204). Gelegentlich häufen sich jedoch an bestimmten Stellen Aphorismen mit dem gleichen Bezug, gleichsam bedeutungsvolle Knotenpunkte, die dem Leser als orientierende Wegmarken dienen können. Zudem baut Gómez Dávila als höchst selbstreflexiver Schriftsteller auch die nötigen Warnungen vor seinem eigenen Denk- und Schreibstil in seine Texte ein: »Die subtilste Maske der Dummheit ist die epigrammatische Kürze. Cave...« (E I 225=184/SCH 135).

Gómez Dávila leistete als Schriftsteller eine beachtliche Arbeit, indem er seine zunächst in Essays dargelegten Gedanken im schriftstellerischen Prozeß oft auf ein oder zwei Sätze reduzierte und so lange verfeinerte und polierte, bis sie schließlich jene bewundernswerte Brillanz und kristallene Härte erreichten, die ihre Lektüre so anregend macht: »Der Autor, der seine Sätze nicht gefoltert hat, foltert den Leser« (E II 109=94/SCH 353). Gómez Dávila ist ein Autor, der so verfahren ist und dadurch selbst auf anschauliche Weise seinen Satz illustriert: »Der Satz muß die Härte des Steins und das Zittern des Zweiges haben« (E I 253=206/SCH 150).[108] Zugleich müsse er aber auch eine besondere Lebendigkeit besitzen, die gleichsam in der Syntax einzufangen sei. Deshalb gelte: »Der Satz muß mit den Flügeln schlagen wie ein gefangener Falke« (NE II 184=179/VP 243). Das Schreiben hat für Gómez Dávila eine geradezu existentielle Dimension, da er sich nicht zu jenen rechnete, die im Stillen für sich denken können, ohne das leise Geräusch des Bleistifts auf dem blanken Blatt Papier (N 16=49=22/NR 38).

Unter hermeneutischem Aspekt hat Nietzsche selbst mit Nachdruck darauf hingewiesen, daß man die aphoristische Form nicht schwer genug nehme – ein Hinweis darauf, mit welchen Widrigkeiten wir es zu tun haben, wenn wir uns auf das untergründige Bemühen um die Auslegung von Aphorismen einlassen:

»Ein Aphorismus, rechtschaffen geprägt und ausgegossen, ist damit, dass er abgelesen ist, noch nicht ›entziffert‹;

108 Vgl. Friedrich Nietzsche: Menschliches, Allzumenschliches II, Vermischte Meinungen und Sprüche 127, 168, in: KSA 2, München/Berlin ²1988, 432, 446.

vielmehr hat nun erst dessen Auslegung zu beginnen, zu der es einer Kunst der Auslegung bedarf. Ich habe in der dritten Abhandlung dieses Buches [*Zur Genealogie der Moral*, T. K.] ein Muster von dem dargeboten, was ich in einem solchen Falle ›Auslegung‹ nenne: – dieser Abhandlung ist ein Aphorismus vorangestellt, sie selbst ist dessen Commentar. Freilich thut, um dergestalt das Lesen als Kunst zu üben, eins vor Allem noth, was heutzutage gerade am Besten verlernt worden ist – und darum hat es noch Zeit bis zur ›Lesbarkeit‹ meiner Schriften –, zu dem man beinahe Kuh und jedenfalls nicht ›moderner Mensch‹ sein muss: das Wiederkäuen.«[109]

Gerade diejenigen Texte also, die sich einer reflektierten Kunst des Schreibens verdanken, geben ihren Sinn nicht dem oberflächlichen Lesen preis. Die Auslegung solcher Texte bedarf geradezu der Askese, der Einübung in die präzise Sinnkonstitution seitens des Lesers, der sich der Intention des Autors verpflichtet weiß und auch das Wiederkäuen nicht scheut.

Philosophisch subtile Texte zu verstehen ist also keine einfache Sache, und genau daran erinnern uns immer wieder Gómez Dávilas Aphorismen, wie etwa der folgende: »Die Tiefe eines Textes ist keine Dimension, die es zu untersuchen gilt, sondern eine prächtigere Farbe seiner Oberfläche« (NE II 88=88/VP 184). Auch wenn diese Textstelle es zu suggerieren scheint, haben wir es hier nicht mit einem bloß ästhetischen Phänomen zu tun. Man ist versucht, an das zu denken, was einer der sorgfältigsten Leser des 20. Jahrhunderts, Leo Strauss, einmal im Zusammenhang mit seiner Interpretation Machiavellis feststellte: »Das Problem, das der Oberfläche der Dinge innewohnt, und zwar nur in der Oberfläche der Dinge, ist das Herz der Dinge.«[110] Man darf also keineswegs nur nach der Dinge Tiefe trachten, denn schon die Oberfläche eines Textes (und vielleicht, wie Strauss andeutet, nur sie) kann uns Aufschluß über den Kern des zu Deutenden bieten. Alle Hinweise dieser Art machen das Lesen nicht leichter, wie man meinen könnte. »Lesen können ist das letzte, was man lernt« (NE I 61=61/VP 41). Gómez Dávilas hermeneutische Hinweise und Leseempfehlungen lassen sich nicht operationalisieren und mechanisch

109 Friedrich Nietzsche: Zur Genealogie der Moral (Vorrede 8), KSA 5, 255-256.

110 Leo Strauss: Thoughts on Machiavelli, Chicago 1978, 13.

auf beliebige Texte anwenden. Nichts kann daher die eigene Erfahrung ersetzen, die instinktiv ein schlechtes Buch zu wittern erlaubt. Der »Elitismus« des Reaktionärs führt ihn in seinen Scholien immer wieder dicht an die Formulierung des esoterischen Charakters mancher Werke heran, so, wenn er bemerkt, ein kluger Text sei auf verschiedenen Ebenen gut und ein kluger Gedanke gleite unversehrt durch die Hände der Mehrzahl der Leser (NE II 8=12/VP 135; vgl. VP 44, 221, 238).[111] In diesem Sinne sieht der Reaktionär im »Beschränken der Zuhörerschaft« eine Tugend, da dadurch die Gefahr der Pflichtvergessenheit verringert werde (E I 12=15/SCH 13). Es kann keinen Zweifel daran geben, daß Gómez Dávila, wie alle echten Philosophen – was durchaus als analytischer Satz betrachtet werden darf – nur für jene Wenigsten schreibt, deren Auffassungsgabe der Schwierigkeit des Philosophierens gewachsen ist. Daher auch bringt er Regeln wie diese zu Papier: »Man darf nicht schreiben, damit wir Leser haben, sondern so, als ob wir einen Leser haben würden« (NE II 18=21/VP 141). Und: »Wir dürfen nicht beabsichtigen, den klugen Gedanken dem klug erscheinen zu lassen, der es selbst nicht ist« (SE 140=117/AB 80). Gómez Dávila ist einer jener seltenen »esoterischen« Autoren, die, in Abwandlung eines Wortes von Baltasar Gracián, nur mit den Wenigsten denken, ohne mit den Meisten zu reden,[112] so daß er denn auch den auf den ersten Blick etwas merkwürdigen Satz zu bedenken gibt: »Der Irrtum ist weniger gefährlich als die ungebührliche Verbreitung einer offensichtlichen Wahrheit« (NE II 44=46/VP 157). Wem aber wie dem Reaktionär die Wahrheit und die Reinheit der Kategorien über alles geht, dem wird deren unvermeidliche Korruption durch Popularisierung stets Kopfschmerzen bereiten (SE 128=107/AB 73).[113]

Gómez Dávilas Geist richtet sich auf ein frappierend umfassendes Spektrum bedenkenswerter Überlegungen, Dinge und Sachverhalte, das hier nur in groben Zügen

111 Zur Esoterik in diesem (philosophischen) Sinne siehe Till Kinzel: Platonische Kulturkritik in Amerika. Studien zu Allan Blooms »The Closing of the American Mind«, Berlin 2002, 75-103.

112 Vgl. Baltasar Gracián: Handorakel und Kunst der Weltklugheit, Nr. 43, dt. von Arthur Schopenhauer, Stuttgart 1992, 18, und Bacon: Advancement of Learning, 134 (XIV 11).

113 Vgl. dazu Hans-Georg von Arburg/ Michael Gamper/ Dominik Müller (Hrsg.): Popularität. Zum Problem von Esoterik und Exoterik in Literatur und Philosophie. Ulrich Stadler zum 60. Geburtstag, Würzburg 1999.

angedeutet werden kann. Gleichwohl kristallisieren sich bei näherem Studium Schwerpunkte seines Nachdenkens heraus, Akzente, die zu erkennen eben jenes Einfügen in den Atemrhythmus seiner Prosa verlangt, das der Natur seiner »Schriften« oder Texte entspricht: Gómez Dávila hat tatsächlich, wie er sagt, »kein lineares, sondern ein konzentrisches Buch geschrieben« (NE II 211=205/VP 260). So wie sich Gómez Dávilas Gedanken in konzentrischen Kreisen bewegen, muß auch der Leser sich eine Art konzentrisches Lesen angewöhnen, um die offenkundig verborgenen Schönheiten des aphoristischen Denkens einfangen zu können oder doch eher sich von ihnen einfangen zu lassen. Es ist ein Allgemeinplatz, daß es Leser und Leser gibt, nur legt man sich kaum Rechenschaft darüber ab, welche Implikationen diese so harmlos scheinende Feststellung hat.[114] Gómez Dávila jedenfalls reflektiert immer aufs neue die Faszination, die Schwierigkeit und die Kunst des Lesens wie des Schreibens. Seine verstreuten Äußerungen zu diesem Problemkreis liefern, wenn auch keine »hermeneutische Theorie«, so doch etwas ungleich Wertvolleres: protreptische Hinweise für jene, die zu sorgfältigen Lesern werden möchten. Gómez Dávila bietet eine Fülle scharfsinniger und lehrreicher Beobachtungen und Bemerkungen, die von seinem großen Taktgefühl als Leser zeugen. »Lesen lernen heißt entdecken«

Es geht also, als Vorbedingung des Selbstdenkens, um den Kampf gegen das oberflächliche Lesen, zu dem wir, gedrängt durch die Überfülle neuer und zumeist nicht einmal mittelmäßiger Bücher, uns immer wieder verleiten lassen. Es geht, wie große Philologen wie August Boeckh und Friedrich Schleiermacher betont haben, um die Entwicklung des richtigen Taktes, der subtilitas legendi, also um eine wache Aufmerksamkeit für das, was es in einem Text alles noch zu entdecken gibt. »In jedem Buch, so bekannt es auch sein mag, gibt es zuhauf außer acht gelassene Landstriche« (NE II 58=60/VP 165). Der Takt des richtigen Lesers läßt sich nicht in operationalisierbare Formeln umsetzen, sondern kann selbst nur annäherungsweise metaphorisch umschrieben werden, in der Hoffnung, dadurch sein Rezeptionsverhalten

114 Vgl. z. B. Georg Christoph Lichtenberg: Aphorismen, Essays, Briefe, hg. von Kurt Batt, Leipzig 1992, 125: »Wenn ein Buch und ein Kopf zusammenstoßen, und es klingt hohl, ist das allemal im Buch?«

auf subtile Weise zu lenken. In diesem Sinne ist beispielsweise der folgende Ratschlag aufzufassen: »Um einen Text zu verstehen, muß man langsam um ihn herumschleichen, denn niemand gelangt in sein Inneres, es sei denn durch unsichtbare Falltüren« (NE I 204=196/VP 129). Die Kritik des heutigen Literatur- und Literaturkritikbetriebes wird von Gómez Dávila nicht nur direkt geäußert, sondern auch implizit durch seinen Lobpreis des Griechischen und Lateinischen, die ihm von der Vulgarität der Moderne frei schienen (vgl. N 182=262=209). Mit der Heiterkeit, der Gelassenheit, dem tiefen Gefühl moralischen und physischen Wohlbefindens und der vollkommenen Gesundheit, die sie uns einflöße, sei die morgendliche Lektüre des Homer die beste Wegzehrung, um die Vulgaritäten des Tages zu ertragen (N 141=210=163). Gómez Dávilas offen elitärer Gestus kommt in Sätzen wie diesem zum Ausdruck: »Jene, die sich von lateinischer und griechischer Literatur genährt haben, schauen sich mit einem Lächeln an, wenn die anderen sprechen« (NE II 151=148/VP 222). Oder auch: »Wer nicht Latein und Griechisch gelernt hat, ist insgeheim davon überzeugt, nur halbgebildet zu sein« (SE 112=93/AB 64). Nicht nur die Sprache, auch die Gedankenwelt der Alten bildet für Gómez Dávila ein lebensnotwendiges Gegengewicht zur modernen Literatur, denn die »ausschließliche Lektüre von Zeitgenossen läßt einem das Hirn verdorren« (NE I 11=15/VP 10). De Tocquevilles Einschätzung, daß keine Schriftsteller nützlicher für demokratische Zeitalter wären, als die antiken, weil sie durch ihre besonderen Eigenschaften auf wunderbare Weise ein Korrektiv zu den spezifisch demokratischen Mängeln darstellten, wird auch – bei durchaus divergierender Intention – vom Reaktionär geteilt: »Latein und Griechisch bilden, da sie eine Weltsicht vermitteln, die der heutigen feindlich gegenübersteht« (NE II 161=157/VP 229).[115] Das vom Reaktionär empfohlene Mittel dürfte allerdings nach den großflächigen Verheerungen der »Bildungsreformen« des 20. Jahrhunderts immer weniger Menschen zur Verfügung stehen: »Eine gewisse Zeit lang nichts als Latein und Griechisch zu lesen, ist das einzige, was die Seele ein wenig desinfiziert« (NE II 115=114/VP 200). Auch bei der Frage nach dem richtigen

115 Alexis de Tocqueville: De la démocratie en Amérique, Paris 1993, Bd. II, 93.

Lesen geht es um die Seele des Menschen, eine für den modernen Menschen doch recht seltsam anmutende Vorstellung, ganz abgesehen davon, daß der Begriff der Seele, zugleich mit der Verabschiedung vom Realismus der Tradition ohnehin außer Kurs geraten ist.

Die Seele des Lesers muß auf eine kaum präzise anzugebende Weise mit der Seele eines Buches zusammentreffen, um es richtig zu verstehen. Bücher, große zumal, haben die vertrackte Eigenschaft, sich dem Leser, für den sie nicht gedacht sind, in falscher oder doch zumindest verzerrter Gestalt zu präsentieren. Es gibt zudem Leser, so erfahren wir, »die von den Büchern angenommen werden, und Leser, die von ihnen zurückgewiesen werden« (SE 91=76/AB 53). Die klugen Leser, bedächtig und wagemutig zugleich, sind wohl immer in der Minderheit. Es sind einzelne wie Gómez Dávila, die sich in ihrer Einsamkeit mit den großen Toten der Vergangenheit unterhalten, weil sie in ihrer Gegenwart meist solcher Gesprächspartner ermangeln. »Denken«, so formuliert Gómez Dávila, »ist eine pausenlose Zwiesprache mit verstorbenen Gesprächspartnern« (NE I 190=182/VP 120). Ein Denken ohne Gesprächspartner, ein einsames Denkens, liefe dagegen Gefahr, sich mit zu allgemeinen Wahrheiten zufrieden zu geben (N 317=437=361). Der Verlust der klassischen Bildung und der Verlust der Fähigkeit zu lesen, beunruhigen den vorzugsweise in den Originalsprachen lesenden Gómez Dávila zutiefst: »Wir haben bereits gewußt, daß ein Text sterben kann, doch wir haben nicht vermutet, daß noch vor dem Text die Fähigkeit sterben kann, ihn zu verstehen« (NE II 178=173/VP 239). Gleichwohl liest auch und gerade der gute Leser nicht nur gute oder große Werke; denn der gute Leser ist es zugleich, der auch in mittelmäßigen Texten hervorragende Qualitäten erkennen kann (E II 74=66/SCH 332).

Die Schulung des guten Lesens, die durch den reaktionären Schriftsteller ermöglicht wird, ist auf eine umfassende, wenngleich okkasionell operierende Kulturhermeneutik gerichtet. »Gute Leser sind Selbstdenker«, wie Ernst Jünger direkt im Anschluß an ein Gómez Dávila-Zitat in seinem Tagebuch notiert[116], und diesen Zusammenhang mag man wohlwollend so deuten, daß beides möglich ist:

116 Ernst Jünger: Siebzig verweht IV, Stuttgart 1995, 247. Vgl. zu Jüngers – durchaus mißverständlicher – Wertschätzung Gómez Dávilas auch Volpi, in: M, 182.

der Weg vom Selbstdenker zum guten Leser sowie der vom guten Leser zum Selbstdenker. Selbstdenken, soviel sollte inzwischen deutlich geworden sein, hat nicht das geringste mit »Originalität« zu tun, die vielmehr ein spezifischer Fetisch des modernen Denkens zu sein scheint. »Niemand denkt ernsthaft, solange ihm die Originalität wichtig ist« (E I 152=126/SCH 91; vgl. NE II 127=125/VP 207; T 61=55).

Es versteht sich nach dem Gesagten von selbst, daß jede Auslegung der Texte Gómez Dávilas prinzipiell anfechtbar ist, weil allein die Auswahl der zitierten und herangezogenen Textstellen unausweichlich und unmerklich Akzentsetzungen des Interpreten darstellen. Wenn es stimmt, daß Gómez Dávila kein lineares, sondern ein konzentrisches Buch geschrieben hat (NE II 211=205/VP 260), dann kann es auch keine lineare Interpretation des Denkers geben, die diesem gerecht wird. Seine Intention muß also auf eine Weise ergründet werden, die sich nicht schematisieren läßt. Das heißt, der gleichsam linearen Lektüre des nicht-linearen Werkes, die dem Gelehrten am nächsten liegt, muß die punktuelle Vertiefung im hermeneutischen Zirkel zur Seite gestellt werden, auch wenn dies oberflächlich betrachtet so erscheinen kann, als drehe man sich im Kreise. Das heißt aber auch, daß der Lektüre der vorliegenden Studie die Lektüre der Werke Gómez Dávilas an die Seite gestellt werden muß. The proof of the pudding is in the eating – das englische Sprichwort hat auch hier seine Berechtigung. Denn es bleibt im Letzten die Aufgabe des Lesers, in den Glossen und Sätzen des Kolumbianers »die lange Logik einer ganz bestimmten philosophischen Sensibilität« zu entdecken und so zu der Einsicht zu gelangen, daß es sich dabei »nicht um ein Durcheinander von hundert beliebigen Paradoxien und Heterodoxien« handelt.[117] Es gilt, um mit Nietzsche zu sprechen, den Erkenntniswillen Gómez Dávilas zu bergen.

117 Zitate aus einem Brief Nietzsches an Georg Brandes vom 8. Januar 1888 nach einem der Mottos der Escolios (E I 9=13/SCH 11). Siehe Friedrich Nietzsche: Sämtliche Briefe (Kritische Studienausgabe in 8 Bänden), Bd. 8: Januar 1887-Januar 1889, München 1986, 228-229.

III. REAKTIONÄRE DENKBEWEGUNGEN

Menschen mögen, stellte ich fest, Gedanken, die nicht zum Denken zwingen.

Stanislaw Jerzy Lec

Bei unserem Bemühen, den Denkbewegungen Gómez Dávilas zu folgen, müssen wir besonders darauf achten, seine Verwendung zentraler Begriffe möglichst genau zu bestimmen. Dies gilt insbesondere für den Begriff des »Reaktionären« und der »Reaktion«, der geradezu prädestiniert ist, mißverstanden zu werden. Es besteht die Gefahr, daß diese Begriffe vom Leser durch seine Vorurteile mit Bedeutungen aufgeladen zu werden, die von Gómez Dávila nicht notwendig so gemeint sind. Es soll deshalb an dieser Stelle versucht werden, zumindest ein Vorverständnis dieses Kernbegriffes zu erarbeiten, um die gröbsten Mißdeutungen zu vermeiden (auch wenn einiges dafür spricht, daß Gómez Dávila mit diesen durchaus kokettierte).[118] Dieses Vorverständnis wäre seitens des Lesers im Lichte der übrigen Ausführungen sowie der Schriften Gómez Dávilas zu überprüfen. Hilfreich ist es, erst einmal dem begriffsgeschichtlichen Hintergrund des Reaktionsbegriffs kurz Aufmerksamkeit zu widmen. Jean Starobinski hat in einer weit ausholenden Untersuchung gezeigt, daß Reaktion als spezifischer Begriff mit dem primären Begriff der Aktion zusammen betrachtet werden muß. Zunächst hatte dieses Begriffspaar seinen Ort vorwiegend im Bereich der naturwissenschaftlichen Begriffsbildung. Zur Zeit der Französischen Revolution wurde dann jedoch eine Übertragung auf das Politische vorgenommen, und zwar nicht so sehr als analytischer und diagnostischer Begriff, sondern als Kampfbegriff der politischen Polemik.[119] Der Reaktionär im politischen Sinne kann nur in der modernen Welt auftreten, denn die

118 Vgl. auch Franz Niedermayer: Über Nicolás Gómez Dávila, in: EGT, 177-178.

119 Siehe dazu Jean Starobinski: Aktion und Reaktion. Leben und Abenteuer eines Begriffspaars, München 2001, vor allem Kapitel VII (289-361).

moderne Bedeutung der Reaktion ist, wie Starobinski betont, daran gebunden, daß es überhaupt die »Idee eines Fortschritts in den politischen Institutionen« gibt. Gegenüber dem bloßen Gegensatz von Fortschritt und Rückschritt stelle die »Reaktion« eine Präzisierung dar, weil sie – anders als Rückschritt – das aktive Entgegenwirken zum Fortschritt bezeichnet. Nach dem Ende der Schreckensherrschaft Robespierres wird der Begriff »Reaktion« schließlich in seiner modernen Bedeutung geprägt, auch wenn diese Bedeutung schwankend blieb, wie es politischen Kampfbegriffen zu eignen pflegt: »Hat das Wort ›Reaktion‹ seine pejorative Bedeutung einmal angenommen, so bleibt es eine Waffe, deren sich jede Partei bedient, um die Aktion der anderen in Mißkredit zu bringen.«[120] So ist der Begriff der Reaktion seither kaum mehr als Selbstbezeichnung, sondern eher zur Stigmatisierung des Gegners verwendet worden. Reinhart Maurer indes konstatiert, Gómez Dávila gebühre »der Ehrentitel des Ersten Reaktionärs in dem doppelten Sinn von ›erster‹: zeitlich und dem Range nach. Das heißt: im Vergleich zu ihm waren die bisherigen Reaktionäre noch gar keine.«[121] Doch nennt sich Gómez Dávila nicht als erster und nicht als einziger »Reaktionär«; er ist insofern durchaus Teil einer Tradition, auch wenn er das reaktionäre Denken in seinem Sinne auslegt und bestimmt.[122]

Gómez Dávila definiert den wahren oder authentischen Reaktionär (es gibt also auch unechte), indem er diesen dem Fortschrittler gegenüberstellt, der sich gewöhnlich über die Existenz des Reaktionärs empöre (RA 16). Denn es verursache ihm, dem Fortschrittler, ein vages Unbehagen, daß so jemand wie der Reaktionär überhaupt möglich sei. Trotz der von unterschiedlichster Seite vorgetragenen Kritik am aufklärerischen Fortschrittsbegriff bleibt nämlich

120 Starobinski: Aktion und Reaktion, München 2001, 315; 313-316. Wer den Begriff »reaktionär« benutze, gebe sich „sogleich als Feind der Reaktion zu erkennen, das heißt, als Parteigänger unvermeidlicher Reformen oder der Revolution" (336).

121 Reinhart Maurer: Reaktionäre Postmoderne – Zu Nicolás Gómez Dávila, in: Aufklärung und Postmoderne – 200 Jahre nach der französischen Revolution das Ende aller Aufklärung?, hg. von Jörg Albertz, Berlin 1991, 141.

122 So weist etwa Friedemann Spicker darauf hin, daß eine genauere komparative Untersuchung des Schweizer Mystikers und Reaktionärs Hans Albrecht Moser (1882-1978) fruchtbar wäre, der sich nicht nur selbstbewußt als Reaktionär bezeichnete, sondern den auch inhaltlich einiges mit Gómez Dávila verbindet. Siehe Friedemann Spicker: Mystiker und Reaktionär. Zu Leben und Werk Hans Albrecht Mosers, in: Hans Albrecht Moser: Efeu ohne Baum. Gedanken eines Durchschnittsmenschen. Aphorismen, Bochum 2009, 119-120, 122.

auch im Zeitalter der Postmoderne, also nach dem Ende der Herrschaft der großen Erzählungen, eine Möglichkeit gedanklicher Reaktion auf diesen Umstand erstaunlicherweise meist ausgespart, eben undenkbar: die genuin reaktionäre Reaktion. Reaktion aber, so bemerkte der Amerikaner Melvin E. Bradford im Jahre 1990, sei ein notwendiger Begriff im intellektuellen Kontext des späten 20. Jahrhunderts, denn nur zu bewahren bedeute manchmal gerade dasjenige aufrechtzuerhalten, was zum Himmel schreie.[123]

Gómez Dávila nun hat sich wie wohl kein zweiter darum bemüht, die hier in Aussicht gestellte »Reaktion« zu denken; er umkreist deren vielfältige Aspekte in seinem Werk immer wieder in unnachahmlicher Weise. Im allgemeinen ist es indes keine Empfehlung für einen Denker, wenn dieser als Reaktionär tituliert wird. Philosophische Rehabilitierungen solcher als »reaktionär« verschrieener Denker bemühen sich denn auch um den Nachweis, dieser oder jener Autor sei eben nicht, wie man irrigerweise annehme, von dieser Art.[124] Konservative, denen gegenüber der Vorwurf erhoben wird, sie oder gewisse ihrer Auffassungen seien reaktionär, weisen dies in der Regel empört und entschieden zurück. Kaum jemand nennt sich heute offen einen Reaktionär; die meisten protestierten wohl, bezeichnete man sie als solche. Reaktionäre sind deshalb höchst rar gesät. Um so lehrreicher könnte es sich da aus Gründen politischer wie philosophischer Selbsterkenntnis erweisen, einem dieser seltenen Reaktionäre aufmerksam zuzuhören, zumal wenn er sich selbst als solcher versteht. Nur wenige philosophische Einzelgänger und intellektuelle Nonkonformisten wie Asfa-Wossen Asserate,[125] Michael Klonovsky,[126] Erik von Kuehnelt-Leddihn[127], Rein-

123 Zit. nach Eugene Genovese: The Southern Tradition. The Achievement and Limitations of an American Conservatism, Cambridge, Mass. 1994, 21.

124 Siehe z. B. Joachim Ritter: Hegel und die französische Revolution, in: Derselbe: Metaphysik und Politik. Studien zu Aristoteles und Hegel. Erweiterte Neuausgabe, Frankfurt/M. 2003, 183-188.

125 Siehe die Zitate von Gómez Dávila in Asfa-Wossen Asserate: Manieren, Frankfurt/M. 2003.

126 Siehe z. B. Michael Klonovsky: Der Schmerz der Schönheit. Über Giacomo Puccini, Berlin 2008, 13-14.

127 Erik von Kuehnelt-Leddihn: Weltweite Kirche. Begegnungen und Erfahrungen in sechs Kontinenten 1909-1999, Stein/Rh. 2000, 247, 563. Kuehnelt-Leddihn war über die Selbstbezeichnung Gómez Dávilas als Reaktionär nicht glücklich, sah er doch in ihm »den religiös und politisch genialsten rechtsdralligen Denker unserer Zeit« (563), womit er indes die Position des Kolumbianers nicht differenziert

hart Maurer,[128] Martin Mosebach,[129] Robert Spaemann,[130] Botho Strauß[131] oder Franco Volpi ließen sich bisher mehr oder weniger nachhaltig vom reaktionären Denken eines Gómez Dávila anregen und gelangen wie etwa Strauß zu einer erstaunlich positiven Einschätzung des Begriffs, die einen stutzig und nachdenklich machen sollte. »Der Reaktionär«, so nämlich Strauß, »ist eben nicht der Aufhalter oder unverbesserliche Rückschrittler, zu dem ihn die politische Denunziation macht – er schreitet im Gegenteil voran, wenn es darum geht, etwas Vergessenes wieder in die Erinnerung zu bringen.«[132] Es ist nun aber eine genuin philosophische Aufgabe, etwas Vergessenes wieder in Erinnerung zu bringen, vor allem dann, wenn man sich darauf besinnt, daß es nicht nur einen Fortschritt in der Erkenntnisgewinnung gibt, sondern auch den womöglich gar wiederholten Verlust einmal gewonnener Einsichten und Erkenntnisse.[133] Gerade das, was am Reaktionär wenig plausibel erscheint, mag daher besonders geeignet sein, das Dämmerlicht unserer undurchdachten Plausibilitäten aufzuklären. Denn auch das weiß Gómez Dávila: »Es lohnt sich nicht, etwas zu schreiben, das der Leser zunächst nicht für falsch hält« (SE 16=14/AB 9). Sowohl für die politische Philosophie wie für das philosophische Denken überhaupt lohnt sich die Aus-

---

genug erfaßt. Siehe auch die von Gómez Dávila stammenden Mottos zu den Kapitel in seinem Buch Die rechtgestellten Weichen. Irrwege, Abwege und Auswege, Wien 1989.

128 Siehe neben Maurers Aufsätzen zu Gómez Dávila als Dokument der Wirkungsgeschichte auch den Bericht von Karsten Dose: Katastrophen lernen. Die Ringvorlesung »Was ist Philosophie?« an der FU, in: tageszeitung, 28.11.1988.

129 Man vgl. auch Martin Mosebach: Ultima ratio regis. Rede zur Verleihung des Georg-Büchner-Preises. Mit der Laudatio von Navid Kermani, München 2007, 7-33.

130 Siehe etwa Robert Spaemann: Aufhalter und letztes Gefecht, in: Magier der Heiterkeit. Ernst Jünger zum Hundertsten, hg. von Heimo Schwilk und Günter Figal, Stuttgart 1995, 41-58.

131 Die Grundstrukturen des Denkens von Botho Strauß werden gut herausgearbeitet von Michael Wiesberg: Botho Strauß. Dichter der Gegen-Aufklärung, Dresden 2002. Die einzige Erwähnung von Gómez Dávila ist in Anmerkung 58 auf S. 127 versteckt. Auch andere Studien zu Botho Strauß beachten dessen Gómez Dávila-Lektüre nur am Rande. Vgl. etwa Nadja Thomas: »Der Aufstand gegen die sekundäre Welt« - Botho Strauß und die »Konservative Revolution«, Würzburg 2004, 106-107.

132 Botho Strauß: Einstweh und Wiedererkennen. Beginnlosigkeit, in: Botho Strauß, Ithaka, Programmheft Deutsches Theater und Kammerspiele Berlin, 114. Spielzeit 1996/97, 8.

133 Vgl. Horst Seidl: Philosophiegeschichte und bleibende Wahrheit. Erörterungen am Paradigma der Antiken Philosophie (Schriftenreihe der Gustav-Siewerth-Akademie 12), Weilheim-Bierbronnen 1995, 113, 212.

einandersetzung mit der reaktionären Kritik an der Moderne, sofern Auseinandersetzung als echte Kritik mit Heidegger als »die höchste und einzige Weise der wahren Schätzung eines Denkers« zu gelten hat. Wenn »wir selbst durch die Auseinandersetzung für die höchste Anstrengung des Denkens frei werden« wollen, sollten wir es in unserem ureigensten Interesse nicht versäumen, dem reaktionären Denken des Nicolás Gómez Dávila in seine »wirkende Kraft« hinein zu folgen.[134] Die Reaktion ist zudem, wie Starobinski schreibt, »das Signal für einen Anfang: einer Revolte, des Schreibens eines Buches, der Entdeckung eines Stils, eines Gedankens oder eines Wissens.«[135] Man darf daher sagen, daß Gómez Dávila seiner Revolte gegen die moderne Welt ihre unverwechselbare Form der *Escolios*, der Glossen, gibt, indem er einen neuen Stil entdeckt, durch den er die Form des Aphorismus zu seiner höchsten Blüte treibt.

134 Heidegger: Nietzsche I, Pfullingen 1961, 13.

135 Starobinski: Aktion und Reaktion, 359.

1. Philosophie als Gegen-Aufklärung

Die zivilisiertesten Völker sind nicht weiter von der Barbarei entfernt als das glänzendste Eisen vom Rost.

Rivarol

Das Denken der Gegenwart spielt sich im wesentlichen in den Oppositionen Aufklärung und Postmoderne ab – es handelt sich um einen Streit unter modernen Brüdern, wenngleich dies aus der Sicht der beteiligten Parteien nicht so erscheinen mag. Denn auch die Postmoderne setzt den Sieg der Moderne voraus und vollendet zunächst nur die in der Aufklärung angelegte Entwicklung hin zu Liberalismus und Individualismus.[136] Während jedoch die moderne Selbstkritik immer eine Kritik auf der Basis wesentlicher neuzeitlicher Schlüsselkonzepte darstellte, zog die Postmoderne schließlich diese selbst in Zweifel. Wendete sich das postmoderne Denken gegen die rationalistischen Großerzählungen der aufklärerischen und fortschrittsgläubigen Moderne, hatte es zweifellos gute Gründe auf seiner Seite.[137] Anders als verschiedene Strömungen des postmodernen Denkens, das sich als »schwaches Denken« (Vattimo) zu präsentieren beliebt, zielt das reaktionäre Denken nicht auf die Dekonstruktion der Begriffe Identität, Objektivität und Subjektivität. Auch Wahrheit wird von Gómez Dávila nicht in die inkommensurable Vielfalt der Sprachspiele aufgelöst. Weder die Dezentrierung des Subjekts, noch die diskursanalytische Auflösung aller normativen Ansprüche und metaphysischen Kategorien läßt sich als reaktionäres Projekt begreifen. Vielmehr muß es darum gehen, gewissermaßen Inseln der Stabilität, der Kontinuität und damit letztlich der Identität zu entdecken, die auch im postmodernen Fließen einen Orientierungspunkt bieten.[138]

136 Vgl. Panajotis Kondylis: Der Niedergang der bürgerlichen Denk- und Lebensform. Die liberale Moderne und die massendemokratische Postmoderne, Weinheim 1991, 3-6; Wolfgang Welsch: Unsere postmoderne Moderne, 5. Auflage, Berlin 1997.

137 Zum ganzen Komplex sachlicher und begrifflicher Art siehe Peter V. Zima: Moderne/ Postmoderne. Gesellschaft, Philosophie, Literatur, Tübingen-Basel ²2001.

138 Siehe dazu das wichtige Buch von Virgil Nemoianu: Postmodernism and Cultural Identities. Conflicts and Coexistence, Washington, D.C. 2010, 7. Unter den späten Inspirationen seines Denkens nennt Nemoianu auch Gómez Dávila (324, 332). Nemoianus subtiles und flexibles Postmoderne-Konzept steht dem kategorischen Urteil entgegen, das Eberhard Geisler fällt: »Auch in der postmodernen Debatte

Der Reaktionär bringt gegenüber den partikularen Plausibilitäten der modernitätskritischen Positionen im Umfeld der Postmoderne etwas ganz anderes ins Spiel, nämlich die rationale Konkretheit der an den antiken Autoren geschulten klassischen Vernunft. Diese klassische Vernunft, die nicht den totalisierenden Anspruch ihrer neuzeitlichen Schwester erhob, wurde bei Gómez Dávila weiter geläutert durch die stilistische und ästhetische Reflexion auf die literarische Moderne und ihre Möglichkeiten. Die Konkretheit des reaktionären Denkens bei Gómez Dávila, die sich gegen den abstrakten Universalismus wendet, kann den Eindruck erwecken, als nehme er gegen die notwendig mit Allgemeinbegriffen operierende Vernunft Stellung. So lesen wir etwa, der Zusammenbruch einer Allgemeinvorstellung kündige an, daß wir zu verstehen begönnen (NE II 5=9/VP 133), oder es sei die Abstraktion, die uns von Gott entferne (E I 182=149/SCH 109). Jedoch allein die Tatsache, daß Gómez Dávila in einem steten, impliziten Rekurs auf die antiken Autoren denkt, sollte hier zur Vorsicht mahnen. Zweifellos unterscheidet sich das konkrete Denken des Reaktionärs, vor allem auch, weil er Christ ist, vom Nominalismus eines Armin Mohler oder vom ähnlich gelagerten Realismus eines Clément Rosset.[139] Doch könnte sich ein Satz wie der folgende auch bei diesen Autoren finden: »Dem, der sich weigert, die Inkohärenz der Dinge zu vergewaltigen, pflegt man zu sagen, daß er sich widerspricht. Wo er doch der Realität allein Treue geschworen hat« (E II 417=339/SCH 527). Die Widersprüche der philosophischen Systeme sind denn auch kein Resultat subjektiver Einstellungen, sondern spiegelten das Wesen des Seins wider (N 121=185=141). Es genüge daher, daß ein System das Rätsel der Existenz zu entziffern scheine, um zu wissen, daß seine Lösungen falsch seien (E II 112=96/SCH 354). Der reaktionäre Denker hat aus diesem Grunde »ein scharfes Gespür für die Komplexität der Probleme« (E II 166=141/SCH 386) – trotz der aphoristischen Verknappung und Zuspitzung verweigert sich das reaktionäre Denken daher auch der im Bereich des Politischen unabdingbaren Reduktion dieser Komplexität auf einfache

können wir an Gómez Dávila nicht anknüpfen« (Entgegnung auf Gómez Dávila. Eine Polemik, in: Germanisch-Romanische Monatsschrift 3 [2012], 334).

139 Armin Mohler: Die nominalistische Wende – ein Credo, in: Der Streifzug. Blicke auf Bilder, Bücher und Menschen, Dresden 2001, 167-195; Clément Rosset: Short Cuts, Frankfurt/M. 2000.

Formeln. Die Aphorismen und Glossen des Reaktionärs sind deshalb keine (oder doch kaum je) Klugheitsregeln für das praktische Handeln, sondern solche für das Reich der Kontemplation, in dem die Seele des Menschen den Lärm der Moderne überleben kann: »Der Schatten unlösbarer Probleme erquickt« (SE 58=49/AB 34).

Gleich mehrere Aphorismen legen den Schluß nahe, Gómez Dávila sei ein Gegner der Aufklärung und derjenigen Vernunft, welche nach liberaler Überzeugung die Grundlage der Aufklärung ist. So heißt es an einer Stelle in den *Escolios* scheinbar unzweideutig, die Tragödie der Moderne sei nicht die Tragödie der besiegten Vernunft, sondern die Tragödie der siegreichen Vernunft (E I 312=252/SCH 185). In die gleiche Stoßrichtung scheint die Beobachtung zu zielen, daß sich Linke und Rechte in bezug auf ihre Interpretation der Bildunterschrift eines berühmten Caprichos von Francisco de Goya unterscheiden, die hier im Original wiedergegeben werden muß: »El sueño de la razón produce monstruos.« – »Der Schlaf/Traum der Vernunft gebiert Ungeheuer.« Während die Linke »sueño« mit »schlafen« übersetze, wähle die Rechte die Übersetzung »träumen« (E I 467=381/SCH 282).[140] Wie andere Stellen zeigen, muß jedoch sorgfältig beachtet werden, was Gómez Dávila mit »Vernunft« meint. Denn dort, wo er die Vernunft selbst zu kritisieren scheint, ist in Wirklichkeit deren moderne Ausprägung gemeint, wie sie im neuzeitlichen Rationalismus zur Herrschaft gekommen ist und im Gefolge der *philosophes* der französischen Aufklärung ideologischen Charakter angenommen hatte. Tatsächlich müssen zwei Begriffe von Vernunft unterschieden werden. Gómez Dávila distanziert sich von der voreiligen Identifikation des modernen Rationalismus mit der Vernunft überhaupt, die nach der weitgehenden Zerstörung und Marginalisierung der *philosophia perennis* epidemisch wurde. Die Kritik der Aufklärung und des modernen Rationalismus, die mit dem reaktionären Denken verknüpft ist, wird daher gerade im Namen einer Vernunft erhoben, welche die Vernunft der klassischen Philosophen ist. »Der Rationalismus ist nicht Ausübung der Vernunft; er ist das Ergebnis bestimmter philosophischer

140 Vgl. Wilhelm Hennis: Die Vernunft Goyas und das Projekt der Moderne, in: Politikwissenschaft und politisches Denken, Tübingen 2000, 350-368, der die »rechte« Interpretation für die einzig mögliche hält.

Unterstellungen, die den Anspruch erhoben haben, mit der Vernunft in eins gesetzt zu werden« (SE 183=155/AB 106). Es ist Teil des Erfolges jener philosophischen Unterstellungen, daß dem heutigen Leser die Kritik am abstrakten Rationalismus als Kritik an der Vernunft sowie an einem recht verstandenen Universalismus erscheinen kann. Jedoch: »Der Reaktionär bestreitet gegenüber der Aufklärung nicht, daß es keine universalen Prinzipien gebe, sondern daß die von der Aufklärung verkündeten Prinzipien Teil der universalen Prinzipien seien« (SE 115=96/AB 66).[141] Es ist also nicht die »Abstraktion«, die das Laster der Aufklärung darstellt, sondern vielmehr das blinde und fanatische Festhalten an bestimmten Postulaten, die lediglich als »Vernunft« ausgegeben würden, es aber mitnichten seien (SE 165=140/AB 95). Die Ablehnung des modernen Rationa-lismus im Gefolge Descartes' darf dem Reaktionär demnach keineswegs als Irrationalismus ausgelegt werden; dies wäre eine fahrlässige Simplifizierung: »Das reaktionäre Denken ist des Irrationalismus angeklagt worden, weil es sich weigert, die Kanones der Vernunft den Vorurteilen des Tages zu opfern« (E II 253=211/SCH 436). Diejenige Vernunft werde als »irrationalistisch« verschrieen, welche die Laster des Rationalismus nicht verschweige (E II 481=389/SCH 652), also die mangelnde Selbsterkenntnis der Aufklärung in den Blick nimmt. Wenn es aber zutrifft, daß der Aufklärung gleichsam eine petitio principii zugrunde liegt, das heißt die prinzipielle Überzeugung von der Unhaltbarkeit der Tradition[142], dann besteht das reaktionäre Denken eben darin, diese Voraussetzung selbst wieder in Frage zu stellen. Denn das genuine Denken zeichne sich dadurch aus, so Gómez Dávila, daß es seine Prinzipien erst am Ende erkenne und nicht einfach voraussetze (vgl. NE I 22=25/VP 17). Reaktion bedeutet so zunächst Aufklärung der Aufklärung über deren eigene Voraussetzungen und Folgen, wie Reinhart Maurer betont.[143] Gómez Dávila verteidigt das reaktionäre Denken gegen den Vorwurf, es wurzele im Mißtrauen gegen die Ver-

141 Gómez Dávila benutzt hier auch im spanischen Original den deutschen Begriff »Aufklärung«.

142 So jedenfalls Leo Strauss: Die Religionskritik Spinozas und zugehörige Schriften, Stuttgart-Weimar 1996.

143 Reinhart Maurer: Reaktionäre Postmoderne – Zu Nicolás Gómez Dávila, in: Aufklärung und Postmoderne – 200 Jahre nach der französischen Revolution das Ende aller Aufklärung?, hg. von Jörg Albertz, Berlin 1991, 148.

nunft, und zwar mit dem Hinweis, es wurzele vielmehr im »Mißtrauen gegenüber dem Willen« (SE 40=34/AB 24). Die Vernunft selbst ist nicht das Objekt der reaktionären Kritik, so darf man also schließen, sondern deren Eintrübung und Verzerrung durch die Leidenschaften des Menschen beziehungsweise die Vergötzung einer Vernunft, die sich selbst nicht mehr als problematisch erkennen kann. Wie seine Kritik der aufklärerischen Vernunft zeigt, verknüpft Gómez Dávila sein Denken mit der Tradition der *philosophia perennis*, das heißt den bleibenden Grundgehalten der abendländischen Philosophie seit Platon und Aristoteles. Doch tut er dies auf bemerkenswert nicht-traditionelle Weise. Dies zeigt sich am offensichtlichsten in seinem Stil. Eben darin aber liegt die Einsicht geborgen, daß auch die bleibenden Wahrheiten der Philosophie in jeder Zeit neu formuliert und angeeignet werden müssen. Ein Versagen, jene bleibenden Wahrheiten für die je eigene Zeit gültig zu formulieren, hat bedenkliche Folgen, wenn zugleich mit diesen Wahrheiten unhaltbare Auffassungen und Irrtümer verteidigt werden, die dann im Falle ihrer Widerlegung jene Wahrheiten mit sich in den Abgrund rissen.[144] Die Erneuerung der Tradition muß daher immer auch mit einer Befreiung von den unmittelbaren Vorgängern einhergehen, indem wir uns eng mit den weiter entfernten Vorgängern verbinden (E II 360=295/SCH 496).

Es erscheint im Lichte dieser Reflexionen durchaus berechtigt, Gómez Dávila als einen jener Denker zu lesen, die wie Eric Voegelin mit der Wiederherstellung jenes Realitätsbezuges befaßt waren, der durch die Ideologien der Moderne, zumindest aber seit der Französischen Revolution, in besonders starker Weise gefährdet schien. Voegelin hatte sein Programm einer Wiedergewinnung der Wirklichkeit aus der Wirrnis der Ideologien u. a. in seiner Vorlesung von 1964 über Hitler und die Deutschen im Kontext seines Versuches der Gegenwartsbewältigung entfaltet: Mit Hilfe von Autoren wie Cervantes, Karl Kraus, Robert Musil und Heimito von Doderer, deren Analysen der Wahrnehmungsverweigerung und der Dummheit für Voegelin vorbildlich sind, wird der Weg geebnet für die Erkenntnis der wirklichen Lage und für die dazu nötige Anstrengung der Ideolo-

144 Vgl. z. B. Balduin Schwarz: Ewige Philosophie. Gesetz und Freiheit in der Geistesgeschichte, Leipzig 1937, 129-130 und passim.

giekritik.[145] Der Kampf gegen die Illusionen, mit denen sich das Individuum über seine wirkliche Lage hinwegtäuscht, verbindet den Reaktionär mit jenen Modernitätskritikern, die in den spezifisch modernen Ideologien das entscheidende Hindernis für die Erfassung der Wirklichkeit sahen.

Die Wiedergewinnung der Wirklichkeit setzt die Zerstörung der Sophismen voraus, mit denen der moderne Mensch sich einredet oder einreden läßt, daß es keine »Wahrheit der Dinge« gäbe. Das Sein der Dinge gilt nämlich unter der Herrschaft dieses Sophismus nicht mehr als objektive reale Erkenntnisvoraussetzung; vielmehr wird Realität nur dem konstruierenden menschlichen Bewußtsein als transzendentalem Bewußtsein zugesprochen. Die subjektiven Erkenntnisbedingungen werden so zur eigentlichen Realität. Der Vorrang des Realen vor dem Bewußtsein, wie er in der Tradition der philosophia perennis immer gelehrt wurde, muß daher wieder ins Bewußtsein gehoben werden, und zwar als eine formale Voraussetzung auch der Realitätserkenntnis dieses Bewußtseins selbst.[146] Erst auf der Basis einer solchermaßen auch erkenntnistheoretisch realistischen Position kann der Widerstand gegen die moderne Sophistik und ihre Gleichgültigkeit gegen die Wahrheitsfrage erfolgreich geführt werden.[147] Die primäre Funktion der Philosophie besteht für Gómez Dávila deshalb in der Erkenntnis der Realitäten, der gegenüber deren Systematisierung zweitrangig sei (N 242=340=277). Bedeutende Strömungen der modernen und postmodernen Philosophie sind demgegenüber durch einen gestörten Wirklichkeitsbezug gekennzeichnet, von dem aus deshalb die Bedeutung des Kampfes gegen die Sophistik nicht mehr erfaßt werden kann. (Eine hübsche und anschaulich drastische Illustration dieses Problems findet sich in Bertolt Brechts *Turandot oder Der Kongreß der Weißwäscher.*[148]) Der Gipfel der Ideolo-

145 Eric Voegelin: Hitler and the Germans (Collected Works 31), hg. und übersetzt von Detlev Clemens und Brendan Purcell, Columbia 1999, 239-256.

146 Siehe Horst Seidl: Sein und Bewußtsein. Erörterungen zur Erkenntnislehre und Metaphysik in einer Gegenüberstellung von Aristoteles und Kant (Philosophische Texte und Studien 61), Hildesheim 2001.

147 Josef Pieper, der seine Auseinandersetzung mit Platon nicht zuletzt im Hinblick darauf führte, versuchte das Phänomen der Sophistik möglichst genau in den Blick zu nehmen und seine Gegenwartsbedeutung zu erweisen. Siehe zuletzt die aus dem Nachlaß veröffentlichte instruktive Vorlesung von Josef Pieper: Die Figur des Sophisten in den platonischen Dialogen, in: Derselbe: Darstellungen und Interpretationen: Platon (Werke 1), Hamburg 2002, 132-194.

148 Bertolt Brecht: Turandot oder Der Kongreß der Weißwäscher, in: Die Stücke von

gisierung, gegen die sich das Wirklichkeitsbewußtsein zur Wehr setzen muß, wird allerdings erreicht, wenn die Ideologiefreiheit der eigenen partikularen Stellungnahme behauptet und das Ende der Ideologien verkündet wird. Die Aufforderung, doch im Interesse der gemeinsamen Sache von den jeweiligen ideologischen Positionen abzurücken, kann so einen eigenen Machtanspruch verbergen, wie Gómez Dávila erkennt: »Ende der Ideologien« sei der Name, mit dem man den Sieg einer bestimmten Ideologie feiere (E I 463=378/SCH 279).

Gegen eine solche Selbstimmunisierung gegen Kritik gibt es nur ein einziges Mittel – die Bildung des Individuums. Gómez Dávilas reaktionäre Bildungskonzeption ist jedoch in hohem Maße unzeitgemäß, denn Bildung ist für ihn kein Anspruch, den die Gesellschaft zu erfüllen hätte, sondern Aufgabe des Einzelnen, die nicht operationalisierbar ist. Entschieden und kompromißlos verteidigt er die Aufrechterhaltung intellektueller Standards und die Freiheit des Geistes gegen die Vorherrschaft des bloßen Geschwätzes und der Anmaßung des Wissens. Gegen die im Zuge der Globalisierung stärker werdenden vielfältigen Zumutungen an die zu »Multiversitäten« gewordenen Universitäten[149], gesellschaftlich nützliches Wissen zu produzieren und der globalisierten Wirtschaft zu Diensten zu sein, verteidigt Gómez Dávila mit Intransigenz das Recht des theoretischen Lebens, der vita contemplativa. Das Leben des Geistes darf um keinen Preis der Tyrannei der Gegenwart unterworfen werden, ja es müsse geradezu vor der Behelligung mit aktuellen Sachverhalten bewahrt werden, meint Gómez Dávila mit übertreibender Deutlichkeit: »In einer ehrwürdigen Universität müßte die bloße Erwähnung eines zeitgenössischen Problems verboten sein« (E II 260=216/SCH 440). Die erzieherische Funktion der Universität sieht Gómez Dávila deshalb auch in souveräner Mißachtung ökonomischer Effizienzkriterien darin, die Studenten für Dinge zu begeistern, die sie nicht gebrauchen könnten (E II 260=217/SCH 440). Weil diese Begeisterung eine solche für das Edle und Gute sein müßte, solle dieses auch nicht unnötig zerredet werden, weshalb nach Gómez Dávila die jungen Men-

Bertolt Brecht in einem Band, Frankfurt/M. 1978, 875-906, 883 (4a, Tui-Schule).

149 Vgl. dazu insbesondere George Grant: Faith and the Multiversity, in: Derselbe: Technology and Justice, Notre Dame 1986, 35-77.

schen an der Universität das Schweigen lernen sollten (NE I 68=68/VP 45).

Gerade in bezug auf die Bildung und Erziehung der Menschen ist die axiologische und wertphilosophische Grundlage des Gómez Dávilaschen Denkens unverkennbar. Als Ziel der Bildung ergibt sich ein Bewußtsein und Gefühl für die Wirklichkeit der Werte. Diese Werte stellen nicht lediglich subjektive Setzungen dar, denen kein objektiver Gehalt eignete. Vielmehr läßt sich im Anschluß an Scheler und Dietrich von Hildebrand von einem Werterkennen sprechen sowie analog dazu von dem Phänomen der Wertblindheit, dem besonders von Hildebrand nachgegangen worden ist.[150] Für Gómez Dávila gilt die Axiologie als die einzige rein empirische Wissenschaft, eben weil der Wert »die einzige vollkommen autonome Präsenz« darstelle (NE II 86=87/VP 183). Die Tatsache, daß das Leben des Menschen auf der Notwendigkeit beruht, Entscheidungen zu treffen, sich also für und gegen bestimmte Werte zu entscheiden, ist eine Grundeinsicht der philosophischen Anthropologie Gómez Dávilas. Die Notwendigkeit zur Entscheidung in ethischen Konflikten hat erzieherischen Charakter, was man vom Schmerz allein nicht sagen könne, auch wenn er den Menschen forme (E II 334=275/SCH 482). Eine Ethik, die sich auf den Schmerz allein gründen wollte, kann deshalb auch keinen angemessenen Begriff von Tapferkeit begründen.[151]

Es ist bei Gómez Dávila schwieriger als bei anderen großen Denkern, genauer zu verstehen, wie er über das Denken anderer Philosophen im einzelnen gedacht hat. Die knappe Form des Aphorismus erlaubt keine näheren Ausführungen zu Einzelproblemen, keine eindringenden Interpretationen, sondern nur mehr oder weniger aperçuhafte Positionierungen und Charakterisierungen. (Auch im nichtaphoristischen Frühwerk finden sich keine längeren Interpretationen, sondern lediglich knappe Verweise und Bezüge.) So heißt es etwa zu Nietzsche in höchst suggestiver Weise: »Nietzsche als eine Antwort lesen heißt, ihn nicht verstehen.

150 Dietrich von Hildebrand: Sittlichkeit und ethische Werterkenntnis. Eine Untersuchung über ethische Strukturprobleme, Vallendar-Schönstatt 1982, 40-86.

151 Vgl. Till Kinzel: Der Schmerz des Menschen in der Welt. Überlegungen zu einem unvollständigen Dialog zwischen Ernst Jünger, C. S. Lewis und Josef Pieper, in: Thomas Möllenbeck/ Berthold Wald (Hg.): Wahrheit und Selbstüberschreitung. C. S. Lewis und Josef Pieper über den Menschen, Paderborn 2011, 111-135.

Nietzsche ist eine immense Frage« (NE I 169=162/VP 107). Zweifellos erfaßt Gómez Dávila mit dieser Stellungnahme etwas Wesentliches an Nietzsche, aber jede Erörterung der Willen zur Macht, der ewigen Wiederkehr, des Nihilismus, der Moral der Moralkritik muß in solchem Rahmen notwendigerweise unterbleiben. Der Leser kann also zu all diesen wichtigen Fragen der Nietzsche-Deutung keine große Hilfe erwarten, wenn er sich an den Reaktionär wendet. Gleichwohl verändert sich sein Blick auf Nietzsche. Die Tugend der aufs äußerste verknappten Stellungnahme liegt auf einem anderen Gebiet. Denn eben diese Knappheit vermag den Blick auf die entscheidenden Fragen zu lenken, Fragen, die ansonsten allzu leicht in filigranen und zweifellos sehr gelehrten Betrachtungen verlorengehen. Mit anderen Worten: Auch Gómez Dávila wird man nicht als eine Antwort lesen dürfen. Anders aber vielleicht als Nietzsche ist Gómez Dávila nicht eine immense Frage, sondern ein Reservoir vielfältiger Fragen, die der Leser an sich und die moderne Welt zu stellen hat. »Philosophieren ist weissagen, ohne jemals zu wissen, ob man ins Schwarze getroffen hat« (SE 86=72/AB 51). Die Philosophie bietet Gómez Dávila zufolge keinerlei Gewißheit. Diese Gewißheit, so wird sich zeigen, bietet für ihn allein und bestenfalls der Glaube.

So sehr Gómez Dávilas Denken ein Denken im Einzugsbereich der alteuropäischen Tradition ist, so beständig ist auch der skeptische Impuls, der Zweifel gegenüber der Fähigkeit des Menschen, tragfähige philosophische Systeme zu errichten. Denn jedes System hat seine Achillesferse: »In der Philosophie genügt zuweilen eine einzige naive Frage, und ein ganzes System stürzt ein« (SE 117=97/AB 67). Die naive Frage steht dabei für die wirklichkeitserschließende Kraft des common sense, zu dem die Philosophie in ihrem eigenen Interesse immer wieder zurückkehren muß, um neue Kraft zu gewinnen: »Der Common sense (sentido común) ist das Vaterhaus, in das die Philosophie in regelmäßigen Abständen heimkehrt, ausgemergelt und hohlwangig« (SE 26=21/AB 15).[152] Dieser Haltung entspricht auch die ausgesprochen häufig geäußerte Wertschätzung

152 Vgl. zur Frage des common sense (raíz común) auch Francisco Pizano de Brigard: Semblanza de un Colombiano universal: Las claves de Nicolás Gómez Dávila, in: Revista del Colegio Mayor del Nuestra Señora Rosario 542, Bd. 81 (April-Juni 1988), 15 (diese Passage fehlt in der deutschen Übersetzung des Artikels in VP).

des Gemeinplatzes durch Gómez Dávila, die bis auf die *Notas* zurückgeht, in denen es als der schlimmste Irrtum angesehen wird, nicht in ausreichendem Maß über diese nachzudenken (N 301=416=344). Zwar seien Gemeinplätze die Gesundheit des Verstandes, doch würde es auch heißen zu verdummen, wollte man sich mit ihnen zufriedengeben (N 254=355=290). In den *Textos* greift Gómez Dávila denselben Gedanken wieder auf: Die Philosophie neige dazu, sich vom Leben zu entfernen und müsse sich um ihrer eigenen Gesundheit willen an das Nachdenken über Gemeinplätze machen (T 12=18=13). Es gebe nichts Dümmeres als die verbreitete Verachtung des Gemeinplatzes. Denn obschon sie Trivialitäten verkündeten, enthielten sie doch auch echte Fragen, die für jeden von Belang seien. Gemeinplätze seien eine gesammelte Weisheit der Menschheit, die von ihren Sorgen Zeugnis ablege. Da aber die Welt für den Menschen keinen festen Grund biete, sondern nur einen schwankenden Boden, könnten sie nicht in jeder Situation eine Hilfe sein – es sei also nötig, sich über deren jeweiligen Anwendungsbereich Gedanken zu machen (T 12-14=18-19=13-14), was nur durch eine Rehabilitation der Klugheit erfolgreich erreicht werden kann. Statt ausgeklügelter Theorien zieht Gómez Dávila in den Geisteswissenschaften einen Gemeinplatz vor (SE 58=49/AB 34) – je älter desto besser (SE 50=42/AB 29). Alle Weisheit bestehe darin, mit Ernsthaftigkeit und auf frische und tiefe Weise die Gemeinplätze zu durchdenken (N 50=93=61).

Angesichts der Tatsache, daß jede Einsicht in Gefahr steht, verabsolutiert zu werden, ist Philosophie demnach auch eine Frage der Haltung, mit welcher der Philosoph seiner eigenen Tätigkeit gegenübersteht: »In der Philosophie gilt: Mit Ernst suchen, dem Fund jedoch nur mit Ironie vertrauen« (SE 85=71/AB 50). Die Neigung des Reaktionärs zum fragmentarischen Philosophieren, zur Philosophie als Fragment, hängt mit dieser Einsicht in die notwendige Selbstironie des Philosophen zusammen. Die Philosophie erscheint in dieser Perspektive als Kunst, die Probleme auf klare Weise zu formulieren; Lösungen für diese Probleme zu finden, sei jedoch nicht die Aufgabe ernsthafter Intelligenzen (E II 54=50/SCH 320). Wenn die Philosophie darüber hinausgehe, Schwierigkeiten zu katalogisieren, werde sie auf die Dauer komisch (E I 450=367/SCH 272), weil sie dann ihren problematisierenden Charakter verriete.

Der Philosoph ist daher auch nicht so sehr damit befaßt, seinen Schülern eine klar umrissene Lehre zu hinterlassen. Eine Philosophie ist vielmehr für uns genau dann am fruchtbarsten, wenn sie uns ein intellektuelles Klima vermittelt und nicht wenn sie uns ein Korpus solcher Lehren überliefert (SE 88=74/AB 52). Jede Schulbildung in der Philosophie hat, neben gewissen offensichtlichen Vorteilen, auch einen nicht zu vernachlässigenden Preis. Denn eben durch die Schulbildung, die der Bewahrung der Gedanken des Schulgründers dient, wird auch die Verdrehung und Verflachung jener Gedanken gesichert, und zwar notwendigerweise und sogar bis zur Unkenntlichkeit. Denn: »Die Philosophie braucht Einsamkeit. – Sie verwandelt sich in Mythologie, wenn eine Menge sich ihrer bemächtigt« (SE 110=92/AB 63). Auch auf die Philosophie trifft zu, was der Reaktionär so formuliert: »Die Parteigänger einer Sache sind in der Regel die besten Argumente gegen sie« (NE II 6=10/VP 134). In immer neuen Formulierungen spricht Gómez Dávila von der Gefährdung des Denkens der Wahrheit durch die Rücksichtnahme auf die Meinungen anderer: »Nur der Einsame ist fähig, mehr als taktische Wahrheiten zu denken« (NE I 191=183/VP 121). Aus diesem Grunde gelte auch: »Der Einsame ist der Delegierte der Menschheit für das Wichtige« (E II 288=239/SCH 456). Aus diesem prinzipiell unveränderlichen Faktum folgt die Einsicht, die die Möglichkeiten und Grenzen der Philosophie in praktischer Hinsicht umreißt: »Die wahren philosophischen Ideen sterben nicht, doch sie siegen auch nicht« (NE II 201=195/VP 253).

Es komme bei aller Gelehrsamkeit im Detail darauf an, die großen Zusammenhänge nicht aus den Augen zu verlieren, denn die Philosophie verliere sonst ihre Frische und Beweglichkeit: »In jeder philosophischen Strömung wird das Denken sklerotisch, wenn in ihr die technischen Probleme der Philosophie dominant werden« (SE 129=108/AB 74; vgl. NE I 59=60/VP 39). Es kommt dann zu dem, was der einflußreiche spanische Philosoph José Ortega y Gasset als »Barbarei des Spezialistentums« apostrophiert hat, die dazu führe, daß sich selbst Menschen mit höchsten wissenschaftlichen Qualifikationen »in fast allen Lebensbereichen wie undifferenziertes und durchschnittliches Volk betragen.« Das Spezialistentum habe zur Folge, daß einerseits die Zahl der »Gelehrten« steige, während die der »Gebildeten« abnehme.[153] Als hätte Gómez Dávila vorausgesehen, mit welcher Wonne sich die Geisteswissenschaftler auf Methoden und Theorien werfen würden, um sich den Mantel der wahren Wissenschaftlichkeit umzuhängen, gab er zu bedenken, daß die Klugheit in den Geisteswissenschaften die einzige Methode sei, die vor dem Irrtum bewahre (NE II 126=124/VP 207). Das Geschäft des Geisteswissenschaftlers ließe sich nicht formalisieren, ohne seine eigentliche raison d'être zu verlieren, nämlich ein durch Klugheit und Billigkeit bedingtes Gespür für das, worauf es ankommt, eben Takt. Dieser Takt sei essentiell eine Eigenschaft des Individuums, nicht der Gruppe. Gómez Dávila blickt daher mit großer Skepsis auf Gruppenarbeit im Bereich der Geisteswissenschaften: »Die Ideen erschrecken und emigrieren von dort, wo man sich entschließt, im Team zu denken« (E II 271=225/SCH 446).

Als Gegenmittel gegen die Erstarrung der Philosophie unter den Zwängen technischer Spezialisierung und institutioneller Vorgaben empfiehlt sich nichts mehr als die schöne Literatur. Die Literatur ist einerseits ein Spiegel der Kultur, aus der sie hervorgeht. Literatur ist immer aber auch etwas, das im Medium der Rezeption durch den Leser existiert und auf diesen einwirkt. Die Überfülle literarischer Werke macht es schon aus lebenszeitökonomischen Gründen notwendig, auszuwählen und Kriterien der Beurteilung zu finden. Was unterscheidet gute von schlechter Literatur? Was befähigt den Leser, die wahrhaft lohnenden Lektüren aus der Menge des Schundes und des Mittelmäßigen herauszufiltern? So sehr Gómez Dávila die Lektüre der großen Klassiker empfiehlt und betreibt – ohne die Kenntnis schlechter und mediokrer Bücher lasse sich eine literarisch-ästhetische Werthierarchie im Individuum nicht aufbauen: »Einzig und allein minderwertige Werke zu bewundern oder einzig und allein Meisterwerke zu lesen, kennzeichnet den ungebildeten Leser« (NE I 109=106/VP 70).[154] Der gebildete Leser

153 José Ortega y Gasset: Der Aufstand der Massen (Klassiker des modernen Denkens), Gütersloh o. J., 112, 118-119; vgl. auch Jacob Burckhardt: Weltgeschichtliche Betrachtungen. Über geschichtliches Studium (Klassiker des modernen Denkens), Gütersloh o. J., 35.

154 Vgl. Allan Bloom: The Closing of the American Mind, London 1988, 344.

muß also in die Lage versetzt werden, das gewisse Etwas guter Bücher herauszuspüren.

Die axiologische Fundierung des Denkens von Gómez Dávila, das die Objektivität der von Gott geschaffenen Werte postuliert, bewährt sich nicht zuletzt auf dem Gebiet der Kunst. Hier gilt es, ästhetische Urteile zu fällen, wobei diese Urteile jedoch nicht mit einer rein intellektuellen Zergliederung zu verwechseln sind: »Das Kunstwerk ist kein Artefakt, das zu dem Zweck hergestellt wurde, uns eine Gelegenheit zur Ausübung unserer analytischen Fähigkeiten zu geben; vielmehr ist es eine Art Apparat, der uns dazu anstiftet, Werturteile abzugeben« (E II 5=9/SCH 289).

Am Beispiel der von Gómez Dávila genannten Autoren, die bei dieser Aufgabe Pate stehen können, läßt sich das Spektrum erahnen, anhand dessen der Leser seine eigene literarische Intelligenz schulen kann. Gómez Dávila führt aus: »In der modernen Ära ist die Genealogie dessen, was ich als ›literarische Intelligenz‹ bezeichne, annähernd die folgende: Montaigne, die Moralisten des 17. und 18. Jahrhunderts, Johnson, Goethe, die deutsche Romantik, Sainte-Beuve, die englischen Essayisten des 19. und 20. Jahrhunderts, die französischen Kritiker des 19. Jahrhunderts, Gundolf, Proust« (NE II 204=198/VP 255).

Der Wert der Literatur für die geistige Bildung bestehe darin, das je Individuelle in seiner Einzigartigkeit erfassen zu lernen: »Die literarische Intelligenz ist die Intelligenz des Konkreten« (E II 413=336/SCH 525; vgl. E II 179=152/SCH 394). Denn nur wenn es gelinge, das »individuelle Gesetz« (Simmel) eines Kunstwerks zu erkennen, sei es als dieses konkrete Kunstwerk allenfalls zu verstehen oder zu würdigen. Subsumtionen unter vorgefaßte Allgemeinbegriffe seien in diesem Bereich daher nur von begrenzter Bedeutung, wenn nicht überhaupt von Übel: »Wir nennen literarische Intelligenz die, die kohärent sein kann, ohne ein System zu brauchen« (E II 425=345/SCH 531). Die große Stärke der Literatur liegt also in eben dem, das der Reaktionär mittels seiner Aphorismen zu verdeutlichen sucht. »Die Literatur ist die subtilste und vielleicht die einzige exakte der Philosophien« (E II 157=134/SCH 381). Denn während das Streben der Philosophie nach wissenschaftlicher Exaktheit ein Irrtum ist, der sich aus einem grandiosen Mißverständnis ihrer selbst wie der Welt ergibt, vermag es die Literatur, im Medium des ästhetischen Scheins der Unterwerfung unter eine Methode zu entgehen (vgl. T 11=17=12).

Während die Entzauberung der Welt durch die Naturwissenschaften mit Siebenmeilenstiefeln voranschritt, blieb es der Literatur vorbehalten, auf diese von Max Weber für unausweichlich gehaltene Tendenz zu reagieren. Insbesondere seit Dichtern wie Blake, Wordsworth und den deutschen Romantikern handele es sich, so Gómez Dávila, bei der modernen Dichtung um eine reaktionäre Verschwörung gegen die Entzauberung der Welt (E I 163=135/SCH 98; vgl. NE I 115=112/VP 74), die mit der »Kälte der heraufziehenden technischen Ordnungen« verbunden ist, von der Ernst Jünger gesprochen hat.[155] Die Romantik sei ein Protest gewesen gegen die Beschlagnahmung der Kultur durch den »pursuit of happiness« (E I 186=152/SCH 111). Die deutsche Romantik gehöre nach dem italienischen Humanismus und der französischen Klassik zu den großen reaktionären Unternehmungen (E I 304=245/SCH 180). Sie gilt Gómez Dávila dabei gleichsam als jugendliches Stammeln der Reaktion; diese wiederum sei gleichsam die reife Ausdrucksweise der Romantik (NE I 100=97/VP 64). In diesem Kontext ist auch die hohe Wertschätzung zu verstehen, die Gómez Dávila dem deutschen Denken der Zeit von 1770 bis 1830 entgegenbringt. Solange die Aufklärung zwar nicht gestorben sei, sondern sich sogar über die ganze Erde ausgebreitet habe, bleibe doch das deutsche Denken zwischen 1770 und 1830 die modernste Geisteshaltung (E II 19=21/SCH 298), wie überhaupt die deutschen Bücher gleichsam einen Urstoff darstellten (N 285=395=325).

Allan Bloom zufolge standen die meisten großen Schriftsteller des 19. und 20. Jahrhunderts politisch gesehen auf der Rechten, und es ist ganz in diesem Sinne, wenn Russell Kirk bestätigt, daß die meisten wichtigen Schriftsteller des 20. Jahrhunderts, insbesondere die englischen, auf die gleichmacherische Tendenz jener Zeit, auf die in ihr zutage tretende Unordnung der Seele und des Gemeinwesens ablehnend reagiert hätten.[156] Auch Gómez Dávila

155 Armin Mohler: Die Schleife. Dokumente zum Weg von Ernst Jünger, Bad Vilbel 2001, 53.

156 Russell Kirk: Gegenrevolution und Literatur. Begegnungen mit zwei großen reaktionären Dichtern, Criticón 115 (September/Oktober 1989), 241-244. Vgl. Virgil Nemoianu: A Theory of the Secondary. Literature, Progress, and Reaction,

erkennt mehr noch als bei Philosophen unter den Schriftstellern zahlreiche Geistesverwandte im reaktionären Sinne (E II 21=23/SCH 300), so daß ihm die moderne Literatur sogar insgesamt als kolossales reaktionäres Unternehmen erscheint (E I 311=252/SCH 185).[157] Der Begriff der Reaktion ist auch hier verhältnismäßig weit gefaßt und umschließt selbst jenen *lunatic fringe* der Reaktion, der nach Gómez Dávila mit Namen wie Rousseau, Henry David Thoreau, Tolstoi und D. H. Lawrence verbunden ist (E II 302=250/SCH 464). Es handelt sich dabei also um Autoren, die zwar in ihrer scharfen Kritik an der Moderne durchaus Wahres gesehen haben, allerdings nicht ohne Beschränkung durch gewisse Einseitigkeiten der Betrachtungsweise. Sie stellen aber auch, wenn ihnen wie Rousseau von den Demokraten Standbilder errichtet werden, ein geheimes Memento des reaktionären Denkens dar (E I 290=235/SCH 172).

2. Der Mensch und seine Seele

Die Sorge um das Schicksal des Lesens und der Bücher ist, so scheint es, nur ein gleichsam vorgelagerter Aspekt des kulturkritischen Denkens bei Gómez Dávila. Es ist allerdings ein Aspekt, der als Eintrittspforte zu den grundlegenderen Problemen angesehen werden kann, die durch die sorgfältige Lektüre wieder als solche erkennbar gemacht werden sollen. Dabei handelt es sich um Probleme, die auf die enge Verbindung des reaktionären Denkens mit der philosophia perennis verweisen. Der beständige Bezug auf das Problem der Seele ist in diesem Zusammenhang von elementarer Bedeutung. Nach Gómez Dávila muß man von einer tiefgreifenden Verderbnis des modernen Menschen sprechen, die er an vielen Stellen mit drastischen Worten benennt. Der moderne Mensch hänge nämlich meist irgendeiner Spielart gnostischer Ideologien an, glaube also an die Möglichkeit seiner Selbsterlösung. Dieser Pelagianismus sei die direkte Folge davon, daß der moderne Mensch die Realität der Erbsünde leugne.[158] Der moderne Mensch habe

Baltimore-London 1989, 3-25.

157 Siehe auch Allan Bloom: The Closing of the American Mind, London 1988, 223; vgl. Erik von Kuehnelt-Leddihn: Die rechtgestellten Weichen. Irrwege, Abwege und Auswege, Wien 1989, 19.

158 Der Pelagianismus geht auf die Lehre des Mönches Pelagius zurück, der um 400 n. Chr. in Rom die häretische Lehre predigte, daß es keine Erbsünde gebe und

den Kontakt mit älteren Wahrheiten über sich vollkommen verloren, wie Gómez Dávila in zwei Glossen ausführt, die in engem sachlichem Zusammenhang stehen: »Der Moderne ist der Mensch, der vergißt, was der Mensch vom Menschen weiß« (NE I 74=73/VP 49). Das Wissen vom Menschen ist also alt, so alt, daß es bereits vor Jahrtausenden vorlag. Deshalb müsse auch gelten: »Was die Kenntnis des Menschen angeht, so gibt es keinen Christen (vorausgesetzt, er ist kein fortschrittlicher Christ), den irgend jemand irgend etwas lehren könnte« (SE 114=95/AB 66). In einer Notiz von 1954 erläutert Gómez Dávila diesen Gedanken noch etwas genauer, so daß sich anhand dieser Stelle exemplarisch der Prozeß der gedanklichen und sprachlichen Konzentration und Verknappung in seinem Schreiben nachvollziehen läßt. Hier stellt Gómez Dávila ausdrücklich die Behauptung auf, es scheine, daß das Wissen über den Menschen ein für allemal gegeben worden sei. Die Wissenschaft vom Menschen kenne keinen Fortschritt, vielmehr bestehe jede neue Entdeckung in der Übertreibung eines bereits bekannten Wesenszuges, dem unverdienterweise eine absurde Wichtigkeit beigemessen werde. Sowohl die griechischen Klassiker wie auch die Bibel genügten vollauf, vorausgesetzt man lese sie langsam und aufmerksam, um uns darüber zu unterrichten, was die Menschheit von sich selbst wisse. Die antike Literatur, die zwanzig Generationen von Europäern erzogen habe, biete nicht nur ohne Mängel und ohne Übermaß das, was man gegenwärtig auf schulmeisterliche und aufdringliche Weise vermitteln wolle, sondern auch das, was heute dem voreingenommenen Blick und den hartnäckigen Vorurteilen verborgen bleibe. Gómez Dávila veranschaulicht diesen Gedanken sodann durch den Verweis auf einen konkreten Text: So finde sich keine vernünftige pädagogische Idee, die nicht schon im pseudo-plutarchischen Traktat über die Erziehung enthalten sei (N 162=237-238=188).

Auch für Gómez Dávila gilt angesichts dieses Befundes über verlorene Einsichten in das Wesen des Menschen die von Max Scheler ausgesprochene Einsicht, daß der Mensch sich zu keiner Zeit der Geschichte so problematisch geworden sei wie im 20. Jahrhundert, weil er die Klarheit

daß der Mensch mit natürlichen Mitteln zur Seligkeit gelangen könne. Vgl. Adolf von Harnack: Dogmengeschichte, Tübingen 1991, 314-321.

über seine Stellung in der Welt verloren habe.[159] Gómez Dávila wirft dem modernen Menschen vor, die Realität der Sünde zu leugnen, und sich gefährlichen Illusionen über die natürliche Güte des Menschen hinzugeben. Auch die scheinbar höchst realistischen Menschenbilder von Marx und Freud, die den elementaren Trieben Rechnung zu tragen scheinen, sind für Gómez Dávila daher nicht plausibel: »Die Geschichte wäre wesentlich friedfertiger, wenn es darin nur Ökonomie und Sex gäbe. Der Mensch ist eine weit entsetzlichere Bestie« (NE I 156=150/VP 99; vgl. NE I 90=88/VP 58). Mit derart harschen Worten macht es sich Gómez Dávila zur Aufgabe, dem Liberalen, der für ihn nur sanfte Wahrheiten zu ertragen fähig ist, zu desillusionieren und, wie bereits erwähnt, »gegenaufzuklären«. Die weniger sanften Wahrheiten, die auszusprechen Gómez Dávila sich verpflichtet fühlt, berühren also anthropologisch tiefgehende Fragen. Denn wenn es auch wahr ist, daß Marx und Freud einen Beitrag zur Ergründung des Menschen geliefert haben, so ist ihnen doch selbst verborgen geblieben, daß sie zumindest aus reaktionärer Sicht trotz ihrer entlarvenden Tiefenanalysen an der Oberfläche der Probleme verblieben.

Der Mensch ist für Gómez Dávila ein Wesen, dessen Existenz absurd ist. Er komme als Rebell zur Welt, der sich mit seiner eigenen Natur nicht abfinden könne. Wie alles Streben im Weltall sei auch das des Menschen grenzenlos. Es sei dem Menschen deshalb unmöglich, das Ziel seines Strebens zu erreichen. Er müsse demnach in diesem Bemühen notwendigerweise scheitern. Dieses Scheitern des menschlichen Strebens gehört geradezu zur Wesensbestimmung seiner Existenzbedingungen. Der Mensch kann indes nicht aufhören zu streben; ständig ist er gezwungen, sich für oder gegen verschiedene Optionen zu entscheiden.

Die essayistischen Ausführungen Gómez Dávilas über die Natur des Menschen, über die condicio humana, lassen sich jedoch nicht allein als Beitrag zu einer philosophischen Anthropologie verstehen. Tatsächlich drückt sich in seiner Kritik am Pelagianismus und an der Leugnung der Erbsünde unmißverständlich die theologische Fundierung seines Denkens aus. Denn indem Gómez Dávila auf der radikalen These von der Erbsünde besteht, bejaht er die

159 Max Scheler: Die Stellung des Menschen im Kosmos, in: Derselbe: Späte Schriften, hg. von Manfred Frings, Bern 1976, 11.

Souveränität des allmächtigen Gottes und verneint zugleich die Souveränität und Selbstmächtigkeit des Menschen.[160] Die Menschen ließen sich daher in zwei Parteien einteilen: diejenigen, die an die Erbsünde glauben, einerseits und die Toren andererseits (E I 142=118/SCH 86). Die Toren aber sind in biblischer Auffassung eben jene, die in ihrem Herzen sagen, es gebe keinen Gott (Ps 14,1). Der Glaube an die Erbsünde korreliert mit dem Glauben an Gott. Nur vor diesem Hintergrund läßt sich überhaupt verstehen, warum Gómez Dávila etwa die »Ethik« zum Gegenstand seiner Kritik macht. Der Begriff der Ethik wird hier von Gómez Dávila in einem prinzipiell säkularen Sinne verstanden, als Parallelbegriff zu einer Anthropologie, die meint, von Gott absehen zu können. Die Ethik sei von einem ungläubigen Heiden erfunden worden, heißt es deshalb einmal (E I 214=175/SCH 128). Sie ist in Konsequenz der politisch-theologischen Zuspitzung des Problems das Resultat der pelagianischen Häresie; sie ist in diesem bestimmten Sinne der Gegenbegriff zu den Geboten Gottes, durch die dem Menschen gesagt wird, was gut ist (vgl. Micha 6,8). An der Ethik zeigt sich so die große Alternative existentieller Natur, die auch für Gómez Dávila die entscheidende war: Autorität Gottes oder Autonomie des Menschen. »Jede Ethik«, so Gómez Dávila, »endigt in Pelagianismus, jeder Pelagianismus in Deismus, jeder Deismus in der Beisetzung Gottes« (NE I 37=39/VP 27). Die Ethik in dem hier gemeinten Sinne bezieht sich allein auf den Menschen als Naturwesen und läßt seine etwaige übernatürliche Bestimmung, sein Angewiesensein auf Transzendenz, außer acht, und zwar schon als methodische Voraussetzung, bevor die Frage sachlich entschieden werden kann. Die von dieser Art Ethik betriebene »Unterwerfung der Metaphysik unter die Ethik« ist, wie Panajotis Kondylis diagnostiziert, ein »Ausdruck der allgemeinen Unterwerfung der Theologie unter die Anthropologie«[161]. Dieses frühneuzeitlich entstehende »Primat der Anthropologie« geht nun mit einer Naturalisierung des Menschen einher, so daß der Mensch schließlich selbst Natur ist.[162]

160 Vgl. zu diesem Zusammenhang auch Heinrich Meier: Die Lehre Carl Schmitts. Vier Kapitel zur Unterscheidung Politischer Theologie und Politischer Philosophie, Stuttgart 1994, 126-137.

161 Panajotis Kondylis: Die neuzeitliche Metaphysikkritik, Stuttgart 1990, 348.

162 Panajotis Kondylis: Die Aufklärung im Rahmen des neuzeitlichen Rationalismus, Hamburg 2000, 125-126.

Im Gefolge dieser Entthronung der Theologie verschiebt sich das Koordinatensystem der Anthropologie so sehr, daß, wie sowohl Nicolai Hartmann als auch Martin Heidegger deutlich machen, der Begriff der Sünde in Ethik und Philosophie keinen Raum habe.[163] Insbesondere Hartmann betont entschieden den diesseitigen Charakter der Ethik und vertritt damit prototypisch eine Position, wie sie Gómez Dávila bei seiner Kritik vorgeschwebt haben mag.[164] Die bequeme naturalistische Moral unserer Zeit, die von einer Ethik dieser Art vertreten werde, vulgarisiere mit erstaunlicher Unfehlbarkeit sowohl die Körper wie die Seelen, denn das unbegrenzte Vertrauen auf die Güte der Natur verführe uns dazu zu glauben, es sei falsch, unseren primitiven Trieben zu widerstehen. Die Askese werde dagegen als schädliche und krankhafte Neigung angesehen, so daß wir es mit einer Art hygienischem Heidentum zu tun hätten, in dem das Glück des Menschen durch die Bequemlichkeit und die Abwesenheit von Konflikten bestimmt werde (N 67=115=80).

Aus der christlichen Perspektive dagegen müssen die Kardinaltugenden in den theologischen Tugenden des Glaubens, der Liebe und der Hoffnung verwurzelt sein, wodurch sich das natürliche vom übernatürlichen Ethos unterscheidet.[165] Durch die natürlichen Tugenden allein, verstanden als Tauglichkeiten, kommt der Mensch nicht vollständig zu sich selbst. Denn es ist nach traditioneller Auffassung der Zweck dieser Tugenden, den Menschen in den Stand zu setzen, »nach den Geboten Gottes zu leben«.[166]

Gómez Dávila differenziert seine Kritik weiter, indem er vor allem den seiner Auffassung nach problematischen Charakter der formalen Ethik herausstellt. Das im präzisen Sinne Teuflische an dieser formalen Ethik besteht Gómez Dávila zufolge gegenüber den göttlichen Geboten darin, daß der Teufel eine solche material füllt, das heißt mit ethischen Sätzen, die den Menschen in Gegensatz zu seinem Schöpfergott bringen (NE I 67=67/VP 44). Diese Ethik ist deshalb des Teufels, weil sie den Menschen zu

163 Josef Pieper: Vorüberlegungen zum Thema „Sünde“, in: Derselbe: Religionsphilosophische Schriften, Hamburg 2000, 265-267.

164 Nicolai Hartmann: Ethik, Berlin ³1949, 811-812.

165 Josef Pieper: Über das christliche Menschenbild, in: Derselbe: Religionsphilosophische Schriften, Hamburg 2000, 112.

166 Josef Pieper: Christenfibel, in: Derselbe: Religionsphilosophische Schriften, Hamburg 2000, 71.

einem Grundirrtum über sich selbst verführt, indem sie die in der menschlichen Natur liegende Sündhaftigkeit relativiert und psychologisch auflöst. Gerade weil damit aber die für den Reaktionär entscheidende Bestimmung des Menschen als eines Wesens, das in seiner Kreatürlichkeit von Gott abhängig ist, verabschiedet wird, muß er die Überführung von Sünde in Psychologie und Ethik entschieden zurückweisen.

Die Art der Aufklärung, die Gómez Dávila gegen die genannte Tendenz betreibt, ist einer älteren Tradition verwandt, die im Gegensatz zur späteren Radikalisierung der Aufklärung auf dem Boden des Christentums verbleibt. Die Desillusion, auf die das reaktionäre Denken zielt, die Abneigung gegen einen sentimentalen Ton in der Literatur (vgl. N 17=51=24), reicht tief in die spanische Kulturgeschichte zurück, als das Desengaño-Thema im 16. und 17. Jahrhundert eine große Rolle in der spanischen Literatur spielte.[167] Sie ist einerseits dem *desengaño Graciáns* verwandt, das dieser beispielsweise in dem großen allegorischen Weltroman *Kritikon* (1651-57) und in seinen kleineren Schriften der Weltklugheit gestaltet hat.[168] Der Begriff selbst läßt sich schwer verdeutschen; Hugo Friedrich schlägt Wendungen vor wie »Befreiung vom Wahn, Aufklärung, Gewitztsein, Enttäuschung, Ernüchterung«, die jedenfalls einhergehen mit einer Gleichzeitigkeit von Bitternis und Befriedigung.[169] Gracián lehrt, das Treiben der Welt mit einem nüchternen Blick zu betrachten, weil die Welt vom unerbittlichen Rad der Fortuna regiert werde und mit Trug, Eitelkeit und Narretei angefüllt sei. Werner Krauss hat daher recht, wenn er Gracián einen »Hasser und Verdächtiger aller idyllischen Zustände, alles quietistischen Verweilens« nennt.[170] Graciáns scharfsichtige Kritik der Zeitläufte war zugleich stets dem Imperativ der Selbsterkenntnis verpflichtet, die den Kritiker selbst nicht von der Kritik ausnahm. Deshalb mahnte Gracián, es stimme zwar, daß die Welt voll Narren ist, doch sei keiner darunter, der es von sich selbst dächte, ja auch nur argwöhne. Zum anderen ist das Thema der Ent-Täuschung, des

167 Hansgerd Schulte: El desengaño. Wort und Thema in der spanischen Literatur des Goldenen Zeitalters, München 1969.

168 Vgl. Baltasar Gracián: Das Kritikon, Zürich 2001.

169 Hugo Friedrich: Zum Verständnis des Werkes, in: Baltasar Gracián: Criticón oder Über die allgemeinen Laster des Menschen, Hamburg 1957, 213.

170 Werner Krauss: Graciáns Lebenslehre, Frankfurt/M. 1947, 27.

desengaño, bereits in Cervantes' *Don Quijote* (1605/1615) in mustergültiger Form als Hilfe zur Selbsthilfe in Sachen Selbsterkenntnis behandelt worden.[171] Niemals könne man auf jemanden zählen, so faßt Gómez Dávila die auch von ihm erhobene Forderung nach möglichst unverstellter Selbsterkenntnis zusammen, »der sich nicht selbst mit dem Blick des Entomologen betrachtet« (E II 60=55/SCH 323). Diese selbstkritische Note ist keine Nebensächlichkeit, sondern kommt auch in Sätzen wie diesem zum Ausdruck: »Meine einzige Angst ist die, daß meine Mittelmäßigkeit entwürdigen könnte, was ich bewundere« (E II 278=231/SCH 450).

Demjenigen, der an noch so angenehmen Illusionen festhalten möchte, kann diese Ent-Täuschung irrigerweise als Zynismus erscheinen. Auch mag man den Eindruck gewinnen, der Vertreter einer solchen Form der Aufklärung sei auf bewußtes Schockieren aus. Es ist in solchen Fällen in der Tat nicht leicht, den Grad der dogmatischen Ernsthaftigkeit zu ermessen, mit dem Gómez Dávila eine bestimmte Stellungnahme abgibt, denn der Reaktionär wird wohl immer wieder auch von seiner eigenen ästhetisch-literarischen Brillanz dazu verführt, um des Effektes willen zu schreiben. Zudem darf das *desengaño* der spanischen Tradition, an der Gómez Dávila teilhat, nicht mit der schonungslosen Radikalaufklärung späterer Zeiten verwechselt werden, die im Dienste eines atheistischen Materialismus steht. Denn aus der Einsicht, daß etwas Gegebenes auf einer Täuschung beruht, folgt noch nicht, daß das Gegenteil dem Menschen zuträglich ist. »Die Ordnung ist Täuschung (*engaño*). Aber die Unordnung ist keine Lösung« (E II 316=261/SCH 472). Es kommt dabei nicht in erster Linie auf die konkrete Form der Ordnung an, weil anthropologisch gesehen der Mensch irgendeiner solchen in seinem Leben bedarf. Jede Regel sei besser als eine bloße Willkür, da eine undisziplinierte Seele sich in eine häßliche Larve auflöse (E I 266=217/SCH 158).

Beispielhaft für die realistische Sicht auf zentrale Problemstellungen der Anthropologie mag die reaktionäre Stellungnahme zur Sexualität stehen. Man gewinnt zunächst den Eindruck eines Ungenügens und Unbehagens an der leiblich-sexuellen Dimension des Lebens, die für Gómez

171 Siehe Ivo Höllhuber: Geschichte der Philosophie, 90-91, 96.

Dávila nur in der ersten Lebenshälfte einigermaßen akzeptabel scheint. In der Sexualität älterer Menschen erblickt er eine eher peinliche Angelegenheit (SE 170=144/AB 98), ja sie scheint ihm gar »mehr eine Strafe als ein Fortpflanzungsmechanismus« (NE II 146=144/VP 219). Andererseits wird dies relativiert durch die Einsicht, daß ein nackter Körper alle Probleme des Universums löse (E I 127=107/SCH 78). Das liebevolle, aufmerksame und ernste Studium der Nacktheit, so Gómez Dávila, trage ebensosehr zu unserem geistigen Leben bei wie die strengste Meditation (N 83=136=98). So erkennt der Reaktionär schärfer als jeder andere, welche Folgen die Glorifizierung der Sexualität und die damit einhergehende Sexualisierung des Daseins hat. Er macht sich keinerlei Illusionen über die Versprechungen und Hoffnungen der »sexuellen Befreiung«, die zu den Hauptbestandteilen der Kulturrevolution zähle: »Trotz allem, was heutzutage erzählt wird, löst der einfache Beischlaf nicht alle Probleme« (NE II 195=189/VP 249). Und was in den Schulen vielfach als Sexualaufklärung betrieben werde, trage auch nicht gerade zur Beruhigung bei. »Die Sexualerziehung«, so Gómez Dávila noch in Unkenntnis mancher »Safer Sex«-Werbung der jüngsten Vergangenheit, »macht es sich zur Aufgabe, dem Schüler das Erlernen sexueller Perversionen zu erleichtern« (NE I 186=178/VP 117).[172] Die polemische Schärfe dieser Formulierung, die keinerlei Rücksicht auf liberale Empfindlichkeiten nimmt, weist gleichwohl auf ein feines Verständnis der wirklichen Problemlage, wie sie der Amerikaner Allan Bloom auf treffende Weise in seinem posthumen Werk über *Love and Friendship* als Niedergang des Eros analysiert hat.[173]

Worin besteht nun aber das Problem der Sexualität? »Das Problem ist weder die sexuelle Repression noch die sexuelle Befreiung, sondern der Sexus« (E II 385=315/SCH 510). Gómez Dávila betont, daß die Tatsache der Sexualität selbst, nicht ihre Unterdrückung oder Befreiung das für das

172 Vgl. grundsätzlich zur Problematik der sexuellen Aufklärung Franz Vonessen: Die Herrschaft des Leviathan. Sieg und Selbstzerstörung des Fortschritts (Die Graue Reihe 8), Zug [3]1996, 83 86.

173 Vgl. Allan Bloom: Love and Friendship, New York 1993, 13-35: »Es gibt in unserer Sprache heute eine Verarmung der Sprache in bezug auf das, was einst als die interessanteste Erfahrung des Lebens verstanden wurde. Dies aber bedeutet fast notwendigerweise auch eine gefühlsmäßige Verarmung« (S. 13; meine Übersetzung). Vgl. Roger Scruton: Modern Philosophy. A Survey, London 1996, 240-241, 470.

Verständnis des Menschen entscheidende Faktum ist. Damit ist die platonische Einsicht verbunden, daß das Problem des Sexus sich nicht erledigt, wenn man sich entschließt, ihn entweder freizusetzen oder einzuhegen. Es handelt sich um kein Problem, das einer selbst problemlosen Lösung zugeführt werden kann. Eine andere Nuance erfährt dieses Thema an anderer Stelle. Das eigentliche Problem im Zusammenhang mit der Sexualität des Menschen stellt sich seiner Meinung nach so dar (NE I 99=96/VP 64): »Der moderne Mensch verkennt die Rangordnung der Probleme. Über Sexualerziehung beispielsweise halten sie alle salbungsvolle Predigten; doch wer sorgt sich um die Erziehung der Gefühle?« Wie aber, so muß weiter gefragt werden, kann man die Erziehung der Gefühle in Angriff nehmen ohne ein Bild der Seele und ihrer Vollkommenheit und Harmonie? Der moderne Mensch verfügt aus Sicht des Reaktionärs gar nicht mehr über eine Vorstellung von einer natürlichen Ordnung der Seele, wie sie in der Tradition bestand. Wer (und wie!) soll also dem Menschen sagen und vermitteln, welche Teile seiner Seele auf welche Weise gefördert und gebildet werden sollen?

Auch das reaktionäre Denken bietet dafür keine Rezepte. Heute wäre schon viel gewonnen, wenn man diese Frage als Frage zu sehen bereit wäre, um sich dann unvoreingenommen mit der Tradition und der Möglichkeit ihrer Wahrheit auseinanderzusetzen. Es gehört, wie Aristoteles schon wußte, zum Schwierigsten, irgendeine Gewißheit über die Seele zu erlangen. Gleichwohl hat jeder Mensch ein natürliches Bewußtsein von ihr. Es bedarf deshalb auch, wie die Tradition lehrt, keines eigentlichen Beweises für die Existenz der Seele.[174] Auch Gómez Dávilas Rede von der Seele soll nicht die Lösung eines Problems vorspiegeln. Der Gebrauch des Begriffs der Seele stellt lediglich den Versuch dar, ein Mysterium nicht auf unehrliche Weise zu verdunkeln (E II 318–263/SCH 473). Indes ist es in Wahrheit nicht möglich, auf den Begriff der Seele Verzicht zu leisten. Denn Erziehung in einem nicht-trivialen Sinne ist nicht möglich, ohne daß der Erzieher irgendeinen Begriff von der Seele besitzt und an ihre Existenz glaubt.[175] Die Ge-

174 Siehe Horst Seidl: Sein und Bewußtsein. Erörterungen zur Erkenntnislehre und Metaphysik in einer Gegenüberstellung von Aristoteles und Kant, Hildesheim 2001, 103, 157-158.

175 Vgl. Allan Bloom: The Closing of the American Mind, London 1988, 20.

fährdung des Menschen in der Moderne ist auch das Ergebnis einer bestimmten Interpretation der Stellung und der Rechte des Individuums. Gegenüber der klassischen Auffassung von der Person und der Individualität, die zumindest implizit schon bei Platon aufs schönste in den Dialogen entfaltet wird, ist die Individualitätskonzeption der späten Moderne eine wesentlich entstrukturierte, wie sie als zeitlose Möglichkeit der Entartung schon in Platons Kritik der demokratischen Seelenunordnung erfaßt wurde[176], dann aber von Friedrich Schlegel als Proteus-Ideal der menschlichen Existenz propagiert und bei Kierkegaard schließlich mustergültig formuliert wurde.[177] Der klassischen Auffassung von der Seele als innerer Ordnung des Individuums gemäß objektiven Seinsbestimmungen wird nunmehr entsagt. An ihre Stelle tritt eine dem Belieben des Einzelnen anheimgestellte und daher relativistische Ästhetik der Existenz (Foucault), die, wie zu erwarten, auch längst keine Ästhetik des Schönen mehr ist. Denn auch das Schöne wird in Verkennung oder Eliminierung der klassischen Auffassung Platons nicht länger mehr als Abglanz des Guten verstanden. Die Entthronung des Vernunftprinzips als herrschendem Prinzip der Seele führt zu einer anthropologisch verbrämten Überbewertung des Gefühlsmäßigen und der mehr oder weniger flüchtigen Stimmungen des Einzelnen. Mit dem Verlust eines Ordnungsprinzips in der Seele gewinnt das »Erleben« schleichend einen gegenüber der Vernunft höheren Status, sofern es nämlich von der Vorherrschaft der Vernunft und der Tugend befreit ist. Die Tendenz, das eigene Erleben als unhintergehbare Instanz der Bewertung einzuführen, die nicht mehr selbst in Frage gestellt werden darf, entspricht jedoch nicht der Möglichkeit der menschlichen Natur, sich der eigenen vernünftigen und geistigen Natur bewußt zu werden. Erlebnisse können, müssen aber nicht mit Erkenntnis einhergehen. In diesem Lichte läßt sich auch der folgende Satz verstehen: »Wer sich damit brüstet, er habe ›viel erlebt‹, sollte besser schweigen, um uns nicht erkennen zu lassen, daß er nichts begriffen hat« (NE II 29=32/VP 148). Denn, so Gómez Dávila an anderer Stelle sarkastisch,

176 Siehe Platon: Politeia 561 a-e; vgl. Norbert Blößner: Dialogform und Argument. Studien zu Platons 'Politeia', Stuttgart 1997, 276-277.

177 Siehe Michael Großheim: Politischer Existentialismus. Subjektivität zwischen Entfremdung und Engagement, Tübingen 2002, 38; vgl. Sören Kierkegaard: Entweder – Oder, München 1975, 548-549.

»die Erfahrung eines Menschen, der ›viel gelebt‹ hat, läßt sich gewöhnlich auf einige triviale Anekdoten reduzieren, mit denen er einen unheilbaren Schwachsinn ausschmückt« (E II 139=119/SCH 370).[178]

Man wird nicht allzu sehr fehlgehen, wenn man in dieser Situationsbestimmung eine gewisse Analogie zu Arnold Gehlens Diagnose des für die Moderne seiner Auffassung nach typischen Subjektivismus sieht. Gehlen gelangte, freilich auf der Grundlage einer anders gearteten Anthropologie und ohne grundsätzliche Modernitätskritik, zu der Einschätzung, das 20. Jahrhundert sei das Zeitalter des Subjektivismus. Im Subjektivismus, der nach Gehlen eine Verfallsform des Individualismus darstellt, werde das subjektive Selbst zum Prinzip der Welt gemacht, was zugleich im Einklang mit dem Phänomen der Vermassung stehe.[179] Einer solchen Welt, die sich unter diesen Bedingungen der Massengesellschaft die freie Entfaltung der Persönlichkeit auf die Fahnen geschrieben hat, begegnet Gómez Dávila mit allergrößter Skepsis, um nicht zu sagen: mit Verachtung, wie einer seiner blendendsten Sätze zeigt: »Die Idee der ›freien Entfaltung der Persönlichkeit‹ scheint ausgezeichnet, solange man nicht auf Individuen stößt, deren Persönlichkeit sich frei entfaltet hat« (E I 225=184/SCH 134). Gómez Dávila versteht die Forderung nach freier Entfaltung der Persönlichkeit nicht ihrer Intention nach als Entfaltung der wertvollen Anlagen eines Menschen, sondern als normativ und ästhetisch ungebundene Entfaltung im Sinne höchstmöglicher subjektiver Willkür. Erziehung aber hätte Gómez Dávila zufolge eine andere Aufgabe als die freie Entfaltung der Persönlichkeit zu unterstützen – vielmehr käme es darauf an, die anständigen Teile der Person gegen die verderbten Anteile zu unterstützen (E I 477=389/SCH 288). Gómez Dávila ruft so in Erinnerung, daß auch die scheinbar problemlos zustimmungsfähige Idee der freien Entfaltung der Persönlichkeit an stillschweigende normative Voraussetzungen gebunden ist, deren faktisches Ausbleiben zwar nicht die Norm in Frage stellt, wohl aber dazu zwingt, die in ihrem Namen betriebene Praxis kritisch zu beleuchten.

178 Siehe Horst Seidl: Weisheit als theoretische Lebensform nach traditioneller Auffassung, in: Derselbe (Hg.): Erkennen und Leben. Philosophische Beiträge zum Lebensbezug menschlicher Erkenntnis, Hildesheim 2002, 170.

179 Christian Thies: Die Krise des Individuums. Zur Kritik der Moderne bei Adorno und Gehlen, Reinbek 1997, 101-102.

Der Mensch sollte sich zu sich selbst in ein Verhältnis setzen, das ihm eine gesunde Skepsis seinen eigenen Ideen gegenüber erlaubt (SE 128=108/AB 73).

3. Eine Ästhetik des Widerstands gegen die Moderne

Dieses Kapitel soll zentrale literaturästhetische und -kritische Gedanken Gómez Dávilas sichten und darlegen, um so zu einem vertieften Verständnis seines modernitätskritischen Denkens und insbesondere seiner Ästhetik beizutragen. Die für Nicolás Gómez Dávilas Werk höchst bedeutsame Ästhetik, vor allem die Literatur betreffend, ist einerseits für die Texthermeneutik, also die Frage, wie gelesen werden soll, von Interesse. Sie verdient aber auch eine ausführlichere Darstellung, weil sie geeignet ist, die zentralen Denkbewegungen des Autors sowie sein Weltverhältnis zu erhellen.

Nach einer Analyse der philosophischen Grundlagen jener Ästhetik soll der Zusammenhang der literaturkritischen Auffassungen Gómez Dávilas mit seiner philosophischen Modernitätskritik beleuchtet und gefragt werden, ob er möglicherweise als postmoderner Autor verstanden werden kann.[180] Dabei ist hier weniger an eine literarische als vielmehr an eine philosophische Dimension der Postmoderne zu denken. Es könnte nämlich der Begriff »postmodern« auf den Reaktionär Gómez Dávila insofern angewendet werden, als dieser ein Kritiker ist, der sich »massiv oder auch bissig gegen die Moderne wendet«, wie etwa Reinhart Maurer schreibt.[181] Unterstellt wird bei einer solchen Charakterisierung des Postmodernen jedoch, daß Gómez Dávilas Kritik der Moderne wesentliche Gemeinsamkeiten mit anderen postmodernen Autoren zeigt. Solche Gemeinsamkeiten finden sich nun zwar in phänomenologischer Hinsicht, d. h., was die Diagnose charakteristischer Züge der Moderne betrifft, doch können sie indes nicht den prinzipiellen Dissens verbergen, dessen Grund in der axiologischen Konzeption Gómez Dávilas liegt. Gómez Dávila ist, wie bereits erwähnt, gleichsam ein literarischer Guerillero, ein geistiger Kämpfer gegen die Pathologien der

180 Vgl. Cantoni: Un contro-rivoluzionario; Maurer: Reaktionäre Postmoderne.

181 Maurer: Reaktionäre Postmoderne, 140.

Moderne, der sich in seiner literarischen und literaturästhetischen Praxis auf diese für ihn unverbrüchlich feststehende Wertebasis stützt, wie noch zu zeigen sein wird. Sichtet man die Stellen seines Werkes, an denen Gómez Dávila sich zu literaturästhetischen und -kritischen Fragen äußert, so ist zunächst eine Bemerkung zum literarischen Charakter dieses Werkes selbst zu machen, weil Gómez Dávilas literaturästhetische Präferenzen zu einem guten Teil aus Selbstaussagen und stiltheoretischen Betrachtungen ableitbar sind. Es gilt somit, die implizite Poetik seiner Aphorismen herauszuarbeiten.[182] Auch wenn sich Gómez Dávila selbst ausdrücklich gegen die Auffassung wendet, er präsentiere dem Leser in seinem Werk Aphorismen (E I 11=15/SCH 13), fällt der Unterschied nicht eben leicht ins Auge.

Gattungstheoretisch ist hier zu bedenken, daß aphoristische Literaturformen im Laufe ihrer Geschichte mit den unterschiedlichsten Begriffen belegt wurden und daß es zunächst einmal sinnvoll ist, auch solche Schreibformen als Aphorismen zu bezeichnen, die ihre Verfasser oder andere Autoren nicht als solche bezeichnen.[183] Wenn Gómez Dávila nun an der erwähnten Stelle behauptet, man werde in diesem Werk keine Aphorismen finden, so steht dabei ein für die Lektüre seines Werkes zentraler Gedanken Pate. Deshalb bietet er dem Leser gleich zu Beginn auch eine interpretative Alternative, denn er beschreibt im direkten Anschluß sein eigenes Werk folgendermaßen: »Meine kurzen Sätze sind die Farbtupfen einer ›pointillistischen‹ Komposition« (E I 11=15/SCH 13). Diese Behauptung erlaubt die Feststellung, daß der Charakter der scheinbaren Zusammenhanglosigkeit, den der flüchtige Leser der Glossen gewinnen mag[184], von Gómez Dávila selbst in Frage gestellt wird. Dies geschieht nicht nur implizit durch die dem ersten Band der Glossen vorangestellten Cervantes- und Nietzsche-Mottos (E I 7=11, 9=13), sondern auch durch die klare Aussage –

182 Siehe Werner Helmich: De l'atelier à l'œuvre. La gestation d'une poétique de l'aphorisme dans les Cahiers 1957-1972 de Cioran, in: Romanistische Zeitschrift für Literaturgeschichte 3/4 (2010), 348.

183 Siehe Werner Helmich: Der moderne französische Aphorismus. Innovation und Gattungsreflexion, Tübingen 1991, 16-20. Vgl. auch Corado Rosso: La "Maxime". Saggi per una tipologia critica, Bologna 2001, 10, 64-68.

184 Dieser Eindruck wird z. B. von Galindo Hurtado: Reactionary in the Andes, 5, nahegelegt, der bezüglich der *Notas* I feststellt, diese seien bereits durch »a lack of unity in theme and purpose« gekennzeichnet, durch ein Muster der fehlenden systematischen Struktur, das sich in allen späteren Bänden ebenso zeige.

allerdings erst am Ende des zweiten Bandes der *Nuevos escolios* – er beanspruche nicht, ein »libro lineal«, also ein lineares Buch, sondern ein »libro concéntrico« geschrieben zu haben. Es handelt sich also bei seinem eigenen Werk um ein Buch, aus dem sich dem Leser erst im Laufe der – wiederholten – Lektüre gleichsam konzentrische Kreise von Bedeutungen und Bedeutungsebenen erschließen (NE II 211=205/VP 260). Damit ist ein, wenn auch zurückhaltender Versuch der Leserlenkung gegeben; dieser wird nämlich ermutigt, seine eigene Lektüre der Glossen nicht linear, sondern gleichfalls konzentrisch vorzunehmen, wodurch sich freilich die Möglichkeit und Notwendigkeit, je eigene Bedeutungskonstruktionen vorzunehmen, noch intensiviert. Dies wird zudem dadurch erleichtert, daß der Text der Glossenbände in keiner Weise nach Kapiteln, Abschnitten, Themen oder Begriffen gegliedert ist, so daß von der äußeren Textstruktur her nicht ersichtlich ist, welchen Stellenwert welche Glossen im Gedankensystem Gómez Dávilas einnehmen.[185] Die Bezeichnung seines Werkes als pointillistische Komposition verstärkt diesen Eindruck durch ein optisches Bild: Sein Text gleicht einem Gemälde, zu dessen angemessener Entschlüsselung zweierlei nötig ist: genaue Betrachtung der einzelnen Farbpunkte (d. h. der einzelnen Sätze), aber auch ein Zurücktreten von dieser Detailbetrachtung, um einen Gesamteindruck des Kunstwerkes zu erlangen. Gómez Dávila suggeriert also, daß sich bei gehörigem Abstand – das heißt im Medium der Reflexion des sorgfältigen und geduldigen Lesers – aus den scheinbar unzusammenhängenden Farbtupfern der einzelnen Sätze und Glossen ein kohärentes Bild ergibt oder zumindest ein Bild, das kohärenter als zu Beginn der Betrachtung erscheint. Dieses Bild allerdings – das ist die gleichsam rezeptionsästhetische Pointe – ist wiederum im übertragenen Sinne nicht nur das Bild des Gómez Dávilaschen Denkens in objektiver Distanzierung gefaßt. Es ist zugleich das Bild, das der Leser selbst komponiert und konstruiert, indem er die Glossen des reaktionären Kolumbianers aktiv zur Entschlüsselung seiner eigenen Welt heranzieht, sich also sowohl in ein verstehend-rekonstruierendes als auch in ein kreativ-aktualisierendes Verhältnis zu dessen Texten setzt. Die Ästhetik der Glossen impliziert so

185 Franz Niedermayer: Über Nicolás Gómez Dávila, in: EGT 169-181, 177.

eine Ethik der Literatur und des Lesens. Eine Reihe von Motiven, die für sein Denken charakteristisch sind, finden sich sowohl im Früh- wie im Spätwerk Gómez Dávilas. Dies trifft auch für einige literaturästhetische Fragen zu, deren frühe Formulierung in den *Notas* I bereits die reife Grundlage für das gesamte spätere Werk darstellt. Die in bezug auf philosophische Ergebnisse skeptische Denkweise Gómez Dávilas, die sich durch sein gesamtes Werk zieht, führt bereits hier zu einer folgenschweren Kritik an diskursiver Prosa, weil deren Formen die Redlichkeit des Denkens einzuschränken scheinen: »Die didaktische Darstellung, die Abhandlung, das Buch sind nur für den geeignet, der zu ihn befriedigenden Schlußfolgerungen gelangt ist« (N 17=51=24). Demgegenüber werde die kleine Notiz oder Aufzeichnung kaum geduldet: »Unbeständige, widerspruchsvolle Gedanken, die unbequem im Waggon einer irregeleiteten Dialektik reisen, ertragen gerade noch eine Randbemerkung, die ihnen als vorübergehender Anhaltspunkt dienen kann« (N 17=51=24). Gómez Dávila verweist sodann explizit auf »Notas, glosas, escolios« als den bescheidenen Ausdrucksformen seines Denkens, die er als »die diskreteste, dem Schweigen nächste Ausdrucksform« definiert (N 17=50=24). Mit dem Verweis auf den zurückhaltenden und kaum hörbaren Charakter der erwähnten literarischen »Kürzestformen« deutet Gómez Dávila bereits an, was er später noch prononcierter formulieren wird, nämlich seine Einsicht, daß es dem einzelnen Schriftsteller angesichts des ohrenbetäubenden Lärmes der Moderne, der die Seele betäube (NE II 134=132/VP 211), ohnehin nicht vergönnt sei, diesem Lärm mehr als kleinste Zugeständnisse abzuringen. Die Entscheidung für einen Stil hänge von einer vorgängigen Selbstverständigung über den systematischen Status der Denkanstrengungen des jeweiligen Schriftstellers ab, wobei zweifellos auch psychologische Dimensionen eine Rolle spielten. Gómez Dávila hält lediglich zwei verschiedene Arten zu schreiben für akzeptabel, wobei sich diese Arten gegensätzlicher Stilmittel bedienen, wie bereits erwähnt.[186] Auch da, wo Gó-

186 In seinem letzten Werk widerspricht Gómez Dávila dieser Einschränkung auf zwei Schreibweisen, tut dies jedoch unter einem offensichtlich etwas anders gelagerten Aspekt: »Es gibt unzählige Weisen, gut zu schreiben, während alles schlecht Geschriebene Familienähnlichkeit besitzt« (SE 45=37/AB 26). Hier wird der Schwerpunkt auf die vielfältigen individuellen guten Stilmöglichkeiten gelegt, denen gegenüber dem schlecht Geschriebenen aller Art ein Familiengeruch

mez Dávila wie in dem offenbar aus späterer Zeit stammenden Essay *El reaccionario auténtico* zusammenhängend schreibt, weist der Stil in hohem Maße aphoristische Qualitäten auf. Gómez Dávila bekennt sich ohne weiteres zur Polemik als literarischer Taktik, die sich der »Kriegslisten (*estratagemas*) eines Guerillakämpfers« bedient (E I 456=372/SCH 275). Weil die Taktik der üblichen Polemik am unerschrockenen Dogmatismus des zeitgenössischen Menschen scheitere, dürfe man diesem nicht mit systematischen Gründen oder gar methodisch kommen. Es komme vielmehr darauf an, die Gelegenheit beim Schopfe zu packen und dort anzugreifen, wo es gerade möglich und halbwegs erfolgversprechend sei. Der reaktionäre Denker wird so zum intellektuellen Freischärler ohne Hilfe regulärer Truppen, da seine Aufgaben nicht im eigentlichen Sinne wissenschaftlicher Natur sind (SE 124=104/AB 71). Er folgt daher der Maxime: »Geistige Kriege werden nicht von regulären Streitkräften, sondern von Freischärlern gewonnen« (E II 383=313/SCH 509). Die Entscheidung für den kurzen und elliptischen Stil ist nie bloß ästhetisch oder gar ästhetizistisch begründet – es handelt sich um ein Kriegsmittel, das eingesetzt werden soll, um an möglichst vielen einzelnen Stellen der »Wahrheit, die nicht stirbt«, wenn nicht zum Sieg, so doch zu einer ehrenvollen Niederlage *en plein connaissance de la chose* zu verhelfen (E II 500=405/SCH 573). Gómez Dávila bietet mit seiner Entscheidung für den aphoristischen Glossenstil nichts Geringeres als eine veritable Ästhetik des intellektuellen Widerstands gegen die moderne Welt der Massengesellschaft mit ihrer Häßlichkeit und der Versuchung zur Denkfaulheit. Diese Welt verführe dazu, sich in die Gegenwelt eines Klosters zu träumen (SE 99=83/AB 58).

Der unersättliche Leser Gómez Dávila legt bereits zu Beginn seiner schriftstellerischen Tätigkeit auf das besondere Vergnügen wert, das ein Buch dem Leser schenken soll: »Ein Buch, das nicht unterhält oder gefällt, ist der Gefahr ausgesetzt, den einzigen intelligenten Leser zu verlieren: den, der bei der Lektüre sein Vergnügen und nur sein Vergnügen sucht« (N 11=44=17). Gómez Dávila erweist sich hier als emphatischer Apologet einer »Lust am Text«, um mit einer

anhängt, der es als solches kennzeichnet.

berühmten Formulierung Roland Barthes' zu sprechen, als Apologet einer Lust am Lesen. Diese Lust ist es, die seine Literarästhetik radikal von jener Art Literaturwissenschaft unterscheidet, »aus der die Lust an Literatur überhaupt ausgetrieben wurde«.[187]

Die Lust am Text verbindet sich für Gómez Dávila mit jener Intelligenz, die auch am ästhetisch Hochstehenden ihre Lust findet. Damit aber ist zugleich auch die für Gómez Dávilas Literaturästhetik bestimmende Annahme ausgesprochen, daß es intelligente und nicht-intelligente Leser gibt, wobei gerade der intelligente Leser als derjenige definiert wird, der aus Freude am Lesen zum Buch greift. Zugleich wird damit aber auch eine vordergründig moralistische Lektürekonzeption entschieden zurückgewiesen. Das Vergnügen am Lesen, das der intelligente Leser sucht, gehe jedoch nicht einfach darin auf, daß Bücher unterhaltsam geschrieben sein sollen. Denn es sei unsere Pflicht, das Vergnügen an der Lektüre »immer weiter zu verfeinern, bis es uns vergönnt ist, es in seltener und reiner Form an den rauhesten und unfruchtbarsten Orten zu finden« (N 11=44=17). Ist einmal jemand zu einem wahren Leser geworden, so lese er zum Vergnügen auch jene Bücher, die die übrigen Leser nur studieren (E II 486=393/SCH 565). Die durch gute Literatur erzeugten Freuden gleichen der Abhängigkeit von Drogen; ist man erst einmal abhängig geworden, falle es schwer, etwas anderes als die stärksten Dosen zu sich zu nehmen – Dante oder Racine, Milton oder Sophokles (N 81-82=134=96). Es sei gerade die intelligente Idee, die eine sinnliche Lust hervorrufe (E I 37=36/SCH 28), ja das Organ der Lust ist die Intelligenz (d.h. der Verstand) selbst (E II 184=125/SCH 396).

An die Überlegungen über die spezifische Intelligenz des guten Lesers schließen sich weitere Betrachtungen an. Es finden sich bei Gómez Dávila häufig Verweise auf die Schwierigkeiten einer Lektüre bestimmter Texte, die man durchaus im Kontext einer Hermeneutik von Esoterik und Exoterik interpretieren kann.[188] Dafür scheint zumal zu sprechen, wenn Gómez Dávila beispielsweise die Zielgruppe

187 So Thomas Anz: Literatur und Lust. Glück und Unglück beim Lesen, München 2002, 29. Siehe auch Roland Barthes: Die Lust am Text, ed. Otmar Ette, Berlin 2010, 11-84.

188 Till Kinzel: Vom Sinn des reaktionären Denkens, 181.

seiner Schriften auf unter hundert anzusetzen scheint, da man getrost annehmen darf, daß er selbst seine Überzeugungen nicht verraten will: »Wer danach trachtet, für mehr als hundert Leser zu schreiben, verrät die eigenen Überzeugungen« (NE II 173=168/VP 236). Angesichts der elitären Haltung, die der Autor demonstrativ an den Tag legt, ist allerdings auffällig, daß seine eigenen Texte – sieht man einmal von einigen wegen ihres Metaphernreichtums stärker schillernden Passagen in den frühen *Textos* I ab – gerade nicht willkürlich verrätselt erscheinen, sondern meist von einer beeindruckenden Klarheit sind, wie es auch seiner eigenen Qualitätsanforderung entspricht: »Die Klarheit des Textes ist das einzig unbestreitbare Zeichen für die Reife einer Idee« (SE 137=115/AB 78).[189] Die esoterische Dimension kann also bei Gómez Dávila, so sie denn vorhanden ist, nicht die Form einer »Tropen- und Räthselsprache« annehmen, mittels derer man, wie etwa Novalis postulierte, in einer gemischten Gesellschaft von Geheimnissen sprechen könnte, ohne daß die Profanen etwas davon verstünden.[190] Gleichwohl wird durch mehrere Äußerungen wie die oben zitierte deutlich, daß Gómez Dávila intensiv über das »Problem der Popularisierung« im Zusammenhang mit der literarischen Darstellung der Philosophie nachdachte, von dem auch Günther Anders gesprochen hat.[191] An exponierter Stelle, nämlich zu Beginn der zweiten Seite des ersten Glossenbandes, propagiert Gómez Dávila ausdrücklich die quantitative Beschränkung des Publikums: »Durch Beschränken unserer Zuhörerschaft verringern wir die Gefahr der Pflichtvergessenheit. – Die Einsamkeit ist der einzige unbestechliche Richter« (E I 12=15/SCH 13). Mag dieser Satz für sich genommen nicht notwendigerweise auf die Anzahl der Leserschaft bezogen sein, so ergänzt er doch die oben erwähnte Aussage. Um diejenigen Einzelnen zu erreichen, die man erreichen möchte, bedarf es daher offensichtlich einer spezifischen Kunst des Schreibens: »Wir dürfen nicht beabsichtigen, den klugen Gedanken dem klug erscheinen zu lassen, der es selbst nicht ist« (SE 140=117/AB 80). In

189 Vgl. Quevedo: ¿Metafísica aquí?, 87.

190 Novalis: Werke in einem Band. München/Wien 1981, 488.

191 Günther Anders: Über philosophische Diktion und das Problem der Popularisierung. Göttingen 1992. Vgl. dazu am Beispiel der deutschen Literatur Hans-Georg von Arburg et al. (Hg.): Popularität. Zum Problem von Esoterik und Exoterik in Literatur und Philosophie. Würzburg 1999.

einem schönen Bilde versucht Gómez Dávila die Wirkung der schriftstellerischen Tätigkeit auf unterschiedlich aufnahmefähige Leser – er bezieht sich charakteristischerweise auf deren Seelen, die metaphorisch als unterschiedlich große Teiche beschrieben werden – zu fassen: »Die Sätze sind Steinchen, die der Schriftsteller in die Seele des Lesers wirft. – Der Durchmesser der konzentrischen Wellen hängt von den Dimensionen des Teiches ab.« (E I 26=27/SCH 22). Es sei deshalb die Vermutung ausgesprochen, daß Gómez Dávila gerade mittels seiner zwar oft aufs äußerste verknappten, zugleich aber klaren Glossen die wenigen Leser seiner Schriften, mit denen er überhaupt rechnete und die auch Anspielungen verstehen sollen, zum Lesen zu erziehen suchte (NE II 147=145/VP 220).

Zu diesem Zweck der strengen Erziehung seiner Leser bedient sich Gómez Dávila zunächst rhetorisch gesehen recht einfacher Mittel – die sich im übrigen durchaus auch bei Apologeten der Postmoderne finden, um die Vertreter des Dekadenztheorems zu kennzeichnen.[192] Da er die Leser, wenn ich recht sehe, niemals direkt anspricht, sondern in aller Regel das distanzierende Sprechen in der dritten Person gebraucht, erleichtert Gómez Dávila es dem idealen Leser seiner Glossen, auf den es ihm ankommt, sich ebenfalls von jenen spezifischen Lastern zu distanzieren, die er scharf kritisiert. Auffallend häufig schreibt der Autor eine von ihm kritisierte und abgelehnte Auffassung einem generisch zu verstehenden »Dummkopf« zu; meist spricht er von »bobo« oder »tonto«, aber auch von »idiota« oder »imbécil«.[193] Diese pejorativen Kennzeichnungen sind nun sicher eines Teils als verallgemeinernde Bestimmungen tatsächlich vorkommender Haltungen zu verstehen; zum anderen aber erfüllen sie die Funktion, den Leser, der sich bei der Beschreibung der Einstellung des »Dummen« zur Literatur gegebenenfalls ertappt fühlen mag, aus seinem Zustand des Dummkopfseins herauszuführen, auch und gerade wenn dieser nicht direkt so angesprochen wird. Zur Erläuterung genüge ein Beispiel. So sagt Gómez Dávila einmal: »Der Dummkopf glaubt, daß das Buch, das gerade nicht gelesen wird, notwendig ›widerlegt‹ sei« (SE 106=88/AB 61).

192 Wolfgang Welsch: Unsere postmoderne Moderne. 5. Auflage. Berlin 1997, 202.

193 Vgl. zur inneren Differenzierung dieser Bestimmungen Quevedo: ¿Metafísica aquí?, 86.

Gómez Dávila kennzeichnet die gleichsam historistische Einstellung, die allein auf das gegenwärtige geschichtliche Ergebnis blickt, indem er denjenigen als Dummen tituliert, der glaubt, ein Buch sei schon widerlegt, nur weil es nicht mehr gelesen werde. Damit wird nun zum einen der Leser animiert, auch die Lektüre »vergessener« Bücher nicht zu verschmähen bzw. auch nach solchen Lektüren Ausschau zu halten, weil er sich nicht als Dummer erweisen möchte. Zum anderen kommt ein philosophisches Moment ins Spiel, denn nicht immer ist ästhetische oder sachliche Qualität eine hinreichende Erfolgsbedingung. Zudem ist sich Gómez Dávila wie wenige Schriftsteller der Tatsache bewußt, daß gerade im Bereich der Geisteswissenschaften einmal gewonnene Einsichten auch wieder verloren gehen können, mag dies auch irrigerweise von einer gegebenen Gesellschaft als Fortschritt verstanden werden. Der Leser, der nicht selbst als Dummkopf eingeordnet werden möchte, wird so dazu angeregt, die gegenwärtig herrschenden literarischen Moden und Bewertungsmaßstäbe (falls es solche sind) mit kritischer Distanz zu betrachten und überhaupt Skepsis gegen das zu entwickeln, was »man« liest oder nicht mehr liest.

Indem Gómez Dávila von ihm mißbilligte Einstellungen und Verhaltensweisen im Hinblick auf literarische Werke mit drastischen Worten stigmatisiert, nimmt er zugleich emphatisch sein Recht in Anspruch, Werturteile zu fällen, Unterscheidungen vorzunehmen, Kritik zu üben, die Geister zu scheiden. Damit aber ist ein elementarer Punkt der philosophischen Grundlage von Gómez Dávilas literarischer Ästhetik berührt. Denn ebenso wie seine Interpretation der Welt im Ganzen, basiert auch seine Kunst- und Literaturästhetik auf einer Axiologie. Diese Axiologie zieht sich in vielfältigen Andeutungen durch sein gesamtes Werk und läßt sich daher in Umrissen einigermaßen gut bestimmen. Diese Axiologie ist zudem der Punkt, an dem das Angewiesensein der literarischen Ästhetik mit ihrer Rangordnung literarischer Werturteile auf ihr vorausliegende Annahmen deutlich wird, die selbst nicht literarisch, sondern im strengen Sinne nur noch philosophisch, oder genauer theologisch beurteilt werden können. Dies gilt deshalb, weil die Ordnung der Werte für Gómez Dávila nicht das Resultat menschlicher und damit subjektiver Zwecksetzungen, sondern der göttlichen Schöpfung selbst ist. Gómez Dávila bezieht sich so auf eine ontologisch gegebene objektive Wertewelt – eine Wertewelt, die jedenfalls für den Menschen objektiv, für Gott, der sie geschaffen hat, jedoch subjektiv ist (E I 380=309/SCH 228). In diesem Sinne, da nämlich in den Werten etwas Göttliches liegt, kann Gómez Dávila dann auch sagen: »Die Axiologie ist die authentische natürliche Theologie« (E II 93=81/SCH 343). Weil es hinter der Wahrnehmungswirklichkeit der einzelnen Dinge den Schöpfergott gebe, auf den die Rangordnung der Werte zurückgehe, sei auch jedes Kunstwerk im eigentlichen Sinne ein Pakt mit Gott (E I 291=236/SCH 173) bzw. eine Affirmation Gottes, wie George Steiner sagt.[194] Dabei ist es gleichgültig, was das Kunstwerk selbst zu sagen meint: »Jedes Kunstwerk spricht uns von Gott. Was es auch sage« (E II 157=133/SCH 380). Ein ähnlicher Zusammenhang scheint auch auf, wenn er die Poesie als »Fingerabdruck Gottes im menschlichen Leben« charakterisiert (E II 45=42/SCH 314). Damit aber wird erst deutlich, was Gómez Dávila meint, wenn er sagt: »Wo ein Kunstwerk ist, ist kein Teufel« (E I 172=142/SCH 104), weil nämlich durch das Kunstwerk die von Gott geschaffene axiologische Ordnung bestätigt wird, die dem Menschen ohne die Kunst nicht in gleicher Weise einsichtig wäre. Den antidiabolischen Charakter der Kunst faßt Gómez Dávila so zusammen: »Selbst wenn sie sich korrumpiert, wird die Kunst à la longue den Teufel verraten« (SE 58=48/AB 33). Die Kunst steht so für etwas, das der gegenwärtigen Gesellschaft nicht völlig einverleibt werden kann; die Kunst sei daher nichts Geringeres als »das gefährlichste reaktionäre Ferment in einer demokratischen, industriellen und fortschrittlichen Gesellschaft« (E II 180=152/SCH 394). Denn sie ruft für den Menschen unverfügbare Werte in Erinnerung und scheint auf einen Sinn in der Welt zu deuten, auch wenn dieser nicht offenbar ist (SE 24=20/AB 14). Die Wahrheit der Kunst gleicht demnach der Wahrheit der Mythen, weil beide ihre Wahrheit besitzen, ohne wirklich zu sein (SE 148=125/AB 85). Die Wahrheit der Kunst ist so keine »als Übereinstimmungsbeziehung gefaßte Erkenntniswahrheit«, wie Volkmann-Schluck sagt, sondern ein Schein, der auf die ihm eigene Art im »alles beherrschenden und verzehrenden

194 George Steiner: Real Presences. Chicago/London 1989, 3-4.

Schwund des Verbrauchs« an etwas Bleibendes erinnert.[195] Weil das Kunstwerk somit »gegen Vergeßlichkeit in jeder Epoche« kämpfe, greift Botho Strauß diesen Gedanken auf, sei jedes große Kunstwerk auf eine zeitlose Weise »reaktionär« im Sinne Gómez Dávilas.[196] Eben deshalb läßt sich auch im Bereich der Ästhetik recht eigentlich nicht von einem Fortschritt sprechen; ebenso wie in der Religion finde auch im Bereich der Ästhetik kein Fortschritt statt (NE II 200=195/VP 252), wohl, weil beide von gewissen Evidenzen ausgehen und abhängen, die durch ihre bloße Präsenz in einer spezifischen Form der Vollkommenheit wirken.

Diesen autonomen und absoluten Charakter des ästhetischen Wertes, der in seiner Beziehung zu einer unveränderlichen Seinswelt steht, findet sich bereits in den *Notas* (N 77=128=91) und wird von Gómez Dávila in den *Textos* I klar formuliert: »Der ästhetische Wert ist die Evidenz eines unwiderlegbaren So-seins. Der ästhetische Wert ist die Wahrheit einer Natur, reines Anhaften an einer Essenz« (T 125=105=85). Gómez Dávila sieht den ästhetischen Wert als etwas, daß sich auf eine Substanz, eine Wesenheit bezieht; diese philosophische Konzeption aber ist es, die den ästhetischen Wert vor dem historischen Relativismus bewahrt, gemäß dem sich Werte niemals als absolute, sondern immer nur als je und je gegebene zeigen. Die Kunstgeschichte, so veranschaulicht Gómez Dávila diesen Gedankengang, ist lediglich die Geschichte der Rahmenbedingungen der Kunst – Materialien, Techniken, Themen, gesellschaftliche Bedingungen, psychologische Motive, intellektuelle Probleme –, nicht aber der Schönheit selbst, weil der Wert keine Geschichte habe (E I 316=255/SCH 188). Freilich weiß auch Gómez Dávila, daß Versuche, die Schönheit zu definieren, mit großen Problemen behaftet sind, weil das Häßliche sich nicht a priori definitorisch ausschließen läßt: »Bei jeder beliebigen Definition der Schönheit, die nicht tautologisch ist, können wir uns stets irgendein häßliches Objekt in Erinnerung rufen, auf das sie vorzüglich paßt« (NE II 133=131/VP 211). Da und indem er aber kein Beispiel zur Veranschaulichung dieser These anführt, bürdet er diese Aufgabe dem Leser auf, der sich so zwingen las-

195 Karl-Heinz Volkmann-Schluck: Kunst und Erkenntnis. Würzburg 2002, 150, 147.

196 Strauß: Aufstand gegen die sekundäre Welt, 49.

sen kann, sein eigenes Urteilsvermögen zu schärfen. Indem er Literatur und Kunst axiologisch betrachtet, weist Gómez Dávila nicht nur jede Form sozialpolitisch orientierter Kunst, sondern zugleich auch jede marxistische Ästhetik zurück, die er polemisch als ideologischen Ausdruck der Allergie gegen die Kunst bezeichnet, der die kleinbürgerliche Mentalität charakterisiere (E II 492=398/SCH 568). Das dichterische Werk guter kommunistischer Dichter wie Aragon, Eluard oder Neruda bestehe denn auch aus zwei Teilen, einem poetischen und einem kommunistischen (E I 182=149/SCH 109). Der kommunistische Dichter ist demnach nicht als Kommunist von Bedeutung, sondern nur, insofern er ein guter Dichter ist.

Als Ausfluß der religiösen Fundierung der Wertewelt bleibt auch der Kunst immer ein Rest Geheimnis, das sich gegen reduktionistische Thesen über die Entstehung des Kunstwerks wie die des Marxismus sperrt. Ein Kunstwerk, eine Dichtung oder ein Roman, der sich auf diese oder ähnliche Weise erklären ließe, gehörte jedenfalls nicht zur Klasse der großen Werke, die sich gerade nicht auf den Begriff bringen lassen: »Ein Buch ist medioker, wenn es gelingt, seine Vorzüglichkeit zu definieren« (SE 22=19/AB 13). Das Kunstwerk sei daher auch nicht geschaffen worden, um uns eine Gelegenheit zur Ausübung unserer Analysefähigkeiten zu geben; es handele sich vielmehr gleichsam um eine Vorrichtung, die uns dazu anregen soll, Werturteile abzugeben (E II 5=9/SCH 289). Diese Werturteile können und sollen gerade nicht restlos analysiert werden. Vor diesem Hintergrund erst lassen sich Äußerungen verstehen wie die, daß ein kritisches Studium ihm nur bei unwichtigen Autoren angebracht erscheine (SE 162=137/AB 93). Die wichtigen Autoren dagegen erheben sich über jene unwichtigen auf eine Weise, die sie eher zu einem bewundernswerten ästhetischen Objekt macht, dessen Wert auch nicht durch zweifellos vorhandene Schwächen beeinträchtigt wird (NE II 211/VP 259). Ein Kunstwerk ließe sich daher nicht vorhersehen: »Es muß sich verwirklichen, um seine Möglichkeit zu beweisen« (SE 45=38/AB 26). Die Ästhetik kann also keineswegs, so scheint es, bei der Herstellung eines Kunstwerkes helfen, und auch bei dessen Beurteilung reicht es nicht aus, anhand einer Checkliste gleichsam mechanisch dessen Wert zu ermitteln: »In der Ästhetik kann man Irrtümer und Wahrheiten klar feststellen. – Es genügt aber nicht, die Irrtümer zu meiden und die Wahrheiten anzunehmen, um dem Werk Wert zu verleihen. – Der Wert verlangt immer ein Wagnis« (SE 162=137/AB 93).

Eine Ästhetik als System, das von einzelnen Kunstwerken absähe und statt dessen von Prinzipien ausginge, die auf die jeweiligen Kunstwerke lediglich deduktiv anzuwenden wären, verwirft Gómez Dávila: »Ästhetische Verirrungen entstehen, wenn man, anstatt von einem Werk auszugehen, um bei einer Ästhetik anzulangen, von einer Ästhetik ausgeht, um beim Werk anzulangen« (NE I 191=183/VP 120). Man müsse sich in der Ästhetik gar vor allem hüten, das den Eindruck erweckt, »als sei es von Prinzipien abgeleitet« (SE 118=98/AB 68). Die wahre Ästhetik wäre also wohl eine solche, die an den konkreten Objekten ihres Bemühens ihren je spezifischen ästhetischen Wert zu erfassen suchte, der nicht durch vorgefaßte Systeme a priori postuliert werden kann. Es gibt deshalb in der Kunst für Gómez Dávila anders als in der Theologie keine Häresien: »der ästhetische Treffer ist die Orthodoxie« (NE I 188=180/VP 119). Ein großer Künstler aber sei eben derjenige, der triumphiere, gleich, mit welcher ästhetischen Theorie man ihn betrachte (SE 35=29/AB 20).

Kunst- und Literaturkritik, deren Aufgabe demnach in der schrittweisen Ausarbeitung einer induktiven Ästhetik bestünde, brächten jedoch eine Reihe eigener Probleme mit sich. Ähnlich wie in der alten Welt George Steiner oder Botho Strauß beklagt Gómez Dávila die Hypertrophie des Sekundären, wie sie sich vor allem in der gängigen Praxis der Literaturwissenschaft zeige.[197] Denn durch die ausufernde Zahl der »sekundären Diskurse« werde, wie bereits erwähnt, das Werk, um das es eigentlich gehen müßte, verschüttet: »Die Literatur über einen Autor ist am Anfang Brücke zwischen ihm und dem Publikum und am Ende Barriere zwischen dem Publikum und ihm« (SE 139=117/AB 79). Weil Gómez Dávila ebenfalls die Thesen Steiners oder Strauß' in bezug auf die unabdingbare Rolle von Eliten als kulturschaffende und -tragende Schichten teilt, zeigt er gegenüber der Bestseller-Literatur des Tages eine große

197 Siehe dazu auch die instruktive Studie von Virgil Nemoianu: A Theory of the Secondary. Literature, Progress, and Reaction. Baltimore-London 1989.

Skepsis. Die bloße Tatsache, daß ein literarisches Buch Anklang bei der Masse findet, macht dieses Buch Gómez Dávila im heuristischen Sinne a priori verdächtig. Zwar läßt sich aus dem Erfolg eines Buches an sich nicht notwendigerweise schließen, es handele sich im gegebenen Falle um eine literarisch minderwertige Arbeit. Wer wollte dies z. B. mit Blick auf Gabriel García Márquez' Roman *Hundert Jahre Einsamkeit*, der zu einem der größten globalen Bestseller avancierte, ernsthaft behaupten? Gleichwohl mißfiel Gómez Dávila selbst die epische Breite der Schilderungen seines Landsmannes: Als dieser ihm über einen gemeinsamen Freund, den Dichter und Romancier Álvaro Mutis, das Manuskript seines Romans zu lesen gab, fand Don Nicolás diesen zu weitschweifig und ließ García Márquez mit feiner Ironie ausrichten, ob es nicht auch fünfzig Jahre Einsamkeit täten.

Wenn der Erfolg eines Buches kein Zeichen seiner literarischen Qualität sein muß, so garantiert auch der Mißerfolg keinesfalls die Qualität eines Buches. Doch im Lichte der These, daß die Masse definitionsgemäß schutz- und maßstablos der modernen Massenkultur ausgesetzt ist, und angesichts der Tatsache, daß Gómez Dávila diese Massenkultur geradezu als kulturwidrig empfand, wird dessen Skepsis gegenüber dem Erfolgreichen zumindest nachvollziehbar.[198] Zugleich war er sich jedoch im klaren darüber, daß angesichts der schieren Menge mittelmäßiger Bücher eine literaturkritisch angemessene Zurückweisung eines Buches sinnlos ist. Als einziges positives Mittel der Kritik bleibt daher die emphatisch zum Ausdruck gebrachte Präferenz – das heißt eine implizite Leseempfehlung (E I 132=111/SCH 81). Die große Menge der Gegenwartsliteratur jeder Epoche sei geradezu der schlimmste Feind der Kultur, weil der Leser durch die Lektüre tausend mittelmäßiger Bücher sein Kritikvermögen abstumpfe und seine literarische Sensibilität schädige (E I 258=210/SCH 153). Damit ist zweifellos ein unauflösliches Dilemma benannt, das zuletzt von Harold

198 Pointiert formuliert Gómez Dávila seine geringe Wertschätzung der Gegenwartskultur, wenn er z. B. schreibt: »Der kultivierte Mensch muß sich weniger gegen die Barbarei dieser Epoche verteidigen als gegen ihre Kultur.« (SE 85=71/AB 49). Er ergänzt diesen paradox klingenden Gedanken mit einer weiteren Beobachtung, die ähnlich provozierend ist : »Unermüdlich arbeitet die moderne Gesellschaft daran, die Vulgarität allen erreichbar zu machen« (SE 102=85/AB 59).

Bloom mit der Feststellung auf den Punkt gebracht wurde: Die Frage, was man lesen solle, sei durch die pragmatische Frage, was man getrost ungelesen lassen könne, abgelöst worden.[199] Die Möglichkeit, solche Entscheidungen zu treffen, setzt allerdings die Entwicklung eines guten Geschmacks voraus, denn dieser bestehe vor allem darin, zu wissen, was wir verwerfen müssen (NE II 133=131/VP 211). Ohne einen vortheoretisch erworbenen guten Geschmack sei die Intelligenz allein orientierungslos (E II 163=139/ SCH 384). Dementsprechend kritisch ist das Urteil über die Kunst- und Literaturkritiker, die kaum je ihrem Gegenstand angemessen gut und inhaltsreich schrieben: »Die Pseudo-Bedeutung ist immer noch das bevorzugte Ausdrucksmittel der Literatur- und Kunstkritiker« (SE 138=116/AB 79). Gerade die Elaboriertheit der zahlreichen Ästhetiktheorien sei Ausdruck einer bedenklichen Entwicklung: »Die hochtrabende Eloquenz der ästhetischen Theorien wächst mit der Mittelmäßigkeit der Werke, so wie die der Redner mit dem Niedergang ihres Vaterlandes« (E I 435=355/SCH 262).

Gómez Dávila kritisierte – getreu seiner theologisch fundierten, an der präkonziliaren Kirche und Theologie orientierten Modernitätskritik[200] – insbesondere bestimmte Spielarten moderner Literatur und die sie seiner Meinung nach auszeichnenden Eigenschaften. Es liegt daher der Verdacht nahe, seine Literaturästhetik und -kritik lasse sich als Beitrag zu jener »querelle des anciens et des modernes«, des Streites zwischen den Alten und den Modernen (d.h. Neuen), verstehen. Es handelte sich bei jenem Streit in seinen Ursprüngen um einen literarischen Streit, darüber hinaus jedoch erwies er sich auch als philosophischer Grundlagenstreit. Es läßt sich nun in der Tat zeigen, daß Gómez Dávila mit seinen Glossen, wenn nicht in jeder Beziehung der Form, so doch der Sache nach ein Parteigänger der Alten im Sinne jener querelle ist, verstand er doch die moderne Welt insofern als eine Erhebung gegen Platon (E I 243=198/ SCH 145), als dessen Einsichten in ihr keinen Kredit mehr genossen. Im Letzten heile deshalb, wie bereits erwähnt,

199 Harold Bloom: The Western Canon. The Books and School of the Ages, London 1995, 526.

200 Vgl. Martin Mosebach: Ein Besuch bei Nicolás Gómez Dávila, in: AB 109-115, 110.

nur die antike Literatur die moderne Krätze (E I 40=38/SCH 30); doch finden sich, wie zugleich deutlich wird, immer auch moderne Helfershelfer, denn die Haltung des Reaktionärs vermöge es, Goethe und Dostojewski zu verbinden (RA 16/169).

Da, wie bereits erwähnt, für Gómez Dávila die literarische Intelligenz die Intelligenz des Konkreten ist (E II 179=152/SCH 394), erstaunt es doch, daß sich bei ihm kaum Bezugnahmen auf konkrete Autoren und Werke der modernen Literatur finden. Doch kam es ihm offensichtlich weniger darauf an, seiner Meinung nach unbedeutende Werke durch deren Nennung aus der Masse ähnlich gering einzuschätzender Werke herauszuheben, als etwas Allgemeines aufzuzeigen, das dem Leser als Maßstab literarischer Werturteile dienen sollte. Indem Gómez Dávila also zwar nicht konkrete Werke, doch konkrete Monita literarischer oder sachlicher Art benennt, zielt er auf die Schulung der literarischen Sensibilität des Lesers, der sich zur Entwicklung einer solchen erst in ein kritisches Verhältnis zur Modeliteratur seiner Zeit setzen müsse (NE I 11=15/VP 10). Unsere Lektüre werde durch allerlei Zufälle bestimmt: Tradition, Propaganda, Gelegenheiten, Empfehlungen. Gerade deshalb aber komme es darauf an, literarisches Urteilsvermögen auszubilden, denn wir allein bestimmten darüber, was wir wiederläsen (SE 92=77/AB 53). Literarische Werturteile könnten sich erst bei nochmaliger Lektüre nach geraumer Zeit herausbilden: »Wiederlesen beerdigt meistens und läßt nur selten auferstehen« (SE 138=116/AB 79); denn nur das, was mehr andeutet als ausdrückt, lasse sich wiederlesen (SE 77=64/AB 45). Die von Gómez Dávila geschätzten Literaturkritiker und Schriftsteller stellen eine heterogene Gruppe dar, die sich nicht leicht auf einen gemeinsamen Nenner bringen läßt. Es sei denn der, daß für diese Autoren das einzelne literarische Kunstwerk im Vordergrund steht. Diesem Kunstwerk, so darf man wohl sagen, müsse man mit einer Sensibilität begegnen, die sich nur in je individueller Weise herausbilden kann und eben deshalb nicht operationalisierbar ist. Gerade in der Moderne des 20. Jahrhunderts, so Gómez Dávilas Klage, hätten die literarischen Werturteile jedoch ihre Glaubwürdigkeit verloren, seitdem sich die unwissende Menge und die akademischen Experten die Jurisdiktion über die Literatur geteilt hätten (SE 132=111/AB 75). Man kann aus Gómez Dávilas Schriften keinen vollständigen Kanon derjenigen Autoren entnehmen, die er selbst der wiederholten Lektüre für Wert befand. Manche Autoren, von denen sich in seiner Bibliothek nachweislich fast alle oder doch ein Großteil ihrer Werke fanden, wie z. B. G. K. Chesterton oder C. S. Lewis, werden in seinen Glossen gar nicht oder vielleicht nur ein einziges Mal erwähnt, obwohl sie zweifellos mehr als bloße Gelegenheitslektüre darstellten. Ein gutes Beispiel dafür stellt seine Bemerkung in den *Notas* dar, es gebe unter den journalistischen Genres auch solche, »die sich wie die anderen um Unsterblichkeit bewerben.« Hier sei vor allem an den »großen katholischen Journalismus« zu denken, »der alles Vorübergehende und Unmittelbare im Licht ewiger Prinzipien betrachtet.« Über eben diesen katholischen Journalismus sagt Gómez Dávila nun, er verdiene das größte Interesse, um dann fortzufahren: »Die Gattung der großen katholischen Pamphletisten von Pascal bis Maistre, Veuillot, Barbey, Bloy, Chesterton und Bernanos hat eine Reihe von Büchern hervorgebracht, die in einer intelligenten Bibliothek am notwendigsten ist« (N 128=193-194=149). Gómez Dávila nennt hier u. a. einige Autoren, die zu den wichtigsten Vertretern des Renouveau Catholique, jener länderübergreifenden katholischen literarischen Erneuerungsbewegung um die Wende zum 20. Jahrhundert, gehörten und vielleicht mehr als andere die Ambivalenzen der Moderne in ihren Schriften thematisierten. Vor allem Autoren wie Chesterton dürften für Gómez Dávila auch in stilistischer Hinsicht eine wichtige Inspiration gewesen sein, handelte es sich dabei doch um eine Literatur, die keine Angst vor der Kontamination mit philosophischen und theologischen Fragen hatte.[201]

Gómez Dávila überführt die Literatur im Letzten in Philosophie, so daß er auch sagen kann, die Philosophie sei ein literarisches Genre (E I 312=252/SCH 185). Das aber heißt nichts anderes, als daß es für die Philosophie in Gómez Dávilas Augen nicht möglich ist, eine Exaktheit zu erreichen, die über die »Exaktheit« der Literatur hinausgeht – die Inkommensurabilität der Wirklichkeit steht dem am Ende entgegen.

201 Siehe z. B. Anna Tomczyk: Katholischer Diskurs im Zeitalter der Moderne. Englische Schriftsteller des "Catholic Literary Revival" von 1890-1940, Frankfurt/M. 2007.

Gómez Dávila möchte prinzipiell die Literatur nicht auf Belletristik im engeren Sinne eingegrenzt wissen: »Die Literatur auf die ›imaginative Literatur‹ zu reduzieren ist ein moderner Mißbrauch. Literatur ist alles, das mit Talent geschrieben wurde« (SE 41=34). Entgegen also einem Literaturbegriff, der sich allein auf imaginative, d. h. fiktionale Texte bezieht, und der von ihm als spezifisch moderne Unsitte kritisiert wird, stellen für Gómez Dávila auch Sachtexte verschiedenster Art Werke der Literatur dar, sofern sie gut, also mit Talent geschrieben sind. Hier ist in erster Linie an Werke der Geschichtsschreibung zu denken, für deren ästhetisch-literarische Seiten Gómez Dávila sehr empfänglich ist: »Das Buch des Historikers, der Geschichtswerke zu schreiben versteht, veraltet nicht mehr und nicht weniger als ein guter Roman« (NE II 205=199/VP 256). So ist es kein Zufall, daß er ein großer Liebhaber nicht nur des erwachsenen, zum Realismus gereiften Thukydides war (E II 132=113/SCH 366), dessen Geschichte des Peloponnesischen Krieges ihm das größte aller Bücher schien (N 280=389=320). Er schätzte auch moderne Geschichtsschreiber wie Ranke und Burckhardt und betonte die Notwendigkeit des literarischen Talents für den Historiker, weil dieser ansonsten die Geschichte verfälsche (SE 45=38/AB 26). Nicht allein der Sachgehalt, erst die literarische Qualität mache Werke der Geschichtsschreibung zu einem Besitztum für immer. Es ist so auch die Sorge um den Verlust von wertvollen Bildungsgütern, die Gómez Dávila beklagen läßt, daß in den Literaturgeschichten eine Fülle mediokrer Romane besprochen, die große Gelehrtenliteratur dagegen ignoriert werde. Die Namen, die er exemplarisch anführt, stehen für eine glanzvolle Epoche vor allem der deutschen Geisteswissenschaft: Eduard Zeller, Erwin Rohde, Robert Pöhlmann, Emil Schürer, Ulrich Wilamowitz, Adolf Harnack, Eduard Norden usw. (NE II 162=158/VP 229).

Kennzeichnend für die von Gómez Dávila mit scharfer Kritik bedachten, meist ungenannt bleibenden, modernen Autoren ist im Vergleich zu klassischen Autoren z. B. ein gewisser Mangel an Zurückhaltung, der etwa die moderne Behandlung von Themen wie Liebe und Erotik bestimme. Charakteristisch ist sein kritischer Hinweis auf das neuerliche Renommee des Marquis de Sade, des einzigen Schriftstellers im 18. Jahrhundert, der durch die Bewunderung der

Zeitgenossen des 20. Jahrhunderts wieder zum Leben erweckt wurde; doch handele es sich bei dessen Lesern um Palastbesucher, die nur die Latrinen bewunderten (E II 7=11/SCH 290). Man gewinnt jedoch den Eindruck, daß Gómez Dávila z. B. den Pornographen nicht aus übermäßiger Prüderie heraus kritisiert, sondern weil dessen Darstellung des Eros diesen seiner Meinung nach selbst verzerrt und monoton erscheinen läßt (N 250=351=286). Drastische Schilderungen verfehlen gerade das Wesen der erotischen Liebe, das es einzufangen gelte: »Der moderne Schriftsteller vergißt, daß nur die Anspielung auf die Gesten der Liebe ihr Wesen erfaßt« (SE 13=11/AB 8). Freilich wird die Schreibweise des Erfolgsschriftstellers nicht allein von dessen persönlichen Vorlieben oder Schwächen bestimmt, sondern ist auch eine Funktion der sozialpsychologischen Verfassung der modernen Gesellschaft insgesamt: »In vulgärer Manier zu schreiben garantiert dem Schriftsteller heute eine große Leserschaft« (SE 139=117). Gómez Dávila stellt so im Lichte seiner Vulgaritätsdiagnose bezüglich der modernen Welt auch und zumal dem erfolgreichen Schriftsteller im Zweifel ein bedenkliches Zeugnis aus. Da die Masse der modernen Menschen seelisch in einer erschreckenden Unordnung begriffen sei, könne sie nur per Zufall einen guten Autor schätzen, nicht aus einem gebildeten Urteilsvermögen heraus. Vulgarität ist für Gómez Dávila eine axiologische Verirrung, aus der eine Unfähigkeit erwächst, eine Sache, z. B. ein Kunstwerk, angemessen zu beurteilen: »Das Vulgäre besteht sowohl darin, dem Respekt zu versagen, dem er gebührt, als auch dem Respekt zu bezeugen, der ihn nicht verdient« (E I 309=250/SCH 183). Vulgarität beruht so nicht zuletzt auf einem Irrtum über den eigenen Rang im Vergleich zu dem, worüber wir uns mit unzulässiger Vertraulichkeit ein Urteil anmaßen: »Vulgärität besteht im wesentlichen darin, Platon und Goethe zu duzen« (E I 310=251/SCH 184). Aufgrund der seelischen Desorientierung des modernen Menschen, wie sie Gómez Dávila wohl auch unter dem Eindruck entsprechender Bemerkungen Nietzsches zum Phänomen des »letzten Menschen« diagnostiziert, genügt es zur ästhetischen Erziehung nicht mehr, die Vulgarität als solche zu kennzeichnen, weil diese einem tiefliegenden emotionalen Verlangen seiner Zeitgenossen entspreche:

»Es hat keinen Sinn, dem Zeitgenossen die Vulgarität der heutigen Welt vor Augen zu führen: es ist gerade diese Vulgarität, die ihn verführt und begeistert« (SE 147=124/AB 84). Der moderne Mensch habe Gómez Dávila zufolge nicht nur selbst an der Vulgarität Anteil, sondern, schlimmer noch, verteidige diese: »Die Vulgarität ist nicht so schlimm wie ihre Verteidigung und ihre Verherrlichung« (SE 175=148/AB 101). Die Begründung des Wertes einer Sache, z. B. eines Kunstwerkes, läßt sich eingedenk dieses Umstandes nicht theoretisch geben, denn es hängt offenbar von der seelischen Verfassung des Betrachters oder Lesers ab, ob er diesen erkennt. Die Axiologie Gómez Dávilas scheint sich hier als zirkulärer Argumentationszusammenhang zu erweisen, denn die oben zitierte Definition der Vulgarität bezieht sich auf das, was Respekt verdient, ohne dieses selbst näher zu bestimmen. Sie würde demnach voraussetzen, daß ein gegebenes Individuum bereits über ein ästhetisches Empfinden und über eine intakte geistige Wertungsstruktur verfügt, um sowohl Vulgarität wie axiologische Evidenz als solche zu erkennen. Denn derjenige, der nicht weiß, was Respekt verdient, weil er es nicht gelernt hat, leidet gleichsam unter einer Art Wertblindheit, gegen die bloße theoretische Belehrung nichts vermag – eine Einsicht, die schon Aristoteles in bezug auf die Ethik formulierte. Wenn auch Gómez Dávila nachdrücklich die Objektivität seiner Axiologie behauptet, leugnet er doch nicht die subjektive Dimension, die darin liegt, daß er konkrete Werturteile fällt, wenn er z. B. in seinen ästhetischen Werturteilen Klassik und Romantik verbindet und auf die ästhetische Formel hinweist, die ihn am meisten fasziniert: »Romantischer Geist und klassische Form – das Werk, das sich dieser Formel am meisten nähert, besitzt in jeder Kunst die größte Verführungskraft« (SE 152=128/AB 87). Gómez Dávila schätzt die moderne Literatur, insofern es ihr gelingt, diese beiden Aspekte in sich zu vereinen. Auch dies mag zu seiner bereits erwähnten Auffassung beigetragen haben, die moderne Literatur sei ein kolossales reaktionäres Unternehmen (E I 311=252/SCH 185). Verfällt so zwar die Moderne als gesellschaftliches, politisches, quasi-religiöses und philosophisches Projekt der Kritik Gómez Dávilas, beurteilt er doch den bleibenden Wert der besten modernen Literatur positiv, weil sie eine Kritik der Moderne impliziert, die schon von der romantischen Kritik an der Entzauberung der Welt vorbereitet worden war. Hier nennt Gómez Dávila ausdrücklich Blake, Wordsworth und die deutschen Romantiker (E I 163=135/SCH 98). Die »Entzauberung« der Welt – auch dies ein von Gómez Dávila deutsch wiedergegebenes Wort – sei nicht das Resultat der Aufdeckung eines Schwindels, sondern das Resultat von verbreiteten Trugbildern (NE I 115=112/VP 74). Ja, bereits Winckelmann sei der erste interessante Moderne gewesen, da er gegen den Strich seiner Epoche gelebt habe (NE II 174=169/VP 237). In der modernen Literatur selbst liegt so ein Keim zu jener Wertschätzung der Alten, in deren kritischem Licht sich Gómez Dávila die Verworfenheit der Moderne zeigt (NE II 115=114/VP 200, NE II 151=148/VP 222, NE II 161=157/VP 229). Die moderne Literatur ist so in ihren besten Repräsentanten das Trojanische Pferd, in dem ästhetische und ethische Werte befördert werden, die gegen die Alleinherrschaft der kulturellen und politischen Moderne protestieren und damit an Werte anknüpfen, die exemplarisch von der antiken Literatur verkörpert werden. So läßt sich auch verstehen, wenn Gómez Dávila sogar eine direkte Beziehung zwischen der modernen Literatur und dem reaktionären Denken herstellt: »Die ›modernistischen‹ Ästhetiken waren eine Erfindung reaktionärer Schriftsteller: Balzac, Baudelaire, Eliot« (E I 185=152/SCH 111).

Abschließend läßt sich am Beispiel der ästhetischen Axiologie Gómez Dávilas die anfangs ausgesprochene Vermutung erhärten, daß man dessen Werk nur in einem sehr eingeschränkten Sinne als »postmodern« wird bezeichnen dürfen. Zwar betont Gómez Dávila des öfteren seine Kritik sogenannter großer Erzählungen, insbesondere im Kontext seiner Stellungnahmen zur Geschichtsschreibung, und privilegiert erkenntnistheoretisch das Konkrete und Okkasionelle gegenüber deduktiv applizierten Allgemeinbe-griffen – so auch in der Ästhetik und der Poetik. Zu keinem Zeitpunkt übernimmt er jedoch wesentliche Teile eines Programms postmoderner Denkweisen, etwa hinsichtlich der Dezentrierung des Subjekts, der Infragestellung jeder Wahrheitsansprüche, der diskursanalytischen oder dekonstruktiven Verflüssigung normativer Wertvorstellungen und metaphysischer Kategorien. Statt dessen bejaht Gómez Dávila entschieden nicht nur die antike, sondern auch die klassisch-romantische Kunst und Literatur. Dies gilt ebenso für die ethischen Postulate der Tradition, wie z. B. die Personalität des Subjekts. Der Gestus einer transpolitisch fundierten Modernitätskritik Gómez Dávilas bezieht sich in letzter Instanz auf die aus dem Glauben geschöpfte Gewißheit, daß die chaotische Pluralität der Wirklichkeit in einem göttlichen Grund aufgehoben ist. Es ist dem Menschen indes nur ahnungsweise möglich, diesen Grund zu erkennen. Das von Gómez Dávila in formaler Hinsicht bevorzugte literarische Fragment verdecke nicht die »rupturas del ser«, die Brüche im Seienden (NE II 254=197/VP 254). Deshalb sei das Fragment die bevorzugte Ausdrucksweise desjenigen, der – wie Gómez Dávila selbst – gelernt habe, daß der Mensch inmitten von Fragmenten lebe (NE II 87=88/VP 183). Das Fragment ist daher die der Erkenntnisfähigkeit des Menschen und der paradoxen Wirklichkeit der Welt angemessenste Form des Schreibens.[202] Zugleich aber stellt die Stilform des Fragments, wie in einem anderen Zusammenhang bereits erwähnt, auch aus strategischen Gründen die geeignete Waffe für den literarischen Guerillakrieg zur Verfügung, den Gómez Dávila im Rahmen seiner Ästhetik des Widerstands auf einmalige und unverwechselbare Weise – und wohlweislich ohne auf »Erfolg« zu hoffen – gegen das Projekt der Moderne tout court führte.

4. Die Geburt einer impliziten Bibliothek aus dem Geist des Aphorismus: Nicolás Gómez Dávila als Lehrer des Lesens

Jede Generation versteht nur einige wenige Bücher jener Bibliothek, die ihr vererbt wurde.

Philologe sein heißt zuallererst, wie wir besonders prägnant von Nietzsche in seiner Einleitung zur Morgenröte lernen können, ein Lehrer des langsamen Lesens zu sein. Diese Aufgabe ist zumal in der heutigen Zeit von größter Bedeutung. Lesen zu lernen ist heute deswegen schwierig, weil dasjenige Lesen, um das es Nietzsche zu tun ist, nicht ein Lesen in aller Eile und in Hast ist. Es handelt sich dabei

202 Zur Poetik des Fragments siehe jetzt auch Andreea Tereza Nitior: A Poetics of the Fragment, Iai 2012.

um ein geruhsames Lesen, ein wiederkäuendes Lesen, das sich Zeit nimmt, die Texte gut zu verdauen. Um ein solches Lesen möglich zu machen, bedarf es einerseits der Muße, die heute selbst im akademischen Milieu für den passionierten Forscher eine Mangelware darstellt. Es bedarf aber auch einer wie auch immer gearteten Bibliothek, in der all jene Bücher vorrätig sind, die wir immer wieder zur Hand nehmen und an deren Inhalt wir uns erinnern wollen und sollen. Eine private Bibliothek, in der wir jederzeit Zugang zu denjenigen Büchern haben, die uns wichtig sind, weil sie unsere geistige Entwicklung geprägt haben und uns im Denken herausfordern oder bestätigen, ist eine Repräsentation des geistigen Kosmos ihres Besitzers in den beiden Dimensionen von Akt und Potenz.[203]

Für jeden Gelehrten und Wissenschaftler ist die Nutzung von Bibliotheken unabdingbar, weil sie das Reservoire des Materials bilden, aus dem sich ihre Studien speisen. Aber auch für den Schriftsteller, der sich nicht oder nur selten zu akademischen Textsorten hingezogen fühlt, liefern Bibliotheken wichtige Impulse für das Lese- und Schreibverhalten. Man denke nur an den berühmten Fall des Michel de Montaigne, auf den Heinz Schlaffer in seinem grundlegenden Aufsatz über den Umgang mit Lektüre hinweist.[204] Auch die Denkbewegungen Nicolás Gómez Dávilas, der Montaigne als einen seiner beiden Schutzheiligen betrachtete, entstanden im Wechselspiel zwischen den in seinem Geist auftauchenden Themen und den in seiner Bibliothek virtuell versammelten Herren (d.h. ihren Werken), wie sein Freund, der Philosoph Mario Laserna, berichtet.[205] Alle Bibliotheken der Welt zusammengenommen würden jedoch nicht einmal im entferntesten an die von Jorge Luis Borges als im präzisen Sinne »unvorstellbar« imaginierte »Bibliothek von Babel« heranreichen, deren mathematische Dimensionen unlängst in spielerischer Weise vermessen wurden.[206] Was für den Schriftsteller und Philosophen an seiner Bibliothek

203 Vgl. auch Alberto Manguel: Die Bibliothek bei Nacht, Frankfurt/M. 2007.

204 Heinz Schlaffer: Der Umgang mit Literatur. Diesseits und jenseits der Lektüre, in: Poetica 31, 1/2 (1999), 15-16.

205 Zu den Schutzheiligen siehe SCH 258; vgl. auch 165, wo sich eine interessante Charakterisierung Montaignes als eines »fauno bautizado«, eines getauften Fauns, findet. Der andere Schutzheilige Gómez Dávilas ist Jacob Burckhardt. Mario Laserna Pinzón: Nicolás Gómez Dávila, el hombre, in: ETI 12-13.

206 Siehe William Goldbloom Bloch, The Unimaginable Mathematics of Borges's Library of Babel, New York 2008.

wichtig ist, kann jedoch nicht mit mathematischer Präzision errechnet und in Zahlen ausgedrückt werden. Anders als in der Bibliothek von Babel, in der alle denkbaren Bücher versammelt sind, enthält denn auch die »persönliche Bibliothek« oder »intime Bibliothek« von Borges lediglich die von ihm gelesenen Bücher, über die er auch geschrieben hat. Es ist jene »ungleiche Bibliothek«, die aus denjenigen Werken besteht, »deren Lektüre Glück für uns bedeutet hat«, wie er sagt.[207] Dies dürfte analog auch für Gómez Dávila gelten.

Der Begriff der »impliziten Bibliothek« nun kann als eine Umschreibung der spezifischen intertextuellen Dimension eines gesamten Schriftstellerwerkes verstanden werden. Für die implizite Bibliothek sind Bezüge von A wie Anspielung bis Z wie Zitat gleichermaßen von Bedeutung. Die implizite Bibliothek muß aus diesen Gründen stets eine mehr oder weniger virtuelle sein – sie ist die Repräsentation einer Gesamtheit von Lektüren unterschiedlichster Art, die erkennbare Spuren in dem Werk eines Autors hinterlassen haben. Alfredo Abad hat daher auch zu recht in seiner Untersuchung über »das Implizite« bei Gómez Dávila darauf hingewiesen, daß sich viele seiner Scholien auf erfolgte Lektüren des Autors gründen. Diese mehr oder weniger deutlichen Anspielungen bilden eine Form der Intertextualität aus, die durch die Art und Weise besonders interessant sei, wie sich die Scholien zu selbständigen Texten verwandelten, die ihren scheinbaren Kommentarstatus transzendieren.[208]

Wendet man den Blick zunächst aber auf den Kommentarstatus der Glossen, kommt jene »implizite Bibliothek« zum Vorschein, die sich aus der Gesamtheit der Verweise virtuell oder auch materiell zusammenstellen läßt bzw. ließe. Bereits rein begrifflich haben Gómez Dávilas Texte diesen Verweischarakter – denn *escolios* sind eben Annotationen, Marginalien und Erläuterungen, die an den Rand eines irgendwie gearteten Textes, im Falle Gómez Dávilas aber eines impliziten Textes, der selbst nur durch seine Abwesenheit anwesend ist, geschrieben werden. Jene unzähligen Bücher, die nie zur Hand genommen wurden

207 Jorge Luis Borges: Persönliche Bibliothek, Frankfurt/M. 1995, 223. Siehe auch Jorge Luis Borges und Osvaldo Ferrari: Lesen ist denken mit fremdem Gehirn. Gespräche über Bücher & Borges, Zürich 1990; sowie Heinz Schlaffer: Borges, Frankfurt/M. 1993.

208 Siehe Alfredo Andrés Abad Torres, Pensar lo implícito. En torno a Gómez Dávila, Pereira 2008, 37, 145-148.

und deren Lektüre für das jeweilige Werk bedeutungslos sind (was sich je nach dem Stand der Forschung jedoch ändern kann), müssen aus dem virtuellen Katalog der impliziten Bibliothek ausgeschieden werden. Es sei denn, es fänden sich Indizien für jene Form der bewußten Nichtlektüre, die beileibe keine Seltenheit darstellen dürfte. Was das Konzept der »impliziten Bibliothek« für die Literaturwissenschaft allgemein und die Intertextualitätstheorie im besonderen interessant macht, ist ein Textbegriff, der nach der Überwindung des Poststrukturalismus wieder eine Möglichkeit eröffnet, von Werken zu reden. Denn der Begriff der »Werke« ist gegenüber einem entgrenzten Textbegriff prinzipiell überlegen, wenn es um konkrete literaturwissenschaftliche Fragen geht, die sich auf einen bestimmten Autor beziehen. Denn nur über konkrete Werke kann sich auf Dauer ein Interesse an Literatur etablieren, das so etwas wie kanonische Folgen und qualitative Werturteile nach sich zieht bzw. in sich schließt. Nicht die unspezifische Rede von Texten hilft hier weiter, denn die entgrenzte Uferlosigkeit der potentiellen Textbezüge, die sich zu einer impliziten Bibliothek formieren, bleibt durch den Werkbegriff zurückgebunden an eine Gesamtmenge intentionaler Akte des Schreibens. In diesen Akten des Schreibens geht der Schriftsteller beim Verfertigen seines eigenen Textes bereits über diesen Akt hinaus. Die rekonstruierende und interpretatorische Arbeit des Literaturwissenschaftlers, wie auch des passionierten Lesers kann, wenn man die Konzeption einer »impliziten Bibliothek« ernst nimmt, allerdings schnell zu einer Lebensaufgabe werden. Es kann keinem Zweifel unterliegen, daß eben dieses Erlesen einer impliziten Bibliothek z. B. eines geschätzten Schriftstellers oder Philosophen immer wieder geschieht, wenn auch nur in unterschiedlichen Graden der Annäherung. Ob nun im Falle Friedrich Nietzsches, Arno Schmidts oder Paul Celans, Karl Marx' und Friedrich Engels', Arthur Schopenhauers oder Walter Benjamins, Franz Kafkas oder Sigmund Freuds, Herman Melvilles, Ralph Waldo Emersons, Henry David Thoreaus, William James' oder auch Abraham Lincolns, um willkürlich einige denkbare »implizite Bibliotheken« herauszugreifen – immer ist die [Re-]konstruktion einer impliziten Bibliothek mehr als die bloße Anhäufung von Fakten im positivistischen Sinne. Sie ist daher nicht in jeder Hinsicht identisch mit dem Katalog einer Schriftstellerbibliothek, der jedoch auch für die Rekonstruktion einer impliziten Bibliothek von unschätzbarem Wert sein kann. Eine implizite Bibliothek läßt sich nicht ohne Interpretation erstellen; sie läßt sich nicht denken ohne die Gewichtung der Bedeutung, die den der impliziten Bibliothek enthaltenen Werken jeweils zukommt. Mit bloßen Listen ist es deshalb nicht getan. Diese Bedeutung kann sich aus den Texten selbst erschließen lassen, bleibt oft aber tendenziell unscharf. Dies ist deshalb der Fall, weil z. B. bei der bloßen Erwähnung von Autorennamen deren Texte nicht einzeln angeführt werden. So kann der Leser beispielsweise nicht wissen, welche der Werke Friedrich Gundolfs von Gómez Dávila besonders geschätzt wurden.[209] Immerhin kann aber mit Hilfe des vorliegenden Bibliotheksverzeichnisses wenigstens geklärt werden, welche von Gundolfs Werken in seiner materiellen Bibliothek für die Lektüre zur Verfügung standen.[210]

Die Ermittlung des Inhalts, sozusagen des virtuellen Katalogs der impliziten Bibliothek, stößt auf besondere methodische Schwierigkeiten im Falle eines Werkes wie des kolumbianischen Aphoristikers Nicolás Gómez Dávila. Zwar liegt ein (bisher unveröffentlichter) Katalog der materiellen Bibliothek Gómez Dávilas vor, die 2008 von der Familie an die Biblioteca Luis Ángel Arango des Banco de la República Colombia verkauft wurde.[211] Aber so wertvoll dieses Verzeichnis ist, so ist es doch nicht identisch mit

209 Vgl. etwa NE II, 204. Gómez Dávila führt, wie oben bereits erwähnt, eine Reihe derjenigen Literaturkritiker in der Moderne an, die er zustimmend mit dem Begriff der »inteligencia literaria« verbindet. Folgt man der mit dieser Liste verbundenen impliziten Leseanweisung, füllen sich die Regalbretter der »impliziten Bibliothek« rasch.

210 Es handelt sich dabei, um nur dieses Beispiel ein wenig weiter zu verfolgen, u.a. um die folgenden Werke Gundolfs: *Goethe, Heinrich von Kleist, Paracelsus, Shakespeare und der deutsche Geist, Caesar, Shakespeare. Sein Wesen und Werk.* Wer diesem und ähnlichen impliziten Hinweisen Gómez Dávilas folgt, wird mit seinem Leseprogramm nicht so schnell an ein Ende kommen.

211 Über diese Bibliothek berichtet z. B. Halim Badui-Quesada. Apuntes para una biblioteca imaginaria. Valor patrimonial y situación legal de las bibliotecas de Bernardo Mendel y Nicolás Gómez Dávila, in: Revista Interamericana de Bibliotecología 30/1 (Januar-Juni 2007), 167-184, hier 180-184. Unterdessen wurde die Bibliothek von Gómez Dávila im Jahre 2009 an die Biblioteca Luis Ángel Arango verkauft, wo sie auch katalogisiert wurde. Eine erste Analyse aus bibliothekswissenschaftlicher Sicht bietet für einige Aspekte jetzt Michaël Rabier: Biblioteca gomezdaviliana: las fuentes bibliográficas del pensamiento de Nicolás Gómez Dávila (I), in: Revista Interamericana de Bibliotecología 36/3 (2013), 235-248. Rabier bietet auch eine Statistik darüber, welche Sprachen wie häufig vorkommen, doch kann diese nicht korrekt sein, weil z. B. in seiner Aufstellung gar keine griechischen Bücher verzeichnet sind (vermutlich, weil deren Titel nämlich oft lateinisch angegeben werden; auch können sich griechische Texte hinter Titeln in anderen Sprachen verbergen).

der impliziten Bibliothek Gómez Dávilas. Ein sorgfältiges Studium des Bibliotheksverzeichnisses im Verbund mit der Lektüre der *Escolios* kann aber wertvolle Aufschlüsse über die implizite Bibliothek Gómez Dávilas bieten, indem etwa Leseeindrücke mit systematischen Suchen im Verzeichnis kombiniert werden. Denn die wechselseitige Erhellung, die daraus erwächst, ist selbst Teil der Rekonstruktion der impliziten Bibliothek, um die es hier geht.

Gómez Dávilas Werk besteht zum Großteil aus formal miteinander unverbundenen Aphorismen, die untereinander weder anaphorische noch kataphorische Signale der Textkohäsion aufweisen; sie sind also textlinguistisch gesprochen mit ganz wenigen Ausnahmen kotextuell isoliert.[212] Die »konzentrische« Anordnung der Aphorismen, von der Gómez Dávila spricht, erzwingt eine Konstruktionsleistung des Lesers, die sich nicht auf systematische, klare und deutliche Leseanweisungen im Text hinsichtlich seiner Struktur stützen kann. Denn gerade durch die Apostrophierung der Offenheit bzw. Nichtlinearität der Textstruktur – die Aphorismen folgen intern keiner erkennbaren logischen Struktur – lassen sich formal betrachtet unterschiedliche Lesarten denken, über die keine Einigkeit erzielt werden kann. Daß Gómez Dávila inhaltlich gesehen sehr wohl eindeutige Lesarten nahelegt, hat Alfredo Abad anschaulich gezeigt.[213] Gleichwohl kann gerade durch das Schema »Widerspruch als Stimulanz« die Aussage eines Aphorismus zu anderen Schlüssen als den intendierten führen, wenn nämlich das aphoristische Lesen als denkendes Lesen praktiziert wird. Die Fruchtbarkeit der solchermaßen verstandenen stimulierenden Aphoristik zeigt sich nicht zuletzt in Gegen'aphorismen, die sich kritisch und/oder bestätigend auf den Prätext der *Escolios* beziehen.[214]

Die Aphorismen Gómez Dávilas ragen gleichsam wie

212 Vgl. Harald Fricke: Aphorismus, in: Reallexikon der deutschen Literaturwissenschaft, Bd. 1, A-G, hg. von Klaus Weimar, Berlin-New York 2007, 104-106, hier 104; sowie Werner Helmich: L'ambito aforistico: le parole e le cose, in: L'aforisma - forme brevi tra antico e moderno. Atti del XIX convegno internazionale, Pescara 2003, 7-18, hier 12 (Helmich erwähnt im Vorübergehen S. 10 auch Gómez Dàvila).

213 Alfredo Andrés Abad Torres: Pensar lo implícito. En torno a Gómez Dávila, Pereira 2008, 88-90.

214 Siehe Vittorio Hösle: Variationen, Korollarien und Gegenaphorismen zum ersten Band der "Escolios a un texto implícito" von Nicolás Gómez Dávila, in: Die Ausnahme denken. Festschrift zum 60. Geburtstag von Klaus-Michael Kodalle, hg. von Claus Dierksmeier, Bd. 2, Würzburg 2003, 149-163.

einzelne Spitzen aus dem großen unbestimmbaren virtuellen Raum der impliziten Bibliothek heraus oder, um es metaphorisch noch etwas anders auszudrücken, sie stellen kleine Gucklöcher dar, durch welche hindurch man einen Blick auf jene implizite Bibliothek erhaschen kann, die man kennen muß, um die Denkbewegungen des kolumbianischen Schriftstellers in ihrer Eigenart zu erfassen. Diese Denk- und Schreibbewegung in ihrer Eigenart ist es, die ihren Ausdruck in den einzelnen Aphorismen findet, welche eine schwache paratextuelle Einbindung zeigen. So finden sich von allen paratextuellen Signalen, wie sie paradigmatisch von Gérard Genette zusammengestellt wurden, nur die folgenden. Der frühe Band der Notas I enthält mit der Bandzahl »I« die – sich später nicht erfüllende – Erwartung, daß den mit dem Wort »notas« bezeichneten Notizen, Anmerkungen und Mini-Essays zumindest ein weiterer Band ähnlicher Texte folgen würde.[215] Dies gilt analog auch für den Band Textos I, dem ebenfalls kein zweiter Band folgte. Die paratextuell aufgebaute Erwartung folgender Aphorismus- bzw. Essaybände wird erst mit den späteren *Escolios a un texto implícito* erfüllt, denen dann noch »nuevos« und »sucesivos« Escolios folgen sollten.

In den *Notas* I findet sich als eine Art allgemeine Leseanweisung eine nur im lateinischen Original abgedruckte Stelle aus einem bemerkenswerten antiken Buch, dem Florilegium des Aulus Gellius unter dem Titel *Attische Nächte*, das selbst eine höchst idiosynkratische Form eines Prätextes darstellt. Denn dieser Text evoziert seinerseits eine äußerst umfangreiche, teils in materieller Hinsicht unrettbar verlorene bzw. unrekonstruierbare »implizite Bibliothek«.[216] Gómez Dávila zitiert jene Stelle aus der *praefatio*, die davon spricht, daß es besser wäre, sein Werk, d.h. eigentlich die *Attischen Nächte*, zu meiden, »wenn man voller Unruhe, Hast und Geschäftigkeit steckt und überhaupt niemals so recht Freude verspürte beim Lesen, Forschen, Schreiben, Erklären (...)«.[217]

215 Vgl. Gérard Genette: Seuils, Paris 1987, 64.

216 Siehe dazu neuerdings Erik Gunderson: Nox philologiae. Aulus Gellius and the Fantasy of the Roman Library, Madison 2009.

217 Erit autem id longe optimum, ut qui in lectitando, percontando, scribendo, commentando numquam voluptates, numquam labores ceperunt, nullas hoc genus vigilias vigilarunt neque ullis inter eiusdem Musae aemulos certationibus disceptationibus que elimati sunt, sed intemperiarum negotiorum que pleni sunt, abeant a noctibus his procul atque alia sibi oblectamenta quaerant. Vgl. Erik Gunderson: Nox philologiae. Aulus Gellius and the Fantasy of the Roman Library,

Indem Gómez Dávila seine eigene Sammlung von Notaten und Proto-Aphorismen intertextuell an eben jenes antike Kompendium von Geschichten, Anekdoten und philosophischen Lehrstücken anbindet, welches das Resultat einer alle Bereiche der Literatur umfassenden, weit ausgreifenden und unsystematischen Lektürepraxis ist, macht er gleich zu Beginn deutlich, was für den Leser daraus folgt bzw. folgen sollte. Die unsystematische Lektüre des Verfassers des vorliegenden Werkes führt zu einer unsystematischen Ansammlung von Texten, so daß von deren Lesern auch keine systematische Anordnung erwartet werden kann. Dazu kommt der Umstand, daß die aus Aulus Gellius zitierte Textstelle ausdrücklich ein bestimmtes Leseverhalten thematisiert und darüber hinaus auch durch die originalsprachliche Anführung ohne Übersetzung die auch später immer wieder von Gómez Dávila apostrophierte Lektüre der alten Griechen und Römer in der jeweiligen Originalsprache anmahnt. Gómez Dávila vertritt nämlich, wie bereits erwähnt, einen emphatischen Begriff des Buches, so daß im Grunde nur das Buch in seiner jeweiligen Originalsprache als »das Buch« gelten kann. Dies erhellt aus folgendem Aphorismus: »Wir stoßen immer wieder auf Leute, die überzeugt sind, ein Buch gelesen zu haben, wenn sie die Übersetzung kennen« (NE I 27=29/VP 20). Wir können daraus schließen, daß die implizite Bibliothek im Falle Gómez Dávilas einzig und allein aus Texten in der Originalsprache zusammengesetzt ist. Wenn wir also zu Rekonstruktionszwecken der impliziten Bibliothek Gómez Dávilas auf Übersetzungen zurückgreifen, können uns nur Annäherungen an diese gelingen.

Die Tatsache, daß die lateinische Stelle nicht übersetzt ist, unterstreicht die strikte Selektion der Leserschaft, die Gómez Dávila anstrebt und die er bereits zu Beginn des ersten Bandes der *Escolios* mit wünschenswerter Klarheit ausspricht (E I 12=15/SCH 13). Diese elitäre Komponente findet sich vielfach variiert in seinem gesamten Werk. Auch im letzten Band der Scholien von 1992 hat sich daran nichts geändert (SE 112=93/AB 64). Gómez Dávila setzt also die Kenntnis des Lateinischen voraus, denn nur, wer die lateinischen Sätze versteht und wer den Charakter des Werkes von Aulus Gellius kennt, vermag darin einen Bezug auf jene prä-

---

Madison 2009, 39-42.

textuelle implizite Bibliothek zu erkennen, die den geistigen Raum der antiken Literatur und Philosophie öffnet. Es ist dieser geistige Raum, aus dem durch die Kombination mit der Tradition der Aphoristik die Glossen Gómez Dávilas erwachsen. Diese werden zu einer unverwechselbaren Form der Literatur, die selbst nicht nur einen »impliziten Text« annotiert und kommentiert, sondern eben auch auf eine »implizite Bibliothek« als dem Reservoir verweist, aus dem sich der implizite Text speist.

Die Glossen Gómez Dávilas fungieren demnach als eine Art sekundäres Speichermedium, das wie ein Bibliothekskatalog die Existenz von Werken signalisiert, ohne sie ersetzen zu können. Zudem wird durch das Aulus Gellius-Zitat auch eine intensive Lektürepraxis in den Vordergrund gerückt, die einerseits die Freude am Lesen einschließt, andererseits aber auch Formen der aktiven leserseitigen Auseinandersetzung mit dem Gelesenen, wie sie Gómez Dávila selbst bereits in den *Notas* zu Protokoll gibt (N 15-17=49-51=22-24). Die implizite Bibliothek, die sich für den »richtigen« Leser gleichsam von selbst zusammenstellt, ist ihrem Wesen nach eine »zeitgenössische« Bibliothek – denn für denjenigen, der zu lesen weiß, ist jede Literatur zeitgenössisch: »Für den Leser, der zu lesen weiß, ist jede Literatur zeitgenössisch« (E I 57=52/SCH 39). In diesem Sinne ist jede implizite Bibliothek in ihrer leserseitigen Realisation zeitgenössisch und damit gegenwärtig. Darin liegt auch der Unterschied zu der impliziten Bibliothek, die sich aus Literaturgeschichten rekonstruieren läßt, denn diese sind nach Gómez Dávila im Letzten »Verzeichnisse von Toten, die nur offiziell überleben« (SE 164=138/AB 94). Für denjenigen Leser, auf den es Gómez Dávila ankommt, kann die offizielle Version der Literaturgeschichte jedoch keine Gültigkeit beanspruchen. Die Tatsache, daß eine implizite Bibliothek ihrem Wesen nach zeitgenössisch ist, macht auch ihr Potential an Freiheit aus. Denn der Leser entscheidet jederzeit selbst, in welchem Jahrhundert er sich aufhalten möchte: »Wenn die Schriftsteller eines Jahrhunderts nur Langweiliges schreiben können, wechseln wir Leser das Jahrhundert« (E II 341=280/SCH 486). Eine wichtige Funktion für das Verständnis der unter der Flagge der *Escolios a un texto implícito* segelnden Aphorismen Gómez Dávilas erfüllen die Mottos, die in der bisherigen Intertextualitätsforschung noch nicht die angemessene Aufmerksamkeit erfahren haben.[218] Das Motto, das Gómez Dávila den *Notas* I voranstellt, wird von Alfredo Abad als »Schlüsselmotto« (epígrafe clave) für das Verständnis des Lebensideals bezeichnet, das in der Gesamtheit des Werkes von Gómez Dávila entworfen werde. Die Kunst des Lesens und Schreibens wird, wie Abad bemerkt, bei Gómez Dávila zu einer »Lebensform«.[219] Das Motto ist so, wie leicht ersichtlich, von eminenter Bedeutung und hebt den Band ab von den folgenden *Textos* I, die keinerlei Motto, Widmung oder Vorwort enthalten. Die in den *Notas* I angeführte Information, daß es sich bei dem Buch um eine nicht für den Buchhandel bestimmte Ausgabe handele, unterstreicht nochmals die starke Beschränkung der Leserschaft, die dem geistesaristokratischen Gestus Gómez Dávilas entspricht und auch ein gutes halbes Jahrhundert fortbestand, bis Villegas eine erste Buchhandelsausgabe herausbrachte. Die Titel der Werke Gómez Dávilas gehören allesamt zur Kategorie der rhematischen Titel, da sie keinerlei inhaltliche Aussage über den betitelten Text enthalten. Heute aber dominieren, wie Genette bemerkt, die thematischen Titel, so daß die Werke Gómez Dávilas auch in dieser Hinsicht als einer Minderheitenposition zugehörig markiert sind. Genette spricht bezeichnenderweise ausdrücklich davon, daß dem klassischen Gebrauch die rhematischen Titel entsprechen, wodurch zugleich ein Genrebezug etabliert wird[220] – im Falle Gómez Dávilas auf den Randkommentar, die Marginalie, die Glosse. Der Kommentar wird aber nicht als Kommentar zu einem spezifischen Text annonciert, sondern eben zu einem – notwendig unterbestimmten – impliziten Text.

Auch in anderer Hinsicht lassen sich die aphoristischen Texte Gómez Dávilas von ihren textuellen und paratextuellen Merkmalen her näher bestimmen. Keiner seiner Texte weist Strukturelemente wie z. B. Zwischentitel auf[221] – die einzigen strukturierenden Elemente sind die Leerzeilen

218 Vgl. Dietmar Peil: Motto, in: Reallexikon der deutschen Literaturwissenschaft, hg. von Harald Fricke, Berlin-New York 2007, 646-648, hier 648.

219 Alfredo Andrés Abad Torres: Pensar lo implícito. En torno a Gómez Dávila, Pereira 2008, 160; 162 (forma de vida).

220 Vgl. Gérard Genette: Seuils, Paris 1987, 89-90.

221 Siehe Gérard Genette: Seuils, Paris 1987, 297-320.

zwischen den Aphorismen sowie die Gedankenstriche zwischen den manchmal vorhandenen zwei Teilen eines Aphorismus. Die Aphorismen entbehren jeglicher Betitelung wie sie in Sammlungen von Fragmenten, Aphorismen, Maximen oder Gedanken sonst oft üblich sind, zumal diese auch zuweilen thematisch zusammengestellt werden.[222] Die Texte Gómez Dávilas ermangeln daher auch der orientierenden Markierungen z. B. durch ein *mote*, dem eine erläuternde *glosa* folgen würde – wie etwa bei Gracián oder auch in Nietzsches Aphorismussammlungen.[223] Von besonderem Interesse bei einem Vergleich der literarischen Strategien des desengaño bei Gracián und Gómez Dávila sind die Ausführungen Wolfgang Lasingers zu Baltasar Álamos de Barrientos' Tacitus-Übersetzung und Kommentar von 1614 sowie zu Graciáns *Oráculo*.[224]

Denn so wie die Werke des Tacitus von Álamos de Barrientos mit kommentierenden und verallgemeinernden Aphorismen versehen wurden, um deren Gehalt zu pointieren, spiegelt auch Gracían in seinem *Oráculo* in der Trennung von *mote* und *glosa* das Beziehungsverhältnis von Glosse zum kommentierten Text. Zwar tauchen, wie Lasinger mustergültig durch eine mikrotextuelle Analyse gezeigt hat, aphoristische Komponenten in beiden Teilen der Aphorismen auf, doch stellt die *mote* eine Art verknappte Quintessenz des im zweiten Teil des Aphorismus näher er-

222 Vgl. Gérard Genette: Seuils, Paris 1987, 298. Wie bei umfangreichen Aphorismenwerken üblich, kann es solche teils themenzentrierten Zusammenstellungen als Sekundärphänomene der Rezeptionsgeschichte geben, die stark zur weiteren Verbreitung zitierbarer Sentenzen beitragen. Vgl. dazu im Hinblick auf Gómez Dávila Martin Mosebach: Schöner Zweifel, schönere Wahrheit. Das Glossen-Werk des Nicolás Gómez Dávila, in: Nicolás Gómez Dávila: Das Leben ist die Guillotine der Wahrheiten. Ausgewählte Sprengsätze, hg. von Martin Mosebach, Frankfurt/M. 2006, 13-14; sowie Michael Klonovsky: Vorbemerkung des Herausgebers, in: Nicolás Gómez Dávila: Es genügt, dass die Schönheit unseren Überdruss streift... Aphorismen, hg. von Michael Klonovsky, Stuttgart 2007, 8.

223 Vgl. dagegen etwa Baltasar Graciáns Oráculo manual sowie Wolfgang Lasinger: Aphoristik und Intertextualität bei Baltasar Gracián. Eine Strukturanalyse mit subjektgeschichtlichem Ausblick, Tübingen 2000, 49-53 und passim.

224 Siehe Wolfgang Lasinger: Aphoristik und Intertextualität bei Baltasar Gracián. Eine Strukturanalyse mit subjektgeschichtlichem Ausblick, Tübingen 2000, 23-33; vgl. auch Karl Alfred Blüher: Graciáns Aphorismen im ›Oráculo Manual‹ und die Tradition der politischen Aphorismensammlungen in Spanien, in: Gerhard Neumann (Hg.): Der Aphorismus. Zur Geschichte, zu den Formen und Möglichkeiten einer literarischen Gattung, Darmstadt 1976, 413-426. Die kommentierte Tacitus-Ausgabe von Álamos be Barrientos war auch Bestandteil der Bibliothek von Vincencio Juan de Lastanosa. Siehe Karl-Ludwig Selig: The Library of Vincencio Juan de Lastanosa, Patron of Gracián, Genf 1960, S. 24 (no. 167).

läuterten Zusammenhanges dar. Die editorische Fiktion des *Oráculo manual*, es handele sich bei diesem Werk um Aphorismen, die aus dem Werk des Lorenzo de Gracián gezogen worden seien, verweist auf eine weitere intertextuelle Dimension dieses Aphorismenwerkes. Denn das Werk tritt gewissermaßen nicht als völlig selbständige Publikation auf, sondern als Auszug aus einem oder mehreren Werken, die damit dem *Oráculo* implizit sind. Im Falle der frühneuzeitlichen tacitistischen Aphorismensammlungen, in deren Tradition man Graciáns Werke lesen kann, findet sich nun noch das Phänomen, daß die aus dem Werk des Tacitus gezogenen Aphorismen auch separat veröffentlicht wurden, das heißt ohne den Text, den sie ursprünglich kommentierten.[225] Auch Tacitus' Text wird hier zu einem impliziten Text, ähnlich jenem, auf den sich die Glossen des Gómez Dávila beziehen. Damit aber stehen Aphorismen dieser Art in einem komplexen Verweisungsnetzwerk intertextueller Art, weil sie sich strukturell auf diese Vorläufertexte beziehen lassen.

Die spärlichen paratextuellen Signale in den Werken Gómez Dávilas (zumindest was die Erstausgaben betrifft) – es finden sich in den Originalausgaben selbstredend keinerlei Klappentexte, Vorworte oder illustrierende Elemente – sind am dichtesten zu Beginn des ersten Scholien-Bandes. In allen Folgebänden glänzen sie durch ihre Abwesenheit.

Die Paratexte, die in unserem Zusammenhang etwas näher betrachtet werden müssen, sind die Mottos zu Beginn des ersten Scholien-Bandes. Für diese trifft zu, was Genette über die Rolle sagt, die Mottos (épigraphes) dabei spielen, sich in eine Gemeinschaft derjenigen einzuschreiben, denen sich der Autor ebenbürtig fühlt oder mit denen ihn eine besondere Nähe verbindet.[226] Das Eingangstor zur impliziten Bibliothek der Glossen Gómez Dávilas sind nun diejenigen Mottos, mit denen er in dreifacher Reihung sein Aphorismenwerk einleitet. Diese etablieren einige Koordinaten für die Interpretation, die jedoch nicht auf das »Was« des Textes als vielmehr auf das »Wie« ihrer Konstruktion und damit auf ihren inneren Zusammenhang und auf ein entsprechendes Leseverhalten gehen. Der thematische Ge-

225 Wolfgang Lasinger: Aphoristik und Intertextualität bei Baltasar Gracián, Tübingen 2000, 25.

226 Gérard Genette: Seuils, Paris 1987, 163.

halt des Buches wird damit insoweit angedeutet, als er jedenfalls partiell als die Selbstreflexion des Schriftstellers über sein Schreiben bestimmt werden kann.

Die zu Beginn der *Escolios* angeführten Zitate verweisen auf das gehobene Anforderungsniveau im Zusammenhang mit der vom Leser erwarteten Lektüreleistung – denn gegenüber den Notas mit dem lateinischen Zitat finden sich hier neben einem Zitat in spanischer Sprache solche auf Französisch, Deutsch, Altgriechisch und Englisch. Durch diese Vielsprachigkeit wird ein weitgespannter europäischer Kulturzusammenhang aufgerufen, der in den Aphorismen Gómez Dávilas in tiefgründiger Weise präsent ist.

Gómez Dávila führt von den insgesamt sieben Mottos zwei (die ersten beiden befinden sich jeweils auf einer eigenen Seite) ohne Quellenangaben an. Bei den anderen Zitaten wird die Quelle angegeben. Man kann daher davon ausgehen, daß die beiden Motto-Gruppen unterschiedliche Funktionen haben. Während die Quellenangaben dazu anregen mögen, die zitierte Stelle im ursprünglichen Kontext nachzuschlagen oder sich auf die Suche nach einer Übersetzung zu machen, löst ein nicht mit Quelle belegtes Zitat andere Suchbewegungen aus. In einer Zeit, die sich noch nicht der vielfältigen Möglichkeiten von Online-Suchmaschinen bedienen konnte, war klarer als heutzutage, daß zur richtigen Identifikation des Zitates und seiner etwaigen tieferen Bedeutung ein gewisses Maß an Bildungswissen vorausgesetzt werden konnte. Die Verwendung von Mottos ist immer auch eine Geste der Implikation, der Anspielung; keine von ihren Funktionen ist explizit, wie Gérard Genette bemerkt, »denn ein Motto zu verwenden ist immer eine stumme Geste, deren Interpretation dem Leser aufgegeben ist.«[227]

Die Forderung an den Leser, die in einem Motto enthaltene Anspielung auf den im Anschluß meist erst noch zu lesenden Text zu ergründen, dient wiederum als Selektionskriterium für den von Gómez Dávila apostrophierten einzig intelligenten Leser, von dem es heißt, er suche »bei der Lektüre sein Vergnügen und nur sein Vergnügen« (N 11=44=17). Dieser Leser, der sich einer Art Epikureismus des Geistes verdankt, muß von dem Willen getragen

227 Gérard Genette: Seuils, Paris 1987, 159.

sein, verstehen zu wollen, was heute durchaus nicht selbstverständlich ist. Nur wenn jedoch die Fähigkeit, einen Text zu verstehen, nicht verloren geht, kann es überhaupt eine implizite Bibliothek als geistige Leistung des Lesers geben.

Auf das vielleicht bemerkenswerteste Beispiel einer Textlektüre durch Gómez Dávila, die unter dem Aspekt der Rekonstruktion seiner impliziten Bibliothek besondere Aufmerksamkeit verlangt, hat Philippe Billé hingewiesen. Er hat darin zu recht einen nützlichen Hinweis Gómez Dávilas selbst gesehen, wie sein Werk zu verstehen sei.[228] Gómez Dávila zitiert nämlich ohne Quellenangaben in den *Sucesivos escolios* einen Satz Montaignes aus einem der Essais, der schlicht »Des livres« (Von den Büchern) betitelt ist und in sich selbst eine komplexe intertextuelle Verweisstruktur darstellt (SE 163=138/AB 94). Gómez Dávila zitiert einen Satz, in dem sich Montaigne auf Plutarch und Seneca bezieht. Diese beiden antiken Autoren dienen zur Illustration der Lektürepraxis Montaignes. Sie stehen beispielhaft für die Strategie des Verbergens von Quellen und verweisen so auf dessen implizite Bibliothek. Denn Montaigne gibt an der von Gómez Dávila zitierten Stelle zu, nicht immer Zitatnachweise angeführt zu haben: »Je veux qu'ils donnent une nazarde à Plutarque sur mon nez, et qu'ils s'eschaudent à injurier Seneque en moy.«[229] Indem sich Gómez Dávila auf diese Weise Montaignes Lektüre- und Zitatpraxis anverwandelt,[230] scheint er zumindest zum Teil auch auf seine eigene Praxis zu verweisen, Lektürefrüchte in die Glossen hineinzuschreiben. Dies ergibt sich aus einem weiteren Verweis auf Plutarch und Seneca in Montaignes Essay einige Seiten später. Montaigne zielt nämlich bei seiner Lektüre auf eine gesuchte Wissenschaft, die sich auf die Ordnung seiner Meinungen und Handlungen richtet. Es entspreche nun Montaignes »humeur«, also gewissermaßen seiner Laune, daß sowohl Plutarch als auch Seneca so

228 Siehe dazu Philippe Billé: Quelques remarques sur les scolies de Gómez Dávila, in: Studia Daviliana. Études sur Nicolás Gómez Dávila, hg. von Philippe Billé, La Croix-Comtesse 2003, 11-14, hier 13-14.

229 Montaigne: Oeuvres complètes, Paris 1962, 388 (Essais II 10). In der deutschen Übersetzung von Johann Daniel Tietz lautet der Satz: »Ich möchte gerne, daß sie auf meiner Nase dem Plutarch einen Nasenstüber gäben, daß sie sich verbrenneten und in meiner Person den Seneca schimpften.« Michel de Montaigne: Essais [Versuche], Erster Teil, Zürich 1992, 807-808.

230 Siehe dazu auch die ältere knappe, aber instruktive Arbeit von Michael Metschies: Zitat und Zitierkunst in Montaignes "Essais", Genf-Paris 1966.

schreiben, daß sie ihr Thema Stück für Stück abhandeln. Dadurch gestatten sie es Montaigne als Leser, entspannt in ihren Schriften zu lesen. Was Montaigne an Plutarch und Seneca schätzt, ist gerade ihre Zusammenhanglosigkeit:

»Bey beyden finde ich nach meiner Gemüthsart diesen besondern Vortheil, daß die Wissenschaft, die ich darinnen suche, bey ihnen stückweise abgehandelt ist, und also keine anhaltende Arbeit erfordert, zu welcher ich unfähig bin. [...] Ich brauche nicht viel Umstände, wenn ich mich darüber [d.h. Plutarchs kleine Abhandlungen und Senecas Briefe, T. K.] setzen will, und breche wieder ab, wo es mir gefällt. Denn sie gehen nicht in einem fort, und hängen nicht zusammen.«[231]

Auch wenn Gómez Dávila durch seine Mottos deutlich anzeigt, daß er für sein Werk der Glossen sehr wohl einen Gesamtzusammenhang unterstellt, dürfte die faktische Lektürepraxis seiner Leser oft eher derjenigen gleichen, zu der sich Montaigne hier offen bekennt. Die in formaler Hinsicht eindeutig unstrukturierte Masse der Aphorismen kann nur über die semantischen Dimensionen des Textes selbst erschlossen werden – mit Hilfe der Mottos, die nun noch kurz in ihrer Funktion für die Erschließung der dem Glossenwerk Gómez Dávilas impliziten Bibliothek erläutert werden sollen.

Das erste Motto stammt ebenso wie das zweite aus einem bedeutenden Roman, und in beiden Fällen handelt es sich um Stellen, die aus einem Gespräch entnommen wurden, dessen Kontext nicht offensichtlich ist. Das erste Zitat aus Flauberts *Madame Bovary* mit dem Ausruf des Apothekers »Quel fanatisme!« mag dabei auf die antizipierte Rezeption seitens derjenigen Leser Gómez Dávilas gehen, welche aus Einverständnis mit den in der Gegenwart allgemein akzeptierten Meinungen seine reaktionäre Position nur als abwegigen anti-modernen Fanatismus lesen können. Im zweiten Falle, einem Zitat aus Miguel de Cervantes' Roman *Leben und Taten des scharfsinnigen Edlen Don Quixote von la Mancha*, antwortet Sancho Pansa im Gespräch mit Don Quijote, es sei kein Wunder, daß seine Sentenzen für blödsinnig gehalten werden, wenn man ihn nicht verstehe: »›Wenn man mich nicht versteht‹, antwortete Sancho, ›so ist es kein Wunder, wenn man meine Sentenzen für Narren-

231 Michel de Montaigne: Essais [Versuche], Erster Teil, Zürich 1992, 818-819. Siehe auch Montaigne: Oeuvres complètes, Paris 1962, 392 (Essais II 10).

possen hält‹.«[232] An der Stelle des XIX. Kapitels im 2. Buch jenes Romans, der Gómez Dávila zufolge wegen seines satirischen Charakters zu einer »minderwertigen literarischen Gattung« gehöre (N 262=366=299), läßt Sancho Pansa kurz zuvor einen wahren Schwall an Gemeinplätzen und Sentenzen über seinen Herrn niedergehen, woraufhin dieser mit Unverständnis reagiert und sich beklagt, wenn Sancho mit Sprichwörtern und Geschichten anfange, komme er nie mehr zum Ende. Sancho dagegen besteht darauf, daß er sich sehr wohl verstehe und auch keinen Unsinn geredet habe. Auch hier wird man an das komplexe Verhältnis von Verstehen und Nicht-Verstehen erinnert, das sich auch auf den Leser der Aphorismen Gómez Dávilas beziehen mag. Diese mögen ihm als im wahrsten Sinne des Wortes »disparat«,d. h. unsinnig, erscheinen, wenn ihm nämlich die ihnen zugrundeliegende »lange Logik einer ganz bestimmten philosophischen Sensibilität« verschlossen bleibt, die Gómez Dávila aus einem Brief Nietzsches an Georg Brandes zitiert. Daß sich Sancho Pansa einer ganzen Kette von Gemeinplätzen bedient, kann m. E. ebenfalls als ein Verweis darauf gelesen werden, daß sich Gómez Dávilas Aphorismen zu einem nicht unerheblichen Teil aus den in den *lugares comunes* enthaltenen alten Einsichten speisen, ohne daß sie freilich darauf zu reduzieren wären. Das Verstehen, auf das sich Sancho und mit ihm Gómez Dávila bezieht, kann im hermeneutischen Sinne als eine Ahnung von der mit dem Glossenwerk insgesamt verbundenen Autor-Intention gelten. Das durch das Zitat aus dem *Don Quijote* angesprochene Problem wird mittels des erwähnten Nietzsche-Briefes weitergeführt und vertieft. Denn Nietzsche spricht hier direkt das faktische Unvermögen selbst noch seiner »wohlwollendsten« Leser an, denen von der »langen Logik einer ganz bestimmten philosophischen Sensibilität« nichts aufgegangen sei. Diese Leser nämlich würden ein Buch wie *Jenseits von Gut und Böse* lediglich für »ein Durcheinander von hundert beliebigen Paradoxien und Heterodoxien« halten, das es aber nicht sei.[233]

Für sein Werk erhebt Gómez Dávila nicht nur den An-

232 Miguel de Cervantes Saavedra: Leben und Taten des scharfsinnigen Edlen Don Quixote von la Mancha, übersetzt von Ludwig Tieck, Zürich 1987, 625. Wegen seiner besonderen Bedeutung sei dieser Satz auch im spanischen Original zitiert: „¡Oh! Pues si no me entienden–respondió Sancho–no es maravilla que mis sentencias sean tenidas por disparates.“

233 Friedrich Nietzsche: Sämtliche Briefe (Kritische Studienausgabe in 8 Bänden), Bd. 8: Januar 1887-Januar 1889, München 1986, 228-229.

spruch einer zugrundeliegenden Logik, sondern zudem den in den griechischen Zeilen aus Diogenes Laertius' philosophiegeschichtlichem Kompendium ausgedrückten Anspruch, mit wenigen Zeilen etwas Kraftvolles zu sagen. Dieses ist so kraftvoll, wie man ergänzen kann, daß es dem Leser davon ausgehend möglich wird, »the whole to be imagined«, das in der Vorstellung herzustellende Ganze, von dem Shakespeare in dem nachfolgenden Motto spricht (*The Rape of Lucrece* 1427-1428), tatsächlich in seiner Vorstellung erstehen zu lassen. Die Glossen Gómez Dávilas sind also gleichsam nur einzelne Gliedmaßen – »A hand, a foot, a leg, a head« –, von denen aus das Ganze erschlossen werden muß. Die metaphorische Identifikation der Glossen mit Teilen der menschlichen Anatomie legt zudem nahe, in den Glossen gleichsam die Puzzleteile zu sehen, die das zu imaginierende Ganze zusammen besser erkennen lassen als nur auf der Basis eines einzigen Puzzleteiles.

Die Rolle dieser Zitate und der mit ihnen verbundenen Anspielungen ist für jeden Versuch, sich dem impliziten Text wie dem größeren Ganzen der impliziten Bibliothek zu nähern, zentral, weil die Fähigkeit, Anspielungen zu erkennen, für den Leser einen Test seiner Intelligenz, aber auch für das Vergnügen an der Lektüre darstellt. Gómez Dávila aber spielt in seinem Werk offensichtlich auf vieles nur an. Dies macht es auch zum Zwecke einer »Katalogisierung« der impliziten Bibliothek für den Leser notwendig, die Kunst der Entdeckung und Auflösung von Anspielungen zu entwickeln (E II 411=335/SCH 524). Wie Thomas Stölzel bemerkt, schaffen aphoristische Texte ihrem Wesen nach »ein Bewußtsein für den Leseakt«, so daß die »reflexionslos gewordene Selbstverständlichkeit des Lesens« verunsichert wird.[234] Durch die Heraufbeschwörung einer impliziten Bibliothek, die mit expliziten und impliziten Leseanweisungen bzw. einer Lektürekritik gekoppelt wird, versucht auch Gómez Dávila, weitreichende Prozesse der Horizonterweiterung bei seinen Lesern anzustoßen. Immer bleibt die implizite Bibliothek des Schriftstellers zurückgebunden an seine Art der Lektüre, d.h. an seine Art der inneren Inbesitznahme der Bücher. Der Dichter Rolf Schilling hat daher recht, wenn er den inneren Besitz der Bücher als eine Möglichkeit be-

234 Thomas Stölzel: Rohe und polierte Gedanken. Studien zur Wirkungsweise aphoristischer Texte, Freiburg 1998, 157.

schreibt, unserer Individualität Ausdruck zu geben.[235] Etwas anders gelagert ist dagegen die Verwendung eines Zitates des französischen Symbolisten Paul Valéry, das die Schlußzeilen seines Gedichts »Le Sylphe« umfaßt.[236] Das Zitat verweist auf Irrtümer, die auch auf die größten Denker warten, und es faßt den Gegensatz von Denken und Geist einerseits sowie Leben und vor allem Erotik andererseits in das Bild eines flüchtigen Momentes – den Anblick einer nackten weiblichen Brust zwischen Ent- und Bekleidung, wie der verwehende Duft, dessen Erkenntnis sich ebenso wenig festhalten läßt wie das Hier und Jetzt der Sinnlichkeit. Die bereits zitierte Glosse, gemäß der ein nackter Körper alle Probleme des Universums löse, erscheint im Lichte des Valéry-Zitats noch schärfer akzentuiert; denn die Lösung, von der hier die Rede ist, bleibt eine momenthafte Lösung, die ebenso viel bedeutet wie die Unmöglichkeit, alle Probleme des Universums im eigentlichen Sinne zu lösen.

Gómez Dávila markiert seine Stellung als Denker und Autor mit einem abschließenden Motto in lateinischer Sprache, das den *Familiaria* des italienischen Renaissance-Dichters Francesco Petrarca entnommen ist. Die Stelle aus dem siebten Brief des 19. Buches lautet in deutscher Übersetzung: »Und Du wunderst Dich, daß ich nur wenigen gefalle, wo ich doch mit nur wenigen einiggehe und fast über alles anders urteile als die Menge, der möglichst fern zu bleiben, mir als der wahrhaft richtige Weg erscheint.«[237] Das Petrarca-Zitat unterstreicht die geistesaristokratische Distanz Gómez Dávilas zu den Urteilen der Menge, was zugleich mit der Erwartung verbunden ist, nur bei wenigen Anklang zu finden. Es mag zudem mehr als ein Zufall sein, daß Petrarcas Brief in den nicht zitierten Passagen auch dessen Affinität zur geistigen Nachtarbeit herausstreicht. Gómez Dávila, der bekanntlich bis spät in die Nacht mit

235 Rolf Schilling: Schwarzer Apollon. Essays zur Symbolik, München 1990, 92; vgl. 93. Siehe auch Rolf Schilling: Lebens Mittag. Erstes Buch. Notizen und Träume, München 1995, 267, wo er über Gómez Dávila sagt: »Dies ist endlich wieder ein Zeitgenosse, zu dessen Opus man fast ohne Vorbehalt Ja sagen kann.«

236 Paul Valéry: Le Sylphe, in: Französische Dichtung. Dritter Band: Von Baudelaire bis Valéry, hg. von Friedhelm Kemp und Hans T. Siepe, München 1990, 440-443. Rolf Schilling: Was der Schatten sprach. Französische und russische Lyrik in deutscher Fassung, München 1993, 135, bietet auch eine Übersetzung des Gedichts. Ich danke Werner Helmich für Hinweise zu dem Gedicht.

237 Francesco Petrarca: Familiaria. Bücher der Vertraulichkeiten, Bd. 2: Buch 13-24, hg. von Berthe Widmer, Berlin 2009, 338.

seinen Büchern Umgang pflegte, mag sich auch in dieser Hinsicht mit Petrarca identifiziert haben, der die Dunkelheit schätzte, weil sie weniger Störungen für die geistige Arbeit mit sich brachte.

Gómez Dávila hat mit seinen Aphorismen den Weg geebnet zu einer impliziten Bibliothek, die zugleich Quelle und Resultat des aphoristischen Schreibens ist. Dabei muß auch das emphatische Buch- und Literaturverständnis Gómez Dávilas berücksichtigt werden, wie dies etwa in folgender Glosse geschieht, die wiederum auf das Urteil des gebildeten Lesers anspielt: »Zur Literatur gehört jedes Buch, das man zweimal lesen kann« (E I 244=199/SCH 145). Das, was als einmalige, mehr oder weniger zufällige Lektüre verstanden werden kann, ist weniger wichtig als das, was sich auch nach wiederholter Lektüre als wertvoll erwiesen hat. Die Geburt der impliziten Bibliothek und der Geist des Aphorismus gehen Hand in Hand. Es scheint passend, diese Ausführungen über die Geburt einer impliziten Bibliothek aus den Werken des kolumbianischen Aphoristikers Gómez Dávila mit einem weiteren Zitat des Aulus Gellius zu beschließen, das, wie es sich für einen Abschluß geziemt, auch die Dimension der Zukunft in das Konzept der impliziten Bibliothek hineinnimmt. Aulus Gellius sagt am Ende seiner Vorrede zu den Noctes atticae, die auf die Verheißung vieler weiterer Lektüren Bezug nimmt: »Möge also mit Götterhilfe die Zahl der Bücher mit der meiner Lebensjahre, auch wenn's vielleicht nur noch wenige sind, weiter anwachsen. Ich will ja auch gar nicht länger leben, als ich weiter auf diese Weise schreiben und erläutern kann.«[238]

238 Aulus Gellius, Attische Nächte. Aus einem Lesebuch der Zeit des Kaisers Marc Aurel, hg. und aus dem Lateinischen übertragen von Heinz Berthold, Frankfurt/M. 1988, 14. Der lateinische Text der Stelle lautet: »Progredietur ergo numerus librorum diis bene iuvantibus cum ipsius vitae, quantuli quique fuerint, progressibus, neque longiora mihi dari spatia vivendi volo, quam dum ero ad hanc quoque facultatem scribendi commentandi que idoneus.« Vgl. auch hierzu Erik Gunderson: Nox philologiae. Aulus Gellius and the Fantasy of the Roman Library, Madison 2009, 43–44.

5. Gott, die Theologen und die moderne Religionskritik

Wenn Philosophen über Gott reden, so ist es immer, als geruhten sie, seine Existenz zu genehmigen.

Hans Albrecht Moser

Reaktionär zu sein bedeutet nicht, sich an Projekten zu beteiligen, die in ihrer Abwendung vom Christentum selbst noch den revolutionären Ideologien der Moderne verhaftet wären.[239] Reaktionär zu sein bedeutet für Gómez Dávila zugleich die Verteidigung des Christentums gegen seine Verächter, keineswegs jedoch die Rückkehr zu einem vorchristlichen Heidentum. Zwar gesteht Gómez Dávila ein, weit mehr als ein Christ sei er vielleicht (!) ein Heide, der an Christus glaubt (E I 316=255/SCH 188). Der wahre Katholik, so heißt es zudem an einer anderen Stelle, müsse die Kathedrale seiner Seele über heidnischen Krypten errichten (E I 161=132/SCH 97); der Katholizismus sei darauf angewiesen, sich von heidnischer Substanz zu ernähren (E I 313=253/SCH 186). Ein katholisches Denken ruhe deshalb nicht, bis es nicht den Chor der Götter und Heroen um Christus gruppiert habe (E I 233=190/SCH 139). Das Christentum, so scheint es, wird für Gómez Dávila in seiner Eigenheit besonders aus einer vorchristlichen heidnischen Perspektive als solches kenntlich; das Bewußtsein des Heidentums vertieft jene Wahrheit, ohne die das Evangelium keine Autorität hätte: daß Jesus der Christus ist (E I 409=334/SCH 246).

Die Bestimmung des Reaktionären hat für Gómez Dávila einen entschieden transpolitischen Charakter: »Reaktionär sein heißt einsehen, daß der Mensch ein Problem ohne menschliche Lösung ist«, wie er sagt (NE II 124=/VP 206; vgl. E I 472=385/SCH 285). Diese Auffassung ergibt nur dann einen Sinn, wenn sich das Denken der religiösen Dimension des Daseins öffnet. Die Erkenntnis des Menschen

239 Das unterscheidet das Denken eines Gómez Dávila grundsätzlich von Konzeptionen einer »konservativen Revolution«, die sich gleichermaßen gegen Reaktion und Christentum richtet. So etwa die Deutung von Armin Mohler: Die Konservative Revolution in Deutschland 1918–1932. Ein Handbuch, 5. Auflage, Graz-Stuttgart 1999, 113–121.

als eines Problems ohne menschliche Lösung verweist mit gebieterischer Macht auf die »reaktionäre« Tatsache, daß der Mensch Gómez Dávila zufolge in seiner Hinordnung auf Gott verstanden werden muß und nur in diesem Zusammenhang überhaupt verstanden werden kann. Das Wesen des Menschen können wir in dieser Sicht nur unvollkommen erfassen, wenn wir ihn nicht als ein Geschöpf Gottes erkennen. »Der Mensch ist nur wichtig, wenn Gott zu ihm spricht und während Gott zu ihm spricht« (NE I 207=198/VP 130). Der theologisch-politische Kern der Interventionen Gómez Dávilas[240] tritt denn auch deutlich zutage, wenn er in immer neuen Variationen die Insuffizienz der Vernunft gegenüber der Transzendenz behauptet und den Glauben an Jesus Christus als letzten Bezugspunkt seines Denkens erkennen läßt. Dies erhellt sich schon aus einer kulturkritischen Bemerkung folgender Art: »Es gibt keine Dummheit, an die der moderne Mensch nicht imstande wäre zu glauben, sofern er damit nur dem Glauben an Christus ausweicht« (E I 345=280/SCH 205). Der Kern, zu dem das reaktionäre Denken hinführt, ist das einzige, »worüber klugerweise ernsthaft gesprochen werden muß«, nämlich Gott (SE 91=76/AB 53). Alles andere sind »subalterne Probleme« (SE 70=59/AB 40). Indem Gómez Dávila diesen Gedanken in aller Klarheit formuliert, macht er deutlich, daß für ihn im Letzten nur Gott von Belang ist. Sub specie aeternitatis kann der Mensch nicht im eigentlichen Sinne ernst genommen werden – so ernst die existentiellen Fragen des menschlichen Daseins im übrigen sind. Gómez Dávila erweist sich mit dieser Meinung als politischer Theologe von hohen Graden. Denn alles, was im Hinblick auf die Politik zu sagen ist, steht in engem Zusammenhang zur Religion. Gott ist für den Reaktionär der Bezugspunkt, auf den hin jede politische Ordnung ausgerichtet sein muß.

Weil also für Gómez Dávila der Glaube an den unergründlichen Schöpfergott das unabweisbare Zentrum jedes ernsthaften Denkens ist, sind auch den Ambitionen der Theologen enge Grenzen gesetzt. Der Reaktionär muß zwangsläufig den Versuch, eine natürliche Theologie als Wissenschaft zu begründen, abweisen; denn im Bereich der Theologie komme der Vernunft lediglich die Funktion zu,

240 Vgl. Mauricio Galindo Hurtado: Reactionary in the Andes, 20.

Götzen zu zerstören (E II 105=91/SCH 350). Die natürliche Theologie ist für den Reaktionär ein Paralogismus, ein elementarer Fehlschluß, weil es im eigentlichen Sinne nur die Theologie eines konkreten lebendigen Gottes gebe (NE I 67=67/VP 45). Es kann aus diesem Grund auch keine Theologie als strenge Wissenschaft geben, da ihr Gegenstand, die Gnade des lebendigen Gottes, keinerlei Regeln unterworfen werden könne (NE I 35=37/VP 25). Es sei unmöglich, so Gómez Dávila, die Wasser der Religion im Sieb der Theologie zu transportieren (SE 44=37/AB 25). Das, was der Mensch über die Existenz Gottes wissen kann, folgt daher nicht den üblichen erkenntnistheoretischen Kategorien, eine adäquate Theologie wäre daher für den Menschen unverständlich (NE II 181=176/VP 241). Gómez Dávila weist deshalb auch den Versuch, Gottesbeweise zu erbringen, entschieden zurück. Denn wenn es uns möglich wäre, Gottes Existenz zu beweisen, so hätte sich bereits alles – und d. h. einschließlich Gottes – der Souveränität des Menschen unterworfen (NE I 51=53/VP 35). Die Existenz Gottes ist schon deshalb unbeweisbar, weil es an Gott ist, sich uns zu offenbaren, und zwar »wem er will, wann er will, wo er will und wie er will«, um eine treffende Formulierung Heinrich Meiers aufzugreifen.[241] Der Reaktionär formuliert diesen Gedanken mit folgender Akzentuierung: »Die Existenz Gottes ist unbeweisbar, denn über seine Person können wir nur unvermutet straucheln« (NE I 68=68/VP 45). Gómez Dávilas Position ist hier denkbar eindeutig gegen eine philosophische Theologie gerichtet: »Gott hat nicht Objekt der Spekulation zu sein, sondern der Anbetung« (SE 53=45/AB 31). Der Skeptizismus, auf den sich Gómez Dávila wieder und wieder beruft, zielt aus diesem Grunde keinesfalls auf den Zweifel an Gott selbst, sondern hat den präzisen Sinn, den Glauben vor Spekulationen zu bewahren, mit denen er sich andernfalls lächerlich machen würde (NE II 42=44/VP 156); der Skeptizismus habe die Aufgabe, im Dienste der Verteidigung des Glaubens die Götzen zu erwürgen. Der Skeptizismus hat demnach eine destruktive Funktion für die Apologetik, während der konstruktive Part von der Poesie übernommen werden muß, indem sie die Seelen verführt (E I 275=223/SCH 163).

Mit seiner Kritik am Versuch, natürliche Theologie zu

241 Heinrich Meier: Die Lehre Carl Schmitts, 138.

treiben, bringt sich Gómez Dávila freilich, so scheint es zunächst, in einen Gegensatz zur Lehre der katholischen Kirche, die anders als protestantische Theologen der natürlichen Theologie stets einen größeren Raum gegeben hatte.[242] Es kann auch keinem Zweifel unterliegen, daß die Bibel selbst zahlreiche Hinweise auf eine natürliche Theologie enthält. Es ist allerdings anzunehmen, daß den entsprechenden Aussagen Gómez Dávilas keine schlechthin dogmatische Qualität eignet, die diesen Umstand leugnen würde, sondern vielmehr eine polemische Tendenz zugrunde liegt, die auf eine der Theologie immanente Versuchung hinweisen möchte. Diese Versuchung besteht nach Gómez Dávila darin, im Streben nach Wissenschaftlichkeit den Stellenwert der göttlichen Gnade aus dem Blick zu verlieren. Die Kritik an der natürlichen Theologie wäre so eine Kritik an der Überbetonung der natürlichen Theologie und der mit Mitteln der Vernunft zu erlangenden Gotteserkenntnis, keine Leugnung der in der Bibel enthaltenen natürlichen Theologie, die sich vielmehr auf das natürliche Realitätsbewußtsein jedes einzelnen Menschen stützt.

Die philosophische Frage danach, was ein Gott sei – *quid sit deus* (Cicero) –, die im geheimen Zentrum der Philosophie steht[243], ist qualitativ vom glaubensfesten Skeptizismus Gómez Dávilas verschieden; sie muß diesem deshalb als geradezu blasphemischer Akt des Hochmuts erscheinen.[244] Denn durch das bloße Stellen jener Frage wird Gott nach den menschlichen Kategorien der Erkenntnis bestimmt, soll also gerade das kategorisiert werden, was schlechthin unkategorisierbar ist. Erkenntnis Gottes besteht jedoch nicht darin, aus intellektueller Distanziertheit heraus die philosophische »Was ist«-Frage auf diesen zu richten, sondern allein darin, auf Gott zu hören, wie der große spanische Reaktionär Juan Donoso Cortés aus politisch-theologischer Sicht den Sachverhalt präzise formuliert: »Gott aber kennt, wer hört, was Gott von sich selber sagt, und wer auch glaubt, was er

242 Wilhelm Weischedel: Der Gott der Philosophen. Grundlegung einer philosophischen Theologie im Zeitalter des Nihilismus, Bd. 2, Darmstadt 1983, 43.

243 Cicero: De natura deorum I 60; siehe dazu Leo Strauss: The City and Man, Chicago 1978, 241.

244 Vgl. Leo Strauss: Die Religionskritik Spinozas und zugehörige Schriften, Stuttgart-Weimar 1996, 249-250.

hört.«[245] Damit aber ist ein Gegensatz ausgesprochen, der keinerlei theoretische Vermittlung zuläßt. Denn da sowohl Philosophie wie Offenbarung den Anspruch erheben, das Eine zu sein, was dem Menschen not tut, kann es zwischen beiden nur aus Gründen politischer Zweckmäßigkeit oder intellektueller Trägheit zu einem Patt gleichwertiger Kräfte kommen. In Wirklichkeit aber, und sofern man der unerbittlichen Logik folgt, muß angesichts des weitreichenden Anspruches auf Autorität entweder die Philosophie oder die Offenbarungstheologie den ersten Rang einnehmen. Ein Drittes gibt es nur als historischen Kompromiß.[246]

Gómez Dávila macht denn auch keinen Hehl daraus, daß für ihn der Anspruch der Religion auf Offenbarung einen höheren Rang als die Philosophie einnimmt: Er vertraut einer Philosophie nur, sofern sie die elementaren religiösen Einsichten bestätige (SE 176=149/AB 101). Für den politischen Theologen Gómez Dávila war daher der Fehler der mittelalterlichen Philosophie nicht, Magd der Theologie, sondern Magd des Aristoteles gewesen zu sein (SE 180=153/AB 104). Denn die religiös fundierte Philosophie, die sich selbst als eine solche versteht, hat ein höchst fein gestimmtes Organ für die Gefahr, die der Religion droht, wenn sie vor das Gericht der Philosophie gezogen wird, wie es z. B. geschah, als Thomas von Aquin in seiner *Summa theologiae* mit der Erörterung der Frage einsetzte, ob eine solche Erörterung überhaupt notwendig sei, ob es also außer der Philosophie noch einer anderen Wissenschaft, der *sacra doctrina*, bedürfe. Das Studium der Philosophie selbst wird in diesem Zusammenhang nicht in Frage gestellt.[247] Die Philosophie ist in letzter Instanz der Religion nachgeordnet, wie auch Gómez Dávilas Auffassung erkennen läßt, gemäß der die drei bedeutendsten Philosophien der Geschichte, nämlich diejenigen Platons, Descartes' und Kants,

245 Donoso Cortés: Der Staat Gottes. Eine katholische Geschichtsphilosophie, Karlsruhe 1933, 6 (I 1).

246 Vgl zu diesem Zusammenhang Leo Strauss: What Is Political Philosophy? and other studies, Chicago 1988, 13; Heinrich Meier: Die Lehre Carl Schmitts, passim und 260-270; vgl. Leo Strauss in einem Brief an Seth Benardete, zitiert in Heinrich Meier: Das theologisch-politische Problem. Zum Thema von Leo Strauss, Stuttgart 2003, 47.

247 Ernest L. Fortin: St. Thomas Aquinas, in: Leo Strauss/ Joseph Cropsey (Hg.): History of Political Philosophy, [3]1987, 250; Thomas von Aquin: Summa theologica I, I,1 (Haben wir außer den philosophischen Wissenschaften noch eine andere Lehre notwendig?).

verkappte Apologien der Religion seien (NE II 202=197/VP 254). Vor diesem Horizont läßt sich auch verstehen, warum Gómez Dávila an den Philosophen Hegel den schweren Vorwurf der Blasphemie richtet: »Nietzsche ist nur ungezogen; Hegel ist blasphemisch« (SE 180=152/AB 104). Denn es erscheint immerhin möglich, wie es in der Nachfolge der Junghegelianer à la Bruno Bauer in extremer Weise vor allem Alexandre Kojève getan hat, die Hegelsche Philosophie als vollständigen Atheismus und ontologischen Finitismus zu begreifen.[248] Hegelsche Philosophie wäre dieser Auffassung nach also eine Philosophie, die mit unerbittlicher Logik und Konsequenz bei der Selbstvergottung des Menschen endet, der so in der weltlichen Immanenz befangen und damit in der Kontemplation verbleibt, ohne auf die Gebote Gottes zu hören, wie es der Glaube verlangt.[249] Wer sich ausgehend von Gómez Dávilas Sentenz mit dem Verhältnis Hegels zur Religion allgemein und zum Christentum im besonderen beschäftigt, wird jedoch auch die entschiedene Gegenposition zur These von Hegels Atheismus bedenken müssen.[250] Angesichts des affirmativen Romantikbildes bei Gómez Dávila wird man jedoch vermuten dürfen, daß es auch Hegels Kritik der Romantik war, die ihn zu seiner negativen Einschätzung motivierte.[251]

Philosophie ist im Gegensatz dazu für den praktizierenden Katholiken Gómez Dávila nichts anderes als die Weise, in der die Intelligenz ihren Glauben lebt (E I 239=195/SCH 142). Wenn auch Gott das einzige ist, worüber ernsthaft gesprochen werden muß, so ist doch jede Rede von Gott zugleich prekär. Vielleicht ist das beste Reden von Gott ein Schweigen. Dennoch bemüht sich der Mensch um Erkenntnis Gottes, da diese Erkenntnis nach klassischer Auffassung den höchsten denkbaren Status innehat. Gómez Dávila würde ohne Frage die an Aristoteles angelehnte Einschätzung Thomas von Aquins geteilt haben, daß die geringste Erkenntnis, die von den höchsten Dingen erlangt werden

248 Siehe Alexandre Kojève: Hegel. Eine Vergegenwärtigung seines Denkens, Frankfurt/M. 1996, 326, 228, 291, 296 (!) sowie 16-17 der Einleitung Fetschers; vgl. Reinhart Klemens Maurer: Hegel und das Ende der Geschichte, Freiburg ^{2}1980, 145-146.

249 Vgl. Heinrich Meier: Die Lehre Carl Schmitts, 32-33, 156-157.

250 So z. B. sehr überzeugend bei Günter Rohrmoser: Glaube und Vernunft am Ausgang der Moderne. Hegel und die Philosophie des Christentums, hg. von Harald Seubert, St. Ottilien 2009, 322-354.

251 Vgl. Otto Pöggeler: Hegels Kritik der Romantik, München 1999.

kann, erstrebenswerter ist als die sicherste Erkenntnis von niedrigeren Dingen.[252] Weil Gott so unendlich über dem Menschen steht, ist auch der Atheismus im Grunde etwas Lächerliches, da er Gott selbst nichts antun kann. Der Tod Gottes ist so für Gómez Dávila zwar eine interessante Meinung, aber sie berühre Gott im Letzten nicht (E I 427-349/ SCH 257).

Gómez Dávila steht mit seiner politischen Theologie zweifellos in der Nachfolge großer Reaktionäre wie des spanischen Politikers Juan Donoso Cortés (1809-1853), der bereits im 19. Jahrhundert die Auseinandersetzung mit den anarchistischen, sozialistischen und liberalistischen Ideen führte.[253] Dieser hatte in seinem Hauptwerk, dem *Essay über den Katholizismus, den Liberalismus und den Sozialismus* (1851), bereits mit unerbittlicher Schärfe und Entschiedenheit herausgestellt, daß auch für ihn das theologisch-politische Problem das grundlegende Problem ist: »Jede große politische Frage«, so beginnt das Werk, »schließt stets auch eine große theologische Frage in sich.«[254] Mit dieser Einsicht, die mit Pierre-Joseph Proudhons (1809-1865) analoger Erkenntnis gleichsam auf der anderen Seite der Barrikade zusammentrifft[255], ist auch eine Grundeinsicht ausgesprochen, die für das Denken Gómez Dávilas Geltung hat und bei ihm fast als direktes Zitat auftaucht, wenn er den Umstand, daß »jede Politik eine Idee von Gott in sich schließt«, eine fundamentale Tatsache nennt (N 316=436=361). So wie für Donoso Cortés trifft denn auch für Gómez Dávila zu, daß seiner Auffassung nach alle politischen Irrtümer im Letzten aus theologischen Irrtümern resultieren und hier ihren Mittelpunkt haben.[256] Es gebe keinen modernen Irrtum, so Donoso Cortés, der nicht mit einer Häresie in Zusammenhang stünde und der deshalb nicht schon irgendwann einmal von der Kirche im Prinzip verurteilt worden

252 Thomas von Aquin: Summa theologica I, I, 5 ad 1.

253 Siehe Ivo Höllhuber: Geschichte der Philosophie, 100-105.

254 Donoso Cortés: Der Staat Gottes. Eine katholische Geschichtsphilosophie, Karlsruhe 1933, 3; vgl. Juan Donoso Cortés: Über die Diktatur. Drei Reden aus den Jahren 1849/50, Wien 1996, 65.

255 Pierre-Joseph Proudhon: Bekenntnisse eines Revolutionärs um zu einer Geschichtsschreibung der Februarrevolution beizutragen, Reinbek 1969, 131: »Es ist seltsam, daß wir als Grundlage unserer Politik immer die Theologie erblicken.«

256 Ivo Höllhuber: Geschichte der Philosophie, 102.

wäre.[257] Nicht nur die politischen Irrtümer resultieren demgemäß aus theologischen Irrtümern, sondern diese reichen auch in die Tiefe der menschlichen Existenz des Einzelnen hinein, der sich der Herausforderung durch das theologisch-politische Problem im Interesse seiner Lebensführung, letztlich seines Glückes, stellen muß.

Gómez Dávila insistiert darauf, daß die Zivilisationen verdorren, wenn sie der Religion verlustig gehen (NE I 74=74/VP 49), denn er erkennt in der Religion im wahrsten Sinne des Wortes das Fundament der Zivilisation – in diesem wohlverstandenen Sinne ist er »Fundamentalist«. Selbst Atheisten mag die Möglichkeit der Wahrheit dieser Einsicht einleuchten, zumal dann, wenn auch sozialwissenschaftlich nachgewiesen werden kann, daß im Glauben lebende Menschen insgesamt glücklicher sind und damit auch für die Gesellschaft nützlicher. So wahr dies auch sein mag: Die solcherart funktionalistisch bleibende Betrachtung der Religion könnte nicht verständlich machen, weshalb Gómez Dávila im Verlust der Religion ein gesamtkulturelles Problem erkennt, das in die tiefsten Tiefen des Menschen reicht.

Daß die Position Gómez Dávilas nicht unumstritten ist, wird nicht verwundern, da seit Pierre Bayles scharfsinniger Kritik der früher für unlöslich gehaltene Zusammenhang zwischen Religion und Moralität im Schwinden begriffen war und ist. Hatte Bayle es für unzweifelhaft angesehen, daß Atheisten ebenso moralisch sein können wie Christen und Gläubige überhaupt, so versuchte etwa Anthony Ashley Cooper Earl of Shaftesbury, die Existenz eines unabhängig und vor der Religion bestehenden natürlichen moralischen Sinnes zu zeigen und ebenso wie Bayle die potentielle Tugendhaftigkeit der Atheisten zu verteidigen.[258] Damit waren wesentliche Schritte hin zu einer »natürlichen Religion« gemacht, die eines der hervorstechendsten Produkte der Aufklärung werden sollte. Die rationalistischen Aufklärer bemühten sich zu zeigen, daß die Religion nicht nur nicht notwendig für ein moralisches Leben war, sondern daß sie für

257 Donoso Cortés: Kulturpolitik. Kirche, Glaube, Zivilisation, Staatspolitik, Basel 1945, 9, 47.

258 Siehe z. B. Pierre Bayle: Verschiedene einem Doktor der Sorbonne mitgeteilte Gedanken über den Kometen, der im Monat Dezember 1680 erschienen ist, Leipzig 1975, 285-287, 345, 365-366, 381-383; Pierre Bayle: Historisches und kritisches Wörterbuch. Eine Auswahl, hg. von Günter Gawlick/Lothar Kreimendahl, Hamburg 2003, 571-581.

ein moralisches Leben im Sinne einer natürliche Moral sogar im höchsten Maße schädlich sei.[259] Der Verweis auf solche geistes- und religionsgeschichtlichen Zusammenhänge ist keineswegs zufällig. Denn oft verbergen sich Gómez Dávilas eigene Positionierungen hinter seinen geistesgeschichtlichen Einschätzungen, die näher expliziert werden müssen, um verständlich zu werden. Eine besonders interessante Stellungnahme dieser Art richtet Gómez Dávilas gegen die materialistische Denktradition, die heutzutage wieder neu zu Ehren kommt, wird doch z. B. der Materialismus der französischen Aufklärung von mancher Seite als die Philosophie für unsere Zeit angepriesen. Gómez Dávila schreibt dazu einmal in einem elliptischen Satz: »Helvetius, Holbach, Sade, Bentham, Marx, Freud, Sartre – das Siebengestirn der düsteren Erzengel, der klassische Kanon meiner absoluten Unmöglichkeiten« (E I 174=143/SCH 104). Gómez Dávila zieht hier eine für ihn negativ konnotierte aufklärerische Traditionslinie, die wie schon bei Horkheimer und Adorno in sehr problematischer Weise auch Sade einschließt.[260] Sade jedenfalls wird man schwerlich als genuinen Philosophen verstehen können, während Bentham zumindest im Prinzip darauf Anspruch erheben kann, als Denker ernst genommen zu werden. Bentham gehörte indes als Utilitarist zu jenen, die meinten, es könne eine Art Kalkulation des menschlichen Glückes geben, als wäre es möglich, das grundlegendste Streben des Menschen zu mathematisieren und damit berechenbar zu machen – was Gómez Dávila schon a priori absurd vorgekommen sein muß.[261]

259 Die radikalste Interpretation in diesem Sinne lieferte Paul Thiry d'Holbach: System der Natur oder von den Gesetzen der physischen und moralischen Welt, Frankfurt/M. 1978, 233-237 (I 14), 556-570 (II 12). Dieses Buch war in Gómez Dávilas Bibliothek vorhanden. Jüngst versuchte Philipp Blom eine Rettung Holbachs: Böse Philosophen. Ein Salon in Paris und das vergessene Erbe der Aufklärung, München 2011; kritisch dazu Till Kinzel: Radikale Aufklärung als eigentliche Aufklärung? Zur gegenwärtigen Aufklärungsforschung im transnationalen Kontext – aus Anlaß von Philipp Bloms Buch Böse Philosophen, in: Germanisch-Romanische Monatsschrift 61/3 (2011), 329-339.

260 Zum Problem der Verquickung von Sade und Aufklärung bei Horkheimer und Adorno siehe auch Winfried Schröder: Zur Modernität der Radikalaufklärung, in: Hubertus Busche (Hg.): Departure for a Modern Europe. A Handbook of Early Modern Philosophy (1400-1700), Hamburg 2011, 991-992, der Sades Antimoralismus als gänzlich ungeeigneten Kronzeugen für die Tendenz der Aufklärung zur Moraldestruktion bezeichnet.

261 Siehe zu Bentham die eindringliche Studie von Shirley Robin Letwin: The Pursuit of Certainty. David Hume, Jeremy Bentham, John Stuart Mill, Beatrice Webb, Indianapolis 1998, 131-200; sowie den scharf polemischen Essay gegen den Denktypus des Benthamismus von Michael Oakeshott: The New Bentham, in: Scrutiny 1 (1932-33), 114-131.

Die von Gómez Dávila aufgerufene Traditionslinie enthält einige der denkbar radikalsten Freidenker und Atheisten, die als Religionskritiker für die Kultur der Moderne prägend wurden. Während Helvetius und Holbach, denen man noch Julien Offray de La Mettrie beigesellen könnte,[262] im Rahmen der französischen Aufklärung ein radikal diesseitiges Welt-, Natur- und Menschenbild entwickelten, in dem es für Transzendenz, Geheimnis und Spiritualität keinen Platz mehr gab, radikalisierten spätere Religionskritiker wie Marx und Freud die Auffassung der mechanischen Materialisten des 18. Jahrhunderts.

Die revolutionäre Form der Religionskritik wurde später von Lenin fortgesetzt, ohne daß dieser jedoch eine nennenswerte inhaltliche Fortentwicklung brachte. Dagegen bot der Psychoanalytiker Freud eine in mancher Hinsicht radikalere Kritik der Religion als Marx, die er nun aber stärker auf die aus der Kindheit stammenden Bedürfnisse des Menschen zurückführte. Als Atheist machte sich Freud Gedanken über die »Zukunft einer Illusion«, wobei unter dieser Illusion alle substantiellen Inhalte von Religion zu verstehen waren, die dem Menschen eine Erlösung oder zumindest eine Erleichterung seines Loses versprachen.[263] Sartre schließlich steht für den atheistischen Strang des Existentialismus, der ohne die Idee oder Person Gottes die Freiheit zu denken suchte, und zwar teilweise im Anschluß an Denkmotive Heideggers. Die Freiheit im Sinne Sartres bedeutet Selbsterschaffung, die nicht durch eine menschliche Natur determiniert wird, denn eine solche menschliche Natur kann es nicht geben, »da es keinen Gott gibt, sie zu ersinnen«.[264]

Indem Gómez Dávila die erwähnten Namen zitiert, ohne jedoch näher auf sie einzugehen (wie es auch sonst seine Art war), zwingt er uns, seine Leser, den Verbindungen nachzuspüren, die einerseits zwischen den genannten Personen bestehen könnten und die andererseits kontrastiv auf die Positionen Gómez Dávilas weisen, die hier nicht

262 Zu La Mettrie, der übrigens in der Bibliothek Gómez Dávilas nicht nachweisbar ist, im Verbund mit Sade siehe Panajotis Kondylis: Die Aufklärung im Rahmen des neuzeitlichen Rationalismus, Hamburg 2000, 503-518.

263 Siehe zu Freuds Atheismus Peter Gay: »Ein gottloser Jude«. Sigmund Freuds Atheismus und die Entwicklung der Psychoanalyse, Frankfurt/M. 1988.

264 Zitiert nach Wolfgang Pleger: Handbuch der Anthropologie. Die wichtigsten Konzepte von Homer bis Sartre, Darmstadt 2013, 279.

näher expliziert werden. Erstens ist festzustellen, daß Gómez Dávila von einem »klassischen Kanon« spricht – damit ist also ausgesprochen, daß die genannten Autoren in signifikanter Weise zu dem Gómez Dávila interessierenden Thema Stellung genommen haben. Doch weil es ein »klassischer Kanon« seiner »absoluten Unmöglichkeiten« ist, sind die genannten Autoren nur im Modus der Abgrenzung bedeutsam. Die genannten Autoren haben eine klassische Position vertreten, die man als in der modernen Welt kanonisiert betrachten kann – als eine Art Gegenkanon zur traditionellen Religion Europas.

Der kolumbianische Denker macht deutlich, daß die genannten Autoren einen Gegenkanon zu seinem reaktionären Denken darstellen, eine Liste derjenigen Autoren, mit denen es für ihn so gut wie keine Gemeinsamkeiten gibt – es sei denn die, daß sie auf die entscheidende Frontstellung aufmerksam gemacht haben, die auch für den Reaktionär maßgeblich ist. Diese Frontstellung bezieht sich auf den Gegensatz zweier inkompatibler Deutungen der Welt. Einerseits wird die Welt als Schöpfung Gottes verstanden, geordnet durch seine erhaltende Macht, die er zudem im Modus der Offenbarung den Menschen kund getan hat – andererseits erscheint die Welt als bloßer Mechanismus der Selbsterhaltung, die aus dem Urknall hervorgegangen ist, keinerlei Transzendenz kennt und zuläßt. Diese letztere Sicht bedeutet eine radikale Reduktion auf bloß natürliche Prozesse, so daß die Welt nichts anderes ist als ein durch Ursache und Wirkung verkettetes Geschehen ohne Freiheit und ohne übergeordneten Sinn. Das System der Natur, das der französische Materialist Paul-Henri Thiry d'Holbach ebenso ausführlich wie dogmatisch entwickelt hatte, basierte auf der radikalen Leugnung der Möglichkeit übernatürlicher Geschehnisse sowie vor allem auch der Unsterblichkeit der Seele. Holbach und seine Nachfolger stellen paradigmatisch jene radikale Aufklärung dar, die noch den »neuen Atheisten« der Gegenwart als Ahnen dienen mag und die sich letztlich dem Impuls Benedikt Spinozas zu verdanken scheint.[265] Das ist sachlich von großer Bedeu-

265 Siehe jetzt zum Materialismus und Spinozismus der radikalen Aufklärung die monumentalen Studien von Jonathan I. Israel: Radical Enlightenment. Philosophy and the Making of Modernity 1650-1750, Oxford 2001; Enlightenment Contested. Philosophy, Modernity, and the Emancipation of Man 1670-1752, Oxford 2006.

tung, denn wenn Spinoza und Hume mit ihrer Wunderkritik recht haben, wie Marius Reiser das Problem auf den Punkt bringt, »ist Gott auch nicht wirklich Mensch geworden und Jesus nur in einem allegorischen Sinn (z. B. in den Herzen der Gläubigen) auferstanden.«[266] Gómez Dávila hält dagegen aus prinzipiellen Gründen an der Möglichkeit des Wunders fest: »Um an die Möglichkeit des Wunders zu glauben, genügt es, das Zufallhafte der ›Notwendigkeit‹ zu betrachten« (SE 148=125/AB 85).

Wenn auch Holbachs Atheismus auf materialistischer Grundlage für das Zufällige im Notwendigen keinen Platz hatte, so besaß er doch trotz seiner geistigen Radikalität noch entschieden elitäre Züge. Denn auch Holbach war sich über die Existenz einer »doppelten Lehre« im Klaren, die zwischen einer esoterischen Lehre für die Elite und einer exoterischen Lehre für die Masse unterschied. Nach Holbach ist der Atheismus nicht für die Menge (pour le vulgaire), weil er schwer wie alle tiefen und abstrakten Wissenschaften sei.[267] Während es Holbach also nicht wirklich um die Abschaffung oder Ausschaltung von Religion gehen konnte, zielten die Bestrebungen von Marx darauf ab, mit der bürgerlichen Klassengesellschaft zugleich auch die Religion ein für alle Mal in den Orkus der Geschichte (verstanden als Vorgeschichte der kommunistischen Gesellschaft) verschwinden zu lassen. Diese Sicht ist es, die Gómez Dávila dazu brachte, die genannten Autoren als »absolute Unmöglichkeiten« zu bezeichnen. Es sind seine Unmöglichkeiten – also Dinge, Auffassungen, Philosopheme, die er nicht nur tentativ, also vorübergehend, versuchsweise als »unmöglich« qualifiziert, sondern als absolut unmöglich kategorisch verwirft. Die Positionen der Atheisten sind demnach für Gómez Dávila sowohl objektiv wie subjektiv unmöglich, weil sie im Letzten die Unverfügbarkeit der menschlichen Existenz ignorieren, die für das religiöse Weltbild indes prima facie evident ist, auch und gerade deshalb, weil das menschliche Leben sich selbst opak ist. Wenn er die im Scholion aufgeführten Autoren als »Siebengestirn der düsteren Erzengel« bezeichnet,

266 Marius Reiser: Bibelkritik und Auslegung der Heiligen Schrift. Beiträge zur Geschichte der biblischen Exegese und Hermeneutik, Tübingen 2007, 269.

267 Paul-Henry Th. d'Holbach: Système de la nature. Hildesheim-Vaduz 1994, II, S. 385: »L'athéisme, ainsi que la philosophie et toutes les sciences profondes et abstraites, n'est donc point fait pour le vulgaire, ni même pour le plus grand nombre des hommes.«

so handelt es sich bei diesen also um Erzengel der Finsternis, die mithin teuflisch oder höllisch sind. Der tiefste Impuls, dem Gómez Dávila hier folgt, ist ein theologischer – und der Zusammenhang ist nicht einer, der von Gómez Dávila in Form eines Arguments präsentiert wird, sondern als Orientierungsmarke in einer grundlegenden Sache. Daß etwas »absolut unmöglich« ist, setzt diese Sache im Grunde bereits im vorhinein in einen Bereich jenseits des Diskussionswürdigen.

Da Gómez Dávila seine theologische Position dadurch markiert, daß er seine absoluten Unmöglichkeiten nennt, fehlt scheinbar eine positive Bestimmung dessen, wie er sich das Verhältnis des Menschen zu Gott dachte. Doch bleibt es nicht bei diesem negativen Befund. Hier mag nur exemplarisch der Hinweis auf einen – allerdings fundamentalen – Gegenbefund stehen, der Gómez Dávilas Religionsdenken in bemerkenswerter Weise illustriert. So wie im Falle Holbachs und seiner Zeitgenossen reicht auch diese Bezugnahme auf das 18. Jahrhundert, in das Zeitalter der Aufklärung zurück. Gómez Dávila formuliert nämlich einmal einen geradezu atemberaubenden Satz, wenn er feststellt: »Die Geschichte des Christentums beginnt aufs Neue mit dem ersten europäischen Bekehrten nach 1700 Jahren eines hergebrachten Christentums – mit der Bekehrung Hamanns« (E I 263=215/SCH 156). Dieser Satz ist aus mehreren Gründen bemerkenswert. Denn erstens macht hier ausgerechnet der Katholik Gómez Dávila deutlich, daß es ein – für ihn offensichtlich problematisches – hergebrachtes, also traditionelles Christentum gibt, das nicht schon an sich selbst die ganze Wahrheit des Christentums darstellen kann. Zweitens setzt Gómez Dávila damit eine in jeder Hinsicht ungewöhnliche Epochengrenze, denn nicht die Reformation Martin Luthers stellt für ihn das einschneidende Ereignis einer Neubegründung der Geschichte des Christentums dar. Hamann ist, so muß man wohl Gómez Dávilas Stellungnahme deuten, in denkerischer und theologischer Hinsicht ein ganz anderes Kaliber als Luther. Drittens aber ist nun Hamann selbst keineswegs ein Katholik, sondern Protestant bzw. Lutheraner, der jedoch in seinem Denken auch gewisse mystische Züge aufwies und zweifellos einer der eigenständigsten Köpfe des späten 18. Jahrhunderts war. Er galt als »Magus in Norden« nicht nur als eine singuläre Ausnahmeerscheinung seiner Zeit. Er war auch inkommensurabel, nicht auf den Begriff zu bringen, wie es Gómez Dávila auf seine Art ebenfalls war. Für Gómez Dávilas ungewöhnlich starkes Interesse an Hamann zeugt die Tatsache, daß er in seiner Bibliothek nicht nur über die von Josef Nadler herausgegebene historisch-kritische Ausgabe der Werke Hamanns verfügte, sondern auch über eine Reihe von Werken der deutschsprachigen Fachliteratur, wie z. B. Nadlers Hamann-Biographie.[268] Hamann ist derjenige Denker des Aufklärungszeitalters, der sowohl in seiner Denkstruktur als auch in seiner Denkform eine höchst bemerkenswerte Ähnlichkeit zu Gómez Dávila aufweist. So wie dieser an einem Cento, einem Flickenteppich reaktionärer Gedanken (centón reaccionario), wob und dazu den gesamten Reichtum der abendländischen Tradition durchdachte, verfaßte auch Hamann seine mit starken aphoristischen Qualitäten ausgestatteten Texte in der Form von Centos, als Zitatkollagen, die sein eigenes Denken in einen unvordenklichen Verweisungszusammenhang stellten. Dieser Verweisungszusammenhang bedarf zu seiner Entschlüsselung, die schon Zeitgenossen wie Goethe zum schier unüberwindlichen Problem wurde,[269] der intimen Vertrautheit mit den biblischen Schriften wie der philosophischen Tradition seit der Antike. Hamann wurde so von Gómez Dávila als ein Mensch von geschichtlicher Bedeutung empfunden, als jemand, der in allem Ernste sich zum Christentum bekannte, wie es lange nicht mehr geschehen war – und zwar in einer Zeit, die theologie- und philosophiegeschichtlich sich gerade dazu anschickte, das Christentum hinter sich zu lassen. An die Stelle des Christentums sollte eine Erziehung des Menschengeschlechts (Lessing) treten, die zwar manche Impulse der Offenbarungsreligionen bewahren, im Letzten aber die konkrete Substanz dieser Religionen verwässern mußte. Hamann brachte auf dem Höhepunkt der Aufklärung eine Kritik der Aufklärung hervor, die man ideengeschichtlich als romantischen Rückfall, als Geburtsstunde des modernen Irrationalismus, als Verabschiedung von Aufklärung

268 Siehe Josef Nadler: Johann Georg Hamann, 1730-1788. Der Zeuge des corpus mysticum, Salzburg 1949.

269 Siehe Johann Wolfgang Goethe: Aus meinem Leben. Dichtung und Wahrheit, hg. von Peter Sprengel, München 1985, 547-550.

gedeutet hat.[270] Sein Denken befand sich in der Tat in einer Frontstellung zur Aufklärung im Sinne Kants, gegen dessen Vorstellung einer Kritik der reinen Vernunft er die These verfocht, daß Vernunft Sprache sei, also aus prinzipiellen Gründen nicht als Reinheit gedacht werden könne. Denn selbst die Instrumente des Denkens in sprachlicher Form haben demnach, weil sie sprachlich sind, immer ein Moment des Geschichtlichen und damit des Unreinen an sich.

Die Sprache ist ein Reservoir der Anschaulichkeit und damit des Konkreten. Dieser Gedanke verbindet Hamann gleichfalls mit Gómez Dávila, der nicht zuletzt in religiösen Dingen ein Denker des Konkreten war, denn für Gómez Dávila ist es die Abstraktion, die uns von Gott entferne, nicht die konkrete Sinnlichkeit (E I 182=149/SCH 109). Die Metaphernhaftigkeit der Sprache hat zweifellos ihr Recht, doch darf man sie nicht mißverstehen, wie es bestimmte Formen der Theologie immer wieder tun: »die theologischen Abhandlungen scheitern, wenn sie danach streben, logische Schlußfolgerungen aus Metaphern zu ziehen« (SE 160=135/AB 92). Daß Gómez Dávila auf Hamann rekurriert, zeigt, mit welch feinem Gespür sich der kolumbianische Reaktionär durch die Geistesgeschichte bewegte. Denn es war Hamann, der die Frage nach dem Unglauben – und damit die Frage nach Gott – zu der alles entscheidenden Frage machte – sei es gegenüber Lessing, in dem er einen Denker erkannte, der das Christentum hinter sich gelassen hatte, sei es gegenüber Moses Mendelssohn, zu dessen Jerusalem er eine tiefgründige Stellungnahme publizierte, wie etwa Leo Strauss emphatisch bemerkte.[271] Diese Auseinandersetzungen gehörten allesamt noch in das Umfeld des größten religionsphilosophischen Streites im Deutschland des 18. Jahrhunderts, des Pantheismus- oder Spinozastreits.[272] Gómez Dávila geht darauf, wie so oft, mit keinem Wort ein

270 So etwa Isaiah Berlin: Der Magus in Norden. J. G. Hamann und der Ursprung des modernen Irrationalismus, Berlin 1995. Dazu sehr instruktiv Timo Günther: Mythos und Irrationalismus. Isaiah Berlins Blick auf Hamann, in: Rüdiger Görner/Angus Nicholls (Hg.): In the Embrace of the Swan. Aglo-German Mythologies in Literature, the Visual Arts and Cultural Theory, Berlin-New York 2010, 353-368.

271 Siehe Leo Strauss' Bemerkung in seinem Brief vom 21. Februar 1973 an Gerschom Scholem, in: Leo Strauss: Hobbes' politische Wissenschaft und zugehörige Schriften - Briefe, hg. von Heinrich und Wiebke Meier, Stuttgart-Weimar [2]2008, S. 766.

272 Siehe zuletzt Michael Murrmann-Kahl: Der Pantheismusstreit, in: Georg Essen/Christian Danz (Hg.): Philosophisch-theologische Streitsachen. Pantheismusstreit – Atheismusstreit – Theismusstreit, Darmstadt 2012, 93-134.

– doch war er sich der Zusammenhänge zweifellos bewußt, die für Hamann den Anlaß boten, das religionsphilosophische Denken zu schärfen und so den offenbarungskritischen Diskurs in seiner grundsätzlichen Unzulänglichkeit zu entlarven. Selbst noch jene radikalen Atheisten, die sich im 20. Jahrhundert unter den Vorzeichen des Marxismus-Leninismus als »wissenschaftliche Atheisten« verstanden und heute wie Richard Dawkins erneut an die Notwendigkeit einer Propaganda für den Atheismus glauben, sind sich in der entscheidenden Hinsicht nicht nur mit Hamann und Kierkegaard, sondern auch mit einem Autor wie Gómez Dávila einig – daß die Antwort auf die Frage nach Gott und nach der Bedeutung seiner Offenbarung für den Menschen von der größten Bedeutung ist.[273] Es ist das Verdienst Gómez Dávilas, in seiner Zeit auf die für das Leben des Menschen letzten Unterscheidungen hingewiesen zu haben, die es zu bedenken gilt – wie auch Holbach, Hamann und Kierkegaard oder John Henry Newman es zu ihrer Zeit getan haben. Das Christentum hat seine Position dabei nicht immer klar genug entwickelt, wie Gómez Dávila nahelegt, wenn er den Gedanken, daß das Scheitern des Christentums christliche Doktrin sei, mit der folgenden Glosse ergänzt: »Das Christentum fand im letzten Jahrhundert nur Schutz in der Häresie, der Sünde und der Kardinalswürde (Kierkegaard, Baudelaire, Newman)« (E I 168=138/SCH 101). Eine solche Zusammenstellung dreier denkbar verschiedener Autoren ist charakteristisch für Gómez Dávila, der damit ganz unterschiedliche Denkstile aufruft. Diese Denkstile aber treffen sich in dem, was für ihn das Wichtigste war, nämlich im Schutz des Christentums. Gómez Dávila scheut hier nicht einmal von der scheinbaren Paradoxie zurück, daß auch Häresie und Sünde dem Christentum diesen Dienst leisten. Die Idee des Christentums würde aber, so legt dieser Aphorismus nahe, erst dann radikal verabschiedet, wenn es keinen Begriff von Häresie oder Sünde mehr gäbe.

Langfristig, so scheint es im Rückblick aus der Sicht des 21. Jahrhunderts auf die Epoche der Moderne, wurde mit der Enttheologisierung der Moral eine höchst folgenreiche Wandlung im Verständnis des Menschen und der Gesellschaft bewirkt, die auch für die Verbreitung sozialer

273 Siehe etwa Richard Dawkins: Der Gotteswahn, Berlin 2007.

Pathologien mitverantwortlich sein dürfte. Die Trias von Gott-Mensch-Welt wurde in dieser Epoche der Moderne unter den Angriffen der Religions- und Metaphysikkritik aufklärerischer Provenienz zerstört. Die metaphysische Trinität von Gott, Mensch und Welt habe sich, so auch Karl Löwiths Befund, im Verlauf der Neuzeit auf den Bezug von Mensch und Welt reduziert. Indem in wesentlichen Strömungen des neuzeitlichen Denkens Gott eliminiert wird, treibt das Problem des Atheismus den Menschen schließlich bis hin zur drängenden Frage Nietzsches: »Wozu Mensch überhaupt?«[274]

Der mit dem Verlust tragender religiöser Bindungen einhergehende Einbruch der Vulgarität in das Leben des modernen Menschen ist dabei nicht einmal so schlimm und korrumpierend wie die Verteidigung und Rechtfertigung der Vulgarität – ein Gedanke, den Gómez Dávila wohl bei Ortega y Gasset entlehnt haben dürfte. Dieser schrieb in seiner Analyse des Massenzeitalters, daß sich die gewöhnliche Seele zwar über ihre Gewöhnlichkeit (vulgaridad) klar sei, aber die Unverfrorenheit besitze, für das Recht der Gewöhnlichkeit einzutreten und es überall durchzusetzen, womit in letzter Instanz die fundamentale Unterscheidung des Edlen vom Niedrigen abgeschafft wird.[275] Dieser Zustand prostituiert zu allem Überfluß auch noch die Vernunft, die zahllose Rechtfertigungen ersinnt, um den Menschen vor der Erkenntnis seiner selbst zu bewahren: »Wo das Christentum verschwindet, erfinden Habsucht, Neid und Geilheit tausend Ideologien, um sich zu rechtfertigen« (SE 175=148/AB 101). Gómez Dávilas Mißbilligung der Religionskritik und des Atheismus wirkt zweifellos verstörend auf diejenigen, die sich bequem in ihrer Religionslosigkeit eingerichtet haben. Die aber schließt die Leichtgläubigkeit gegenüber mannigfachen Ideologien gerade nicht aus, womöglich macht sie die Menschen sogar anfälliger dafür. Noch in der Ablehnung der Religion zeige sich jedoch ihre Unausweichlichkeit: »Die radikale Verleugnung der Religion ist der dogmatischste aller religiösen Grundsätze« (NE I 198=190/VP 125). Aber wenn der Mensch ein von Natur

274 Karl Löwith: Gott, Mensch und Welt in der Philosophie der Neuzeit – G. B. Vico – Paul Valéry, Stuttgart 1986, 3-6.

275 Vgl. José Ortega y Gasset: Der Aufstand der Massen (Klassiker des modernen Denkens), Gütersloh o. J., 13, 71.

religiöses Wesen ist, wenn der Atheismus nicht nur gegen unsere Vernunft, sondern auch gegen unsere Instinkte ist, könne der Atheismus nicht auf Dauer bestehen, wie Edmund Burke schon postuliert.[276] Gómez Dávila ruft unnachgiebig das Postulat in Erinnerung, daß die von den Göttern verlassenen Altäre von Dämonen bevölkert würden und daß die Verleugnung der Idee Gottes die Seele unweigerlich zur Götzenverehrung führe (vgl. E II 149=127/SCH 376).[277]

Zwar bezeichnet Gómez Dávila den Katholizismus als seine Heimat, und Martin Mosebach hat das Denken des Kolumbianers in Anlehnung an T. S. Eliots Charakterisierung der *Vita Nuova* Dantes treffend als »katholische Philosophie der Desillusionierung« bezeichnet, was auch Gómez Dávilas Zustimmung fand (AB 110, 115). Doch wird diese Desillusionierung aus einer tieferen geschichtlichen Notwendigkeit heraus konsequent auch auf den Katholizismus selbst und auf die katholische Kirche in ihrer aktuellen Verfaßtheit bezogen. Der entscheidende Bezugspunkt für das Verständnis der Position Gómez Dávilas muß dabei im Zweiten Vatikanischen Konzil (1962-1965) gesehen werden. Dessen Neuerungen überraschten die meisten Würdenträger der kolumbianischen Kirche, da man dort zwei Jahrhunderte lang gegen eben jene Idee der religiösen Freiheit gekämpft hatte, die das Konzil nun guthieß.[278] Vor allem die nachkonziliare Kirche bot dabei vielfachen Anlaß für reaktionäre Kritik, weil die Lehren des Zweiten Vatikanischen Konzils – je nach Sichtweise – entweder in sich bereits verhängnisvoll waren oder in spezifischer Weise entstellt und dazu benutzt wurden, die »säkularisierten Ideen des Progressismus« zu stärken. Es kam in diesem Zusammenhang schließlich, wie mit Dietrich von Hildebrand ein Kritiker der Reform diagnostizierte, zur »Epidemie eines theologischen Dilettantismus«, die auch viele katholische Laien in tiefe Verwirrung stürzte. Im Gefolge des Konzils wurde zudem eine tiefgreifende Reform der lateinischen Liturgie unternommen, die

276 Vgl. Edmund Burke: Reflections on the Revolution in France, London 1968, 187.

277 Vgl. z. B. Nikolai Berdiajew: Wahrheit und Lüge des Kommunismus, Darmstadt/Genf 1953, 76-77.

278 Fernán González: La Iglesia católica y el Estado colombiano (1930-1985), in: Nueva Historia de Colombia II: Historia politica 1946-1986, Bogotá 1989, 388-389; vgl. Daniel H. Levine: Religion and Politics in Latin America. The Catholic Church in Venezuela and Colombia, Princeton 1981.

Gómez Dávila entschieden ablehnte.[279] Er trauerte dem Latein als Liturgiesprache nach (E II 406=330/SCH 521) und sah als katholischer Traditionalist in Liturgie-Reformen ein unverzeihliches Vergehen, weil das Rituelle ein Vehikel des Heiligen sei, das durch jede Neuerung entweiht werde (E I 299=242/SCH 178; vgl. SE 100=84/AB 58). Daraus folgt, was Gómez Dávila in typisch aphoristischer Zuspitzung so formuliert: »Wer einen Ritus reformiert, verletzt einen Gott« (E II 348=286/SCH 490).[280] Insbesondere das Aggiornamento, die Anpassung an die Welt des modernen Zeitgeistes, die nach dem Zweiten Vatikanischen Konzil mit Windeseile voranschritt, mußte dem Reaktionär verhängnisvoll erscheinen (E I 400=326/SCH 241), und zwar als Ausverkauf der Kirche (E II 126=108/SCH 363). Dies jedenfalls insofern, als jene Anpassung an die Welt eine immer stärkere Anpassung an den bereits auf das 19. Jahrhundert zurückgehenden kirchlichen Liberalismus und damit nach Auffassung der Kritiker eine allmähliche Veränderung und Preisgabe der eigentlichen christlichen Lehre darstellt. Eine solche Preisgabe aber sieht Gómez Dávila etwa in der Überbetonung der menschlichen Natur Jesu Christi durch die modernen Theologen (SE 159=134/AB 91). Mit dem Ziel, das Schiff des Christentums leichter zu machen, das in den modernen Gewässern zu sinken drohe, habe die liberale Theologie sich gestern der Göttlichkeit Christi entledigt; die heutige radikale Theologie aber entledige sich der Existenz Gottes selbst (E II 11=13/SCH 292). Dadurch werde das Christentum in einen humanitären Agnostizismus verwandelt, der lediglich mit einem christlichen Vokabular versehen sei (SE 158=133/AB 90).[281] Der Philosoph Romano Amerio hat diese rein humane Orientierung der Theologie als »Anthropotropismus« gekennzeichnet, als Hinwendung zum Menschen, die den Bezug zu Gott schwäche, wobei er auf die im Bereich der katholischen Theologie vor allem von

279 Vgl. auch die stark von seiner Rezeption Gómez Dávilas inspirierten Essays von Martin Mosebach: Häresie der Formlosigkeit. Die römische Liturgie und ihr Feind, Wien [3]2003; als Taschenbuch München 2012. Mosebach setzt seine entsprechenden Überlegungen fort in: Der Ultramontane. Alle Wege führen nach Rom, Augsburg 2012.

280 Siehe Dietrich von Hildebrand: Das trojanische Pferd in der Stadt Gottes, Regensburg 1968, ein Buch, das Gómez Dávila besaß; sowie Romano Amerio: Iota Unum. Eine Studie über die Veränderungen in der katholischen Kirche im 20. Jahrhundert, Ruppichteroth 2000.

281 Vgl. z. B. Romano Amerio: Iota Unum, 468-469, 471-473.

Karl Rahner apostrophierte »anthropozentrische Wendung« angespielt haben mag.[282] Gómez Dávila hat eben diese Entwicklung im Rahmen der Theologie im Blick, wenn er mit Bezug auf das Pfingstereignis, bei dem die Apostel vom Heiligen Geist erfüllt worden waren, kritische Worte findet, indem er auf die popularphilosophische Religionskritik des 19. Jahrhunderts anspielt, wie sie vor allem von Ludwig Feuerbach vertreten wurde: »Auf das Zweite Vatikanische Konzil sind nicht Feuerzungen herabgekommen, wie auf die erste Apostelversammlung, sondern ein Bach von Feuer: ein Feuerbach« (E I 408=333/SCH 245).[283] Das Kauderwelsch, das durch das Konzil entfesselt worden sei, habe geradezu den hygienischen Nutzen des Heiligen Offiziums bewiesen, wie Gómez Dávila mit einkalkuliertem Schockeffekt in bezug auf die Inquisition meint (E I 400=326/SCH 241).

Die Gottesferne der Moderne findet aus der Perspektive des Reaktionärs ihren sinnfälligen Ausdruck daher in jenem Trauerspiel, welches die Theologen der Kirchen selbst den Laien bieten: »Die modernen Theologien sind gewöhnlich Verrenkungen, die der Theologe anstellt, um sich nicht selbst seine Ungläubigkeit eingestehen zu müssen« (NE II 41/VP 155). Diese Theologen haben demgemäß nur allzu oft die Prinzipien ihres Glaubens aufgegeben und arbeiteten eifrig daran, mit allen Mitteln die Religion der modernen Welt anzupassen – bis hin zur Entwertung, ja Aufhebung der Transzendenz zugunsten einer innerweltlichen Erlösung durch Politik und Sozialtherapie. Die Abschaffung der Sünde als Konzept ist dabei nur ein, wenngleich zentraler Aspekt.[284] Künftige Kirchengeschichten würden, so Gómez Dávila, die charakteristischen Lehren der letzten Jahrhunderte unter die Häresien gegen die Erbsünde rechnen (N 219=311=251). Zwar ist der Katholizismus nach Gómez Dávila im Prinzip eine letzte Bastion gegen die moderne Welt, aber auch unter Katholiken lassen sich deutliche Aufweichungserscheinungen feststellen, da sie nachvollziehen, was sich bereits im

282 Romano Amerio: Iota Unum, 522; vgl. Josef Georg Ziegler: Die Moraltheologie, in: Herbert Vorgrimler/ Robert Vander Gucht (Hg.): Bilanz der Theologie im 20. Jahrhundert. Perspektiven, Strömungen, Motive in der christlichen und nichtchristlichen Welt, Band III, Freiburg-Basel-Wien 1970, 344.

283 Vgl. Apostelgeschichte 2,3. Zu Feuerbachs Bedeutung siehe Vittorio Hösle: Eine kurze Geschichte der deutschen Philosophie. Rückblick auf den deutschen Geist, München 2013, S. 167-173.

284 Vgl. Josef Pieper: Religionsphilosophische Schriften (Werke 7), Hamburg 2000, 257-289.

Rahmen des Protestantismus abgespielt hat: »Der fortschrittliche Katholik sammelt seine Theologie aus dem Mülleimer der protestantischen Theologie« (E II 127=108/SCH 363). Der gläubige Christ müsse feststellen, daß sich die Kirche nicht mit all ihrer Kraft den gegenwärtigen Übeln entgegenstemmt, sondern oftmals sogar zur Avantgarde der Anpassung an den Zeitgeist gehört: »Die Türme der Kirche von heute hat der progressive Klerus nicht mit dem Kreuz, dafür aber mit der Wetterfahne geziert« (E II 63=57/SCH 325). Der Begriff der Häresie läßt sich unter den Bedingungen eines nahezu total gewordenen Liberalismus und Pluralismus der subjektiven Normativitäten nicht einmal mehr denken, geschweige denn rechtfertigen, auch wenn er noch im Katechismus der Katholischen Kirche enthalten ist.[285] Doch im Letzten stehe und falle das Christentum damit, daß Jesus der Christus sei; wäre Jesus nicht der Christus, dann verlöre das Evangelium jede Autorität; wenn aber Jesus der Christus sei, dann postuliere das Evangelium eine Christologie, so daß das Evangelium allein für das Christentum nicht genüge (E I 409=334/SCH 246).

So wie sich ihm die Kirche darstellt, hätte der Reaktionär also nach dem Gesagten allen Grund, an seiner Kirche zu verzweifeln. Doch ist gerade von Verzweiflung im Werk Gómez Dávilas nichts zu spüren, einerseits wohl, weil Verzweiflung bekanntlich eine schwere Sünde ist, die dem Christen nicht ziemt[286], zum anderen, weil der messerscharfe Verstand des Reaktionärs nicht nur die glasklare Diagnose erstellt, sondern auch der Hoffnung Raum gibt: »Der Katholik, den das Los der Kirche mit Besorgnis erfüllt, hat aufgehört, Katholik zu sein« (E II 144=123/SCH 373). Der Reaktionär, so scheint es, hat sich mit seiner Niederlage abgefunden – im Unterschied etwa zu Nietzsche, der geschwankt habe, indem er nämlich die Waffen seiner Feinde aufnahm, was der Reaktionär seinerseits strikt verweigert (E II 150=128/SCH 376). Gómez Dávila verzweifelt auch deshalb nicht an der Kirche, weil er schon in vorkonziliarer Zeit zu der Einsicht gekommen war, daß die Kirche »die Kloake der Geschichte« ist, ein stürmischer Fluß menschlicher Unreinheit hin zu den reinen Wassern des Meeres (T 160=132=109).

285 Vgl. Katechismus der Katholischen Kirche, München 1993, 538 (Nr. 2089).

286 Siehe Katechismus der Katholischen Kirche, München 1993, 539 (Nr. 2091).

Die theologisch fundierte Frage nach dem Status der Sündhaftigkeit des Menschen führt den Reaktionär zur Reflexion auf das Problem des Bösen. Dieses gehört zu den am meisten verwickelten philosophischen und ethischen Problemen, mit denen das menschliche Denken sich befassen kann. Weil die Realität des Bösen in allen Schattierungen nicht geleugnet werden kann, sind verschiedene »Lösungen« dieses Problems angeboten worden; doch bleibt zuletzt auch hier immer eher eine Frage als eine Antwort, sobald wir mit der erschreckenden Realität des Bösen konfrontiert werden.[287] Die Philosophie aber, so Gómez Dávila, die dem Problem des Bösen ausweiche, sei lediglich ein Ammenmärchen für dumme Kinder (E I 432=353/SCH 261). Das Problem des Bösen, das Hannah Arendt auf der Basis ihrer Deutung des durch den Totalitarismus hervorgerufenen Geschichtsbruch als das wichtigste intellektuelle Problem der Nachkriegsepoche ansah, beschäftigt auch Gómez Dávila in grundlegender Weise als ein Problem der Moderne.[288] Das Böse hat demnach in der Moderne ein besonderes Gesicht angenommen, was bei Arendt zu radikalen Schlußfolgerungen in bezug auf die Dekonstruktion der gesamten abendländischen Tradition und Metaphysik führt. Reinhart Maurer stellt indes im Zusammenhang der Diskussion um die Lehren aus Auschwitz nüchtern fest, daß eine im Grunde alte thukydideische Einsicht aufs neue bestätigt wurde, nämlich »daß der Mensch zu allem, speziell zu jeder Grausamkeit fähig ist, und daß moderne Technik ihn nur noch fähiger macht«. Nur modernen Moralutopisten, so Maurer weiter, könne dies neu erscheinen, und er verweist zur Erläuterung auf eine der treffendsten, aber auch provozierendsten Glossen Gómez Dávilas, die das Problem des Bösen und seiner Existenz thematisiert: »Der größte moderne Irrtum besteht nicht in der These vom toten Gott, sondern im Glauben, daß der Teufel tot sei« (E I 117=100/SCH 73).[289] Er ergänzt dies verschiedentlich durch Glossen,

287 Vgl. Scruton: Modern Philosophy, 138-139, 527; Rüdiger Safranski: Das Böse oder das Drama der Freiheit, München 1997, 13-14.

288 Thomas Gutschker: Aristotelische Diskurse. Aristoteles in der politischen Philosophie des 20. Jahrhunderts, Stuttgart-Weimar 2002, 132-135.

289 Reinhart Maurer: Schuld und Wohlstand. Über die westlich-deutsche Generallinie, in: Heimo Schwilk/ Ulrich Schacht (Hg.): Die selbstbewußte Nation. „Anschwellender Bocksgesang" und weitere Beiträge zu einer deutschen Debatte, Frankfurt/M.-Berlin [2]1994, 76.

die eine ähnliche Tendenz aufweisen: »Viele glauben, daß der Teufel gestorben ist, während er heute bloß als Mensch verkleidet herumgeht« (E II 21=23/SCH 300). Gómez Dávila greift damit einen Gedanken auf, den er sowohl bei Baudelaire in den Prosagedichten als auch bei Joris-Karl Huysmans gefunden haben mag. Dieser hatte in seinem mit dem Teufelsproblem ringenden Roman Là-Bas eine Figur sagen lassen, es sei wohl Pater Ravignan gewesen, »der dargelegt hat, die größte Leistung des Teufels bestehe darin, erreicht zu haben, daß man ihn leugnet.«[290] In Wirklichkeit aber, so Gómez Dávila, sei der Teufel nicht verschwunden, sondern nur noch raffinierter geworden (E II 164=139/SCH 385).

So potenziert sich einerseits das Problem des Bösen in der Moderne, die über größere Vernichtungsmöglichkeiten verfügt als je eine frühere Epoche. Zugleich aber aktualisiert die Moderne damit nur zu ihren Bedingungen eine Möglichkeit, die gemäß der menschlichen Natur, wie es der von Gómez Dávila über alles geschätzte Thukydides formulierte, gleich oder ähnlich wieder geschehen kann wie z. B. in den Greueln des Bürgerkrieges in Kerkyra – »die stets vorhandene Bereitschaft zur Barbarei«.[291] Aus diesem Grunde sei dem Leser der antiken Geschichtsschreiber, so Gómez Dávilas gewagte Behauptung, der moderne Krieg vertraut; die Menschheit habe immer schon den totalen Krieg gekannt und die Unterwerfung des Krieges unter moralische und ästhetische Forderungen sei ein erstaunliches und fragiles Unternehmen gewesen (N 253=354=289). Gómez Dávila betrachtete wohl nicht zuletzt wegen der bleibenden Einsichten in die Natur des Menschen und ihre Reaktionsweisen im Ausnahmezustand den großen Realisten Thukydides (zusammen mit Jacob Burckhardt) als den vielleicht einzigen Erwachsenen, den es bisher gegeben habe (E II 132=113/SCH 366).[292] Müßte man aus allen Büchern das größte auswählen, so wäre dies für Gómez Dávila die *Geschichte des Peloponnesischen Krieges* (N 280-281=389=320). Er teilt diese Vorliebe für Thukydides mit Nietzsche, weil jener ihm ebenso wie diesem »durch

290 Joris-Karl Huysmans: Tief unten, ed. Ulrich Bossier, Stuttgart 1994, 325. Vgl. auch Denis de Rougemont: Der Anteil des Teufels, München 1999, 19, 187.

291 Max Horkheimer: Bewältigung der Vergangenheit, in: Das Prisma. Schulzeitung der Werratalschule 1 (1967), 16.

292 Thukydides: Peloponnesischer Krieg I 22,4. Vgl. Ernst Topitsch: Im Irrgarten der Zeitgeschichte. Ausgewählte Aufsätze, Berlin 2003, 161-162.

den unbedingten Willen, sich Nichts vorzumachen«, ein Vorbild ist.[293] Dadurch stellt sich der Reaktionär in eine Tradition realistischer Politikanalyse, die weiß, was vom politisch handelnden Menschen erwartet werden kann und muß (vgl. N 279=387=318) und deshalb mit dem Schlimmsten rechnet, ohne dieses freilich zu wünschen. Der Reaktionär kann deshalb auch sagen: »Der Fortschrittler triumphiert immer und der Reaktionär hat immer recht. Recht haben heißt in der Politik nicht, die Szene zu beherrschen, sondern vom ersten Akt an die Leichen des fünften vorherzusagen« (E I 116=98/SCH 72). Oder anders gesagt: »Wer die Revolution verteidigt, zitiert Diskurse; wer sie anklagt, zitiert Tatsachen« (SE 70=58/AB 40). Denn es ist wahr: »Es gibt kein Argument zur Widerlegung einer Doktrin, das sich mit der Geschichte ihres Triumphes vergleichen läßt« (N 312=431=356). Der Reaktionär weiß auch wie Carl Schmitt nur zu gut, daß sich normativ gedeutete Begriffe wie Religion oder Menschheit trefflich als Mittel zur Durchsetzung von Sonderinteressen verwenden lassen: »Das Verbrechen, das zu begehen man sich anschickt, ist manchmal so furchtbar, daß der Vorwand der Nation nicht ausreicht und man sich auf die Menschheit berufen muß« (E I 269=219/SCH 160).[294] Vor allem das 20. Jahrhundert habe dementsprechend »so viele Gemetzel im Namen so vieler durchsichtiger Betrügereien miterlebt« wie kein anderes Jahrhundert vorher (NE II 121=120/VP 204).

Nun wird niemand behaupten wollen, das Problem des Bösen sei mit solchen Überlegungen über den Teufel und die allgemeine Menschennatur bereits zureichend eingekreist oder gar geklärt. Allein, sie verweisen doch auf das für Gómez Dávila frappierende Faktum, daß zwar weithin nicht mehr an die Realität eines bösen Prinzips geglaubt wurde, doch das Böse gerade im 20. Jahrhundert sehr wohl eine bedrohliche Realität besaß, die über alles zuvor gekannte Maß hinausging. Es stellt sich deshalb nach den Erfahrungen des »Jahrhunderts der Barbarei« die Frage, ob das Böse zureichend als Abwesenheit des Guten zu verstehen oder doch eher als eine Fehlform des Guten, als »verfehlte Verwirk-

293 Friedrich Nietzsche: Götzen-Dämmerung, Was ich den Alten verdanke 2, KSA 6, München [2]1988, 156.

294 Vgl. Carl Schmitt: Der Begriff des Politischen. Text von 1932 mit einem Vorwort und drei Corollarien, Berlin 1991, 55.

lichung« des Guten verstanden werden muß.[295] Während bestimmte Denkströmungen fordern, die Idee des Guten an sich zu verabschieden, um so zugleich mit der Idee auch die Möglichkeit der mißbräuchlichen Berufung auf sie zu verabschieden, optiert Gómez Dávila nicht für diese Möglichkeit. Das, was fällt, soll man aus reaktionärer Sicht nicht noch stoßen (E I 92=80/SCH 342). Der Reaktionär weiß nämlich, daß die Idee des Guten aufzugeben hieße, die axiologische Grundorientierung des Menschen überhaupt zu zerstören. Er empfiehlt daher eine andere als die postmoderne Option eines a- oder transmoralischen Werterelativismus jenseits von Gut und Böse. Denn es ist seiner Auffassung nach gerade die Schwächung des Guten, welche die Bedingungen für den Triumph der Niedertracht und des Bösen schafft: »Das Böse kann nicht siegen, wo das Gute nicht schal geworden ist« (NE II 178=173/VP 239). Und an anderer Stelle heißt es prägnant und nachdenklich zum gleichen Problemkreis: »Der Teufel kann ohne die leichtfertige Kollaboration der Tugenden nicht viel ausrichten« (NE II 29=31/VP 147). Es entspricht der reaktionären Weltsicht, unmißverständlich an der Unterscheidung von gut und böse festzuhalten und diese Unterscheidung nicht nur als willkürliche Setzungen, sondern als elementare Einsicht in die Struktur der Wirklichkeit zu betrachten.

6. Geschichte und Geschichtsschreibung

Die Geschichte als Geschehen wie auch der Geschichtsschreiber werden von Gómez Dávila mit besonderer Aufmerksamkeit gewürdigt. Die Geschichte ist dabei für den Reaktionär keine normative Instanz, der gegenwärtige Punkt des Geschehens ist kein privilegierter Standpunkt, von dem aus wir erblicken können, wie herrlich weit wir es doch gebracht haben. Die bloße historische Notwendigkeit allein erheische noch keinen Respekt; vielmehr erheische nur der Erfolg des Respektablen Respekt (SE 107=89/AB 61). Auch wenn diese paradoxe Formulierung tautologisch erscheint, führt Gómez Dávila mit ihr ein Kriterium zur Beurteilung geschichtlicher Vorgänge ein, das sich nicht allein der Geschichte verdankt. Er teilt offensichtlich die Position

295 Siehe Horst Seidl: Sittengesetz und Freiheit. Erörterungen zur Allgemeinen Ethik, Weilheim-Bierbronnen 1992, 193.

der klassischen Philosophie, daß es prinzipiell möglich ist, genauer: daß es de facto einem Einzelnen möglich ist, die Meinungen seiner Zeit hinter sich zu lassen. Es ist dem Menschen grundsätzlich möglich, einen Standpunkt zu gewinnen, von dem aus er über die Ideale seiner eigenen Zivilisation wie anderer Zivilisationen urteilen kann. Der Mensch ist so nicht gänzlich seiner eigenen Gesellschaft und Zeit versklavt.[296] Oder in den drastischeren Worten Gómez Dávilas: »Wenn man sagt, jemand ›gehöre seiner Zeit‹ an, sagt man lediglich, daß er mit der Mehrheit der Trottel (tontos) in einem bestimmten Moment übereinstimmt« (SE 30=25/AB 17). Dabei ist jedoch die Wahrheit nicht etwas »außerhalb« der Geschichte, sondern etwas, das sich in konkreter Form in der Geschichte verkörpert und in dieser aufgespürt werden muß.

Die Geschichtswissenschaft, die uns andere Zeiten nahebringt und dadurch auch die Gefahr in sich birgt, uns in eine Distanz zu unserer eigenen Zeit zu setzen und so den praktischen Aufgaben dieser Zeit zu entfremden, hängt in vielem von der Persönlichkeit des Historikers ab sowie von seinem Gespür für die Komplexität der Dinge. Der Marxist eignet sich deshalb als solcher meist nicht für die Aufgabe der Geschichtsschreibung, genügt ihm doch Gómez Dávila zufolge lediglich ein Wortschatz von zehn Worten zur Erklärung der Geschichte (E I 199=163/SCH 119). Der einfältige Historiker mache zudem den Fehler, der Welt, die er interpretieren will, die Struktur seiner eigenen Zeit aufzuzwingen, wodurch die Autonomie der geschichtlichen Ereignisse mißachtet werde (T 141-142=118=96). Gute Geschichtsschreibung dagegen bedürfe eines subtileren philosophischen Rahmens, damit die historische Erzählung sich über den Status einer bloßen Dokumentation erhebe (T 142=118=96). Auch zeichnet sie sich stilistisch durch ihre Nähe zur Literatur aus, worin selbst angesichts neuerer Forschungsergebnisse ein bleibender Wert liegt: »Das Buch des Historikers, der Geschichtswerke zu schreiben versteht, veraltet nicht mehr und nicht weniger als ein guter Roman.« (NE II 256=199/VP 256) Dem entspricht die Auffassung, daß die Geschichte sich niemals zu einer strengen Wissenschaft machen läßt (E I 175=144/SCH 105). Die Vielfalt

296 Vgl. Leo Strauss: Naturrecht und Geschichte, Stuttgart 1956, 3.

und Komplexität der historischen Fakten bringe es zudem mit sich, daß für jede historische Theorie irgendein Anwendungsbeispiel aufzufinden sei (E II 197=166/SCH 404) – was Gómez Dávila als Indiz dafür nimmt, daß solchen Thesen mit großer Skepsis zu begegnen ist, wenn sie über ihren eigentlichen Geltungsbereich, den jeweiligen einzelnen Fall, hinaus ausgedehnt werden. Der Historiker müsse daher sein Augenmerk auf das jeweils Auszeichnende richten, weshalb er drei Themen habe: »die Individualität der Personen, die Individualität konkreter Ganzheiten, die Individualität des Augenblicks« (E II 206=173/SCH 409). Nur der Historiker, der sich dieses Umstandes bewußt ist, könne zum guten Historiker werden. Die größte Freude des wahren Historikers sei demnach das Schauspiel einer These, die angesichts einer einzigen Tatsache in tausend Stücke zerschlagen werde (E II 492=398/SCH 568).

Man darf wohl sagen, daß das Anliegen des Reaktionärs in bezug auf die Geschichte darin besteht, diese nicht einem vorgefertigten ideologischen Schema zu unterwerfen. Daher findet sich bei Gómez Dávila auch keine Geschichtsphilosophie in einem präzisen Sinne.[297] Keine Geschichtsphilosophie habe es vermocht, ihn zu überzeugen, denn in jeder begegne er einer schrecklichen Neigung zur Leichtigkeit (N 20=54=27/NR 41-42). Denn jede Geschichtsphilosophie unterliegt der Versuchung, dem historischen Geschehen einen immanenten Sinn zuzuschreiben, der durch die bloße Faktizität dieses Geschehens nicht erwiesen werden kann. Keine Geschichtsphilosophie biete ein System, das nicht durch die Erwägung von zwei oder drei Tatsachen automatisch widerlegt werde (N 20=54=27/NR 42). Verkappte geschichtsphilosophische Thesen können sich zudem höchst nachteilig auf die Geschichtsschreibung auswirken, wenn sie den Eigenwert historischer Phänomene ignorieren: Die größte Sünde des Historikers bestehe darin, irgendeine Epoche allein als Vorwegnahme, Vorbereitung oder Ursache einer anderen zu betrachten (E I 477=390/SCH 288). Die fortschrittlichen Geschichtsphilosophien seien denn auch nicht mehr als Hintertreppenromane für Fräulein, die von happy endings abhängig seien (E II 211=177/SCH 412). Die einzige Finalität, die der Geschichte am Ende innewohne,

297 Vgl. Reinhart Maurer in: Philosophische Rundschau 36 (1989), 154.

bestehe vielleicht nur darin, wie Gómez Dávila ernüchtert feststellt, den Historiker zu unterhalten (E II 162=137/SCH 383).

Weder eine Geschichtsinterpretation, die sich auf die Vorsehung stützt, noch eine fortschrittliche Interpretation könne der Geschichte gerecht werden, ebenso wenig wie eine Reduktion der Vielfalt geschichtlicher Ereignisse auf einen einzigen Faktor oder eine einzige Gruppe von Faktoren (T 145-147=121-123=99-101). Die Geschichte als Ausdruck der göttlichen Vorsehung zu deuten, ist Gómez Dávila zufolge nichtssagend, denn es handele sich um eine Erklärung, die nichts erklärt. Es gibt naturgemäß nur das Ereignis selbst, das als Hinweis auf die Ratschlüsse der Vorsehung interpretiert werden kann, weil uns die Ratschlüsse Gottes selbst verschlossen bleiben müssen. Die Vorsehung bleibt daher gerade für die Hauptaufgabe des Historikers, ein Ereignis, einen Menschen, ein Werk zu verstehen, völlig ohne Belang (T 143=120=97). Die fortschrittliche Geschichtsinterpretation bietet ein anderes Schema, dem sie sich zu fügen hat, nachdem der Historiker der Geschichte ein Ziel gesetzt hat, auf das hin nun alles Geschehen unter Mißachtung unliebsamer Tatsachen ausgelegt wird. Geschichtliche Ereignisse werden auch in dieser Sicht nur als Schritte hin einem Ziel bedeutsam und verlieren ihren Eigenwert (T 146-147=122=99-100). Reduktionistische Geschichtsdeutungen können gleichfalls eine gewisse Plausibilität für sich geltend machen, da die ausgewählten Faktoren des historischen Geschehens, sei es der Sexualtrieb, der Volkscharakter oder ein Sozialverhalten, wegen ihres universellen Charakters überall nachgewiesen werden können. Die geschichtliche Vielfalt wird demnach durch Schemata dieser Art auf künstliche Weise kohärent gemacht (T 147=122-123=100).

Der Reaktionär bemüht sich darum – in den Worten Ernst Noltes –, sich nicht über »den verwirrenden und tragischen Aspekt der Weltgeschichte« hinwegzutäuschen, wie es die politisch korrekte Geschichtsschreibung aller Zeiten gerne tut.[298] Es verwundert daher auch nicht, daß Gómez Dávila eine große Geistesverwandtschaft mit Jacob Burckhardt verspürte. Er nannte Burckhardt und Montaigne seine

298 Ernst Nolte: Der kausale Nexus. Über Revisionen und Revisionismen in der Geschichtswissenschaft. Studien, Artikel und Vorträge 1990-2000, München 2002, 11.

Schutzpatrone (E I 430=350/SCH 258). Dies mit gutem Grund: Denn Burckhardt hatte bereits in seinen *Weltgeschichtlichen Betrachtungen* mit großer Eindringlichkeit eine Analyse des Massenzeitalters versucht, die spürbar aus einem aristokratischen Geist geschrieben und von düsteren Vorahnungen erfüllt war. Für Burckhardt stellte sich die geschichtliche Entwicklung seit der Renaissance als Verfall dar, und insbesondere die Französische Revolution stand am Beginn der geschichtlichen Krisen der folgenden Jahrhunderte. Dies ist eine Auffassung, die Gómez Dávila zweifellos teilte. Aus einer tiefen Einsicht in die Zusammenhänge prophezeite Burckhardt, daß dem »Jahrhundert der Bildung« im 20. Jahrhundert die Barbarei folgen werde. Burckhardt sah die Heraufkunft von terribles simplificateurs, von schrecklichen Vereinfachern, voraus, durch welche die Autorität wiederum ein »schreckliches Haupt« erheben werde (E II 373=305/SCH 503).[299] Gómez Dávilas positiver Bezug auf die antiken Autoren als Gegenbild zur fortschrittsoptimistischen Moderne verbindet ihn zugleich mit dem Kulturpessimismus, der Demokratiefeindlichkeit und dem extremen Individualismus bei Burckhardt und Nietzsche, in denen Frank Lisson »den Kulminationspunkt einer antimodernen Haltung« erblickt.[300] Montaigne dagegen dürfte für Gómez Dávila in einer doppelten Perspektive vorbildhaft gewesen sein, einmal als der Skeptiker der *Essais*, der gegenüber jedweder Anmaßung des Wissens seine Vorbehalte anmeldete, das andere Mal als der praktizierende Katholik seiner Reisetagebücher, der gerade den Aufklärungsphilosophen des 18. Jahrhunderts anstößig erschien.[301] Gómez Dávila dürfte sich mit Montaigne auch in seiner Kritik an einer rationalistischen Theologie einig gewesen sein, die an den Sinn und die Möglichkeit eines physiko-theologischen Gottesbeweises glaubte; und schließlich verkörperten beide, Montaigne wie Gómez Dávila, das spannungsvolle Miteinander von antikheidnischen philosophischen Impulsen und katholischer

299 Siehe dazu Karl Löwith: Jacob Burckhardt. Der Mensch inmitten der Geschichte, Stuttgart 1966, 9-10, 245.

300 Frank Lisson: Hellas als unerreichbare Gegenmoderne. Die Entstehung des tragischen Bewusstseins aus der Griechensehnsucht in der deutschen Altertumswissenschaft zwischen 1800 und 1875, Hamburg 2013, 69.

301 Siehe Michel de Montaigne: Tagebuch der Reise nach Italien über die Schweiz und Detuschland von 1580 bis 1581, übersetzt von Hans Stilett, Frankfurt/M. 2014.

Frömmigkeit.[302] Auffällig häufig nimmt Gómez Dávila in seinen Aphorismen auf das Konzept der Gnosis Bezug, um geschichtliche Phänomene zu charakterisieren. Hier bestehen gewisse Parallelen zu der Modernitätskritik Eric Voegelins, dessen Revolte gegen die Moderne ihm bereits mit einer gewissen Berechtigung das Epitheton »reaktionär« eintrug.[303] Zwar finden sich erwartungsgemäß im Werk Gómez Dávilas keine expliziten Verweise auf Voegelin, doch ist bekannt, daß der Kolumbianer dessen Arbeiten studierte.[304] Voegelin hatte es in seinem großangelegten Werk unternommen, dem Problem der politischen Ordnung und ihrer Symbolisierungen auf den Grund zu gehen. Ideologische Verzerrungen ergaben sich für Voegelin vor allem dadurch, daß sich der Mensch dem göttlichen Grund seiner Existenz verschließt und dadurch »sekundären Wirklichkeiten«, das heißt Ideologien, erliegt. Während sein Hauptwerk erst nach und nach posthum veröffentlicht wurde und inzwischen auch in deutscher Übersetzung zugänglich gemacht wird, entfaltete Voegelins kurze und prägnante Schrift Die Neue Wissenschaft von der Politik (1952) eine gewisse untergründige Wirkung. In dieser Schrift, ebenso wie in seiner Münchner Antrittsvorlesung von 1958 unter dem Titel »Wissenschaft, Politik und Gnosis«, bestimmte er das Wesen der Moderne als gnostisch.[305] Zwar setzte Voegelin die historisch-philosophischen Befunde über die Gnosis voraus, wie sie etwa Hans Urs von Balthasar und Hans Jonas dargelegt hatten, doch ging er dann in einem zweiten Schritt weit darüber hinaus und vermeinte, gnostische Denk- und Wahrnehmungsstrukturen in nahezu allen modernen Ideologien und Weltanschauungen zu entdecken.[306] Schon in den dreißiger Jahren hatte Voegelin versucht, mittels des Konzeptes der

302 Vgl. Regine Brossmann: Versuche über Montaigne, in: Michel de Montaigne: Montaigne über sich selbst. Essais und Reisetagebuch – eine Auswahl in bographischer Folge, Stuttgart 2013, XXXIX-XLV

303 Ted V. McAllister: Revolt Against Modernity. Leo Strauss, Eric Voegelin, and the Search for a Postliberal Order, Lawrence 1995, 262.

304 Freundliche Mitteilung Franco Volpis.

305 Siehe Eric Voegelin: The New Science of Politics. An Introduction, Chicago 1987, 107-132; Der Gottesmord. Zur Genese und Gestalt der modernen politischen Gnosis, hg. von Peter J. Opitz, München 1999; dazu auch Harald Bergbauer: Eric Voegelins Kritik an der Moderne, Würzburg 2000.

306 Vgl. Till Kinzel: Stand und Probleme der Erforschung des Konservatismus in Kanada, in: Caspar von Schrenck-Notzing (Hg.): Stand und Probleme der Erforschung des Konservatismus (Studien und Texte zur Erforschung des Konservatismus 1), Berlin 2000, 209-210.

»politischen Religionen« dem Phänomen des Totalitarismus analytisch beizukommen.[307] Der Nationalsozialismus sollte als religiöses Phänomen verstanden werden, gleichsam als Realpräsenz des Bösen, das nur unzureichend erfaßt werde, wenn es als Rückfall in die Barbarei des dunklen Mittelalters gedeutet wird. Voegelin sah den Nationalsozialismus nicht als einen solchen Rückfall an, sondern als ein Resultat der »Säkularisierung des Lebens« im Gefolge der Humanitätsidee. Durch diese Säkularisierung sei der Boden bereitet worden, »auf dem antichristliche religiöse Bewegungen wie der Nationalsozialismus erst aufwachsen konnten.« Voegelin war sich im klaren darüber, daß allein das Aufwerfen dieser politisch-theologischen Frage in dem von ihm gewählten Horizont ein Tabu verletzte.[308] Denn die Diagnose, daß die »Massenreligionen der modernen Gnosis« aus der Immanentisierung christlicher Ideen erwuchsen, ließ die Möglichkeit jeglicher bloß säkularistischer Therapie im Ansatz als zweifelhaft, wenn nicht unmöglich erscheinen.[309] Die Wirklichkeit in all ihren Dimensionen, also einschließlich der Transzendenz, der Offenheit des Menschen zum göttlichen Grund, mußte rehabilitiert werden. Gómez Dávila übernimmt Denkfiguren Voegelins, wenn er die Französische Revolution als höchste Welle der gnostischen Flut bezeichnet (NE I 200=191/VP 126), also der Selbstvergottung des Menschen. Gómez Dávila legte großen Wert auf die elementare Erkenntnis Joseph de Maistres und Jules Michelets, daß es sich bei der Französischen Revolution um ein religiöses Phänomen gehandelt habe (NE II 28=30/VP 147); Michelet habe als bester Historiker des Revolutionsgeistes verstanden, daß sich Revolution und Christentum diametral gegenüberstünden (NE I 190=182/VP 119). Insbesondere de Maistre hatte, was Gómez Dávila allerdings, soweit ich sehe, nicht direkt zitiert, die Revolution mit dem denkbar schärfsten Urteil bedacht, als er deren Wesen schlichtweg als satanisch charakterisiert.[310] Indem Gómez Dávila immer wieder auf diese Einschätzungen verweist und ihnen zustimmt, distanziert er sich implizit auch von der These,

307 Eric Voegelin: Die politischen Religionen, hg. von Peter J. Opitz, München 1996.

308 Voegelin: Die politischen Religionen, 6-7.

309 Eric Voegelin: Ordnung und Geschichte VII: Aristoteles, München 2001, 21.

310 Vgl. Hans Maier: Revolution und Kirche. Zur Frühgeschichte der christlichen Demokratie, München 1975, 46, 51-52, 133.

es bestehe eine gleichsam innere Verwandtschaft zwischen dem Christentum und der politischen Linken, ein konsequenter Christ könne nur links sein.

Unter Bezugnahme auf Autoren wie Doderer, Musil und Karl Kraus bestimmte Voegelin jene modernen gnostischen Ideologien als spezifische Formen der Apperzeptionsverweigerung mit sogenannten sekundären Realitäten als Folge. Die Konstruktion dieser zweiten Wirklichkeit, die eine durch falsche Theorien und Ideologien hervorgebrachte ist, kann verstanden werden als eine Korruption des genuinen Strebens nach Transzendenz. Unter dem Diktat der von seiner Weltanschauung sanktionierten Apperzeptionsverweigerung entfremdet sich der Mensch der vorgegebenen Wirklichkeit, bis hin zur Leugnung oder Politisierung der Transzendenz.[311] Voegelin sah ein hervorragendes Beispiel für die literarische Gestaltung dieses Phänomens der »zweiten Wirklichkeit« in einem der unbestritten kanonischen Werke der Weltliteratur, dem Don Quijote von Miguel de Cervantes, ein Werk, das Gómez Dávila offensichtlich schätzte, aber als das Geschenk eines ironischen Werkes an ein Volk ohne Ironie bezeichnete (E I 355=288/SCH 212). Gómez Dávilas Werk im ganzen und jeder seiner Sätze im einzelnen stellen den Versuch dar, gegen die von Voegelin als Ideologien bestimmten »zweiten Wirklichkeiten« einen gnadenlosen Guerillakrieg zu führen, wobei sich Gómez Dávila der Tatsache bewußt ist, daß er sich bei seiner Tätigkeit als Freischärler keiner breiten Unterstützung gewiß sein kann (vgl. SE 124=104/AB 71). Der Partisan in diesem Sinne bedient sich aller Mittel der geistigen Kriegführung, über die ein Schriftsteller verfügt, und schreckt auch vor der ultima ratio geistiger Auseinandersetzungen nicht zurück, dem geistigen Attentat: »Der Tyrannenmord muß heute im Erdolchen gewisser Ideen bestehen« (E II 429=348/SCH 534). Gómez Dávila, der auf diese Weise völlig illusionslos gegen die heutige Welt konspiriert – »geduldig, zäh, ausdauernd« (NE II 198=192/VP 251) –, sieht doch auch einen blassen Schimmer der Hoffnung am Horizont, weil der Reaktionär nicht in Wahlperioden, sondern in Jahrtausenden rechnet. Die Geschichte jedenfalls kennt keine Teleologie – sie ist

311 Eric Voegelin: Hitler and the Germans (Collected Works 31), hg. und übersetzt von Detlev Clemens und Brendan Purcell, Columbia 1999, 239-256. Vgl. Autobiographical Reflections, Baton Rouge 1996, 97-98.

offen und muß nicht zu jener »Mischung aus Bordell, Verlies und Zirkus« führen, die Gómez Dávila für eine mögliche und sogar höchst wahrscheinliche Zukunft der Welt hielt (NE II 197=192/VP 251). Die Offenheit der Geschichte setzt jedoch, wenn man sie wirklich ernst nimmt, dem Blick in die Zukunft enge Grenzen: »Das Kartenlegen ist billiger als die Futurologie und irrt sich auch nicht öfter« (E II 79=70/SCH 335). Der Historiker sollte sich daher hüten, zum Futurologen zu werden: »Vermeiden wir Prophezeiungen, wenn wir nicht mit der Geschichte in schlechtem Einvernehmen leben wollen« (NE II 107=107/VP 195).

7. Das Politische in der Moderne – die Demokratie in der Kritik

Die Politik erinnert an die Sphinx der Fabel: sie verschlingt alle, die ihre Rätsel nicht auflösen.

Rivarol

Der Reaktionär ist, so paradox es anfangs auch angesichts seiner radikalen politischen Abstinenz erscheinen mag, ein politischer Denker, ein Denker der Politik. Obwohl und weil die Kritik des Reaktionärs an den Erscheinungsformen der modernen Welt und Politik tiefgehend und grundsätzlich ist, nimmt die Analyse eben dieser Phänomene einen nicht unerheblichen Raum ein. In der Auseinandersetzung mit den politischen Strömungen der Gegenwart des 20. Jahrhunderts entwickelt der Reaktionär seinen eigenen Standpunkt; aus der okkasionellen Betrachtung von Einzelaspekten kristallisiert sich nach und nach ein Kern politischer Grundauffassungen heraus, die für das reaktionäre Denken über die Politik als charakteristisch gelten dürfen. Angesichts der Verfänglichkeit des Terminus »reaktionär« bedarf es einer besonders differenzierten Achtsamkeit, um nicht begriffliche und politische Verwirrung zu stiften. Auch sind die Sätze Gómez Dávilas, wie bereits oben ausgeführt, nicht in Gänze als Dogmen oder unbezweifelbare Wirklichkeitsbestimmungen zu verstehen – situationsbezogene Aussagen im Dienste einer konkreten Polemik sind allemal in Rechnung zu stellen. Dies erhellt etwa aus der allgemeinen Feststellung, daß Ungleichheit und Gleichheit Thesen darstellten, »die wechselseitig gegen das jeweils herrschende soziale Klima zu verteidigen sind« (SE 73=60/AB 42), die also beide ihre je nach den konkreten Umständen relative Berechtigung haben. Nicht so sehr allgemeine Aussagen über Gleichheit und Ungleichheit, obwohl auch diese sich finden, sondern die Analyse einer konkreten Situation und ihrer Erfordernisse verlangt Gómez Dávila – was mutatis mutandis für jedes Problemfeld gilt, auf dem mit der Gefahr der Vereinfachung und der Abstraktion gerechnet werden muß.

Zu den Grundauffassungen der reaktionären Politik gehört einerseits die Ablehnung revolutionärer Veränderungen mit den jeweils gefährlichen Folgen solcher Veränderungen. Andererseits aber gehört dazu auch ein reformistischer Minimalismus, der dem Bewahren einer stabilen und hierarchischen Ordnung Priorität einräumt: »Die Goldene Regel in der Politik: nur winzige Veränderungen in der größtmöglichen Langsamkeit vornehmen« (SE 136=114/AB 78). In der Politik sei nicht der kürzeste Weg zwischen zwei Punkten der richtige, sondern ein Bogen (E II 300=248/SCH 463). Für Gómez Dávila ist eine politische Verfassung dann gut, wenn es gelingt, ihr Dauer zu verschaffen (E I 400=326/SCH 241), weshalb es auch die größte politische Dummheit sei, eine Verfassung zu reformieren (N 316=435=360). In dieser Einschätzung zeigt sich deutlich ein konservatives Moment, das der Annahme von Burke ähnelt, daß die lange Dauer eines politischen Systems ein Indiz für die politische Güte darstellt, weil nur das dauert, was sich bewährt hat.

Der Staat hat in der Sicht des Reaktionärs nicht die Aufgabe, die moralische Oberaufsicht über seine Untertanen, auch wenn er diese als Staatsbürger bezeichnet, zu führen. Vielmehr komme es darauf an, daß der Staat auf der Basis einer gesunden sozialen Struktur errichtet wird, die der Regierungstätigkeit enge Grenzen setzt: »Nur eine politische und soziale Struktur, die es unmöglich macht viel zu regieren, garantiert eine gute Regierung« (SE 140=118/AB 80). Es bedarf deshalb möglichst vieler Hindernisse, die die Freiheit des Gesetzgebers einschränken (SE 87=73/AB 51). Gerade eine Auflösung oder Abschaffung der Klassen, wie sie der Marxismus anstrebt, trägt zur Stärkung der Staatsmacht bei. Denn diese muß künstlich eine Ordnung aufrechterhalten, welche von der Gesellschaft nicht mehr repräsentiert wird. Dies jedenfalls ergibt sich aus einer polemisch zugespitzten Glosse, gemäß der die Polizei die einzige Sozialstruktur einer klassenlosen Gesellschaft sei (SE 108=90/AB 62). Die meisten Aufgaben, von denen der typische Herrscher oder Regierende des 20. Jahrhunderts glaubt, er müsse sie an sich ziehen, stellen für Gómez Dávila nichts als einen Mißbrauch der Macht dar (SE 107=90/AB 62). Dem Staat einen anderen Zweck zuzuschreiben als die Durchsetzung des Rechts, hieße, ihn der Willkür des jeweils Befehlenden auszuliefern. Geht der Staatszweck über die Aufgabe, dem Recht zur Geltung zu verhelfen hinaus, so Gómez Dávila, gebe es keinen unverschämten Vorschlag, keine schreckliche Sache, die er nicht irgendwann unterstützte (DI 81). Das Beängstigende an der Bürokratie sei daher auch nicht, wie man gemeinhin annimmt, ihre Ineffizienz, sondern gerade daß sie funktioniere (E II 120=103/SCH 359; vgl. E II 160=136/SCH 383). Gómez Dávila tritt also für eine gegenüber einer überbordenden Staatstätigkeit weit zurückgedrängte Regierungskompetenz ein, deren Aufgabenbereich genauer bestimmt werden muß. Anders als der links wie rechts gleichermaßen betriebene »Rationalismus in der Politik« (Michael Oakeshott) verwirft Gómez Dávila die scheinbar so rationalen Vorgehensweisen gesellschaftlicher Planung in diesem Bereich.[312] Denn die Freiheit verdanke sich geradezu dem unvollkommenen Zusammenspiel der Teile der sozialen Maschine (E II 309=255/SCH 468). Die weise Politik bestehe darin, heißt es einmal in libertär anmutender Weise, die Gesellschaft zu stärken und den Staat zu schwächen (E I 31=31/SCH 25), denn dieser ist, wie Gómez Dávila durchaus mit Nietzsche einigging, ein Ungeheuer (N 300=415=434). Damit hängt zusammen, daß der Reaktionär die Existenz unterschiedlicher gesellschaftlicher Klassen und Schichten ohne Wenn und Aber akzeptiert und nicht als Krankheit des Gesellschaftsorganismus sozialtechnisch beheben möchte. Es sei gerade die Existenz solcher Klassen, die eine wahre Zivilisation auszeichne, wobei die

312 Vgl. Michael Oakeshott: Rationalismus in der Politik (Politica 25), Neuwied/Berlin 1966, 9-45. Oakeshotts ursprünglich 1947 veröffentlichte Diagnose hat seither nichts an Brisanz und Überzeugungskraft eingebüßt. Oakeshott teilte mit Gómez Dávila die Wertschätzung der französischen Moralisten, an erster Stelle Montaigne. Siehe auch Till Kinzel: Michael Oakeshott – Philosoph der Politik, Schnellroda 2007.

höheren Klassen auch eine entsprechende zivilisatorische Funktion erfüllen müßten (z. B. SE 171=144/AB 98). Der Reaktionär zöge daher die Aristokratie der Demokratie vor (E I 291=236/SCH 173). Selbstredend gibt sich der Reaktionär keinen Illusionen hin über die mangelhafte Art und Weise, auf die viele höhere Klassen in der Geschichte diese Funktion erfüllt haben. Einen Ersatz aber gibt es für diese nicht. Der Reaktionär hat aus diesem Grunde ein unverkrampftes Verhältnis zur Existenz von Eliten. Gewisse radikale Spielarten der Demokratie, die als Demokratismus ideologischen Charakter annehmen[313], suggerieren, es sei möglich, Institutionen oder Gesellschaften überhaupt mittels einer Fundamentaldemokratisierung ohne Eliten zu organisieren. Daraus folgt, daß die Vertreter einer solchen Theorie einen entsprechenden Antielitismus pflegen. Doch sieht der Reaktionär im Vorwurf des »Elitismus« nichts als ein Schlagwort der Dummköpfe, da das Prinzip der Auswahl sowohl für Institutionen wie für Bibliotheken grundlegend sei (NE II 119=118/VP 203).[314] Er präzisiert dann seine Elitentheorie, indem er jene Gesellschaft als aristokratisch bezeichnet, wo die Macht in den Händen derjenigen liege, welche die meisten Pflichten haben (N 217=308=250).

Daß der Reaktionär revolutionären Bestrebungen und gewaltsamen Umsturzbewegungen abhold war, kann angesichts dieser Einsichten in die Grundaxiome der Politik nicht weiter überraschen. Die Verneinung der Revolution geschieht allerdings von seiten Gómez Dávilas nicht als blinde und verständnislose Verwerfung; vielmehr betrachtet sich der Reaktionär auch als Erbe der revolutionären Tradition, und zwar als ein besserer Erbe als der Revolutionär selbst (E II 499=404/SCH 572). Der Reaktionär vermag die partielle Berechtigung des revolutionären Impulses auch dann noch zu verstehen, wenn die Geschichte über die jeweilige revolutionäre Mode hinweggegangen ist und der Revolutionär von anderen Revolutionären verdrängt und zum Konterrevolutionär gemacht wurde.[315] Damit zeigt er ein Verständ-

313 Dazu Friedrich Tenbruck: Demokratie als Ideologie: der Demokratismus, in: Wolfgang Hardtwig/ Harm-Hinrich Brandt (Hg.): Deutschlands Weg in die Moderne. Politik, Gesellschaft und Kultur im 19. Jahrhundert, München 1993, 95-105.

314 Vgl. dazu Giovanni Sartori: Demokratietheorie, Darmstadt 1997, 165-173.

315 Christoph Weber: »Meine Überzeugungen sind die des alten Weibes, das im Winkel der Kirche seine Gebete murmelt«. Marginalien und Aphorismen Nicolás

nis für die Impulse der Linken. Das geht dem Konservativen vom Temperament her ab, jedenfalls, sofern dieser nicht Renegat der Linken ist. Weil er in langen Zeiträumen rechnet, weiß der Reaktionär, daß der Revolutionär von heute dies nicht lange bleiben wird. Um den Reaktionär anschaulich zu definieren, erinnert Gómez Dávila schließlich an Justus Möser, der als »erster Reaktionär der neueren Geschichte« nicht gegen die Revolution, sondern gegen den Absolutismus Stellung bezogen habe (NE I 170=163/VP 108; vgl. E II 60=55/SCH 323). Martin Mosebach hat nachdrücklich darauf hingewiesen, daß Gómez Dávilas Aufmerksamkeit für Möser kein Zufall sei und seine Würdigung als »erster Reaktionär der neueren Geschichte« als besonderer Ehrentitel zu verstehen sei.[316] Die gemischte Haltung zum Phänomen der Revolution kennzeichnet auf andere Art auch das Verhältnis Gómez Dávilas zum Konservatismus.

Angesichts der allseits diagnostizierten Beschleunigung gesellschaftlichen Wandels gewinnt gerade der Konservatismus eine neue Dimension und Notwendigkeit. Die Auffassung derer gewinnt an Plausibilität, welche die Rechtfertigungszwänge denjenigen aufbürden möchten, die etwas verändern wollen, nicht aber denen, die für den Erhalt bestimmter Dinge eintreten (Hermann Lübbe). Konservatismus erweist sich dabei weniger als das heilige Gesetz der Theorie; vielmehr ist er eine weise Maxime der (üblichen) Praxis, die es freilich stets neu zu überdenken gilt. Für Gómez Dávila steht eine solche Haltung allerdings unter einem grundsätzlichen Vorbehalt: »Der Reaktionär wird nur in den Epochen ein Konservativer, die etwas bewahren, das es wert ist, erhalten zu werden« (E II 52=48/SCH 319). Somit konnte Burke »noch Konservativer sein«, weil zu seiner Zeit noch erhaltenswerte Traditionsbestände existierten, die der »Fortschritt« seitdem zunichte gemacht habe (SE 126=105/AB 72). Der Konservative, der die spezifischen Charakteristika als Symptome der Krankheit sieht,

Gómez Dávilas, in: Kirche und Gesellschaft im Wandel der Zeiten. Festschrift für Gabriel Adriányi zum 75. Geburtstag mit einer Bibliographie, hg. von Hermann-Josef Scheidgen, Sabine Prorok und Helmut Rönz, Nordhausen 2012, 575, meint, der Begriff »Konterrevolutionär« sei für Gómez Dávila angemessener als der des Reaktionärs.

316 Martin Mosebach: Am Ende der Welt. Ein Besuch bei Nicolás Gómez Dávila, in: Schöne Literatur. Essays, München 2006, 98. Siehe auch Virgil Nemoianu: A Theory of the Secondary. Literature, Progress, and Reaction, Baltimore 1989, 101-107, 109-111, der Möser mit Rivarol vergleicht.

die er bekämpft, müsse daher zum Reaktionär werden.[317] Bereits Nietzsche, einer der großen Denker der Rechten, war zugleich ein scharfer und unbarmherziger Kritiker der Konservativen,[318] und so meldet auch Gómez Dávila seine kritischen Bedenken gegenüber manchen Konservativen an, die nur aus Not welche wurden: »Bei jenen, die nur die Erfahrung zu Konservativen gemacht hat, machen sich schnell die liberalen Eselsohren bemerkbar« (NE II 36=38/VP 152). Es gebe zwei klar unterschiedene Arten von Konservativen. Die einen seien Konservative aus Trägheit des Geistes, deren Selbstzufriedenheit sie daran hindere, sich irgendeine Veränderung herbeizuwünschen. Zur zweiten Klasse gehörten dagegen die wahren Skeptiker oder jene, die von einer uneingeschränkten Notwendigkeit zu denken bezwungen würden. Vor allem die Letzteren benötigten die äußere Ruhe, da sie nicht in der Lage seien, zugleich die Ungewißheit, die Unordnung, die Unruhe, das Chaos ihrer Gedanken und der Welt zu ertragen (N 140=209=162-163). Es dürfte evident sein, daß Gómez Dávilas eigene Haltung der des skeptischen und denkenden Konservativen nahekommt. Der Reaktionär bestimmt seine Position zudem im Kontrast zu der des Fortschrittlers und des Konservativen, indem er auf die unterschiedliche Haltung gegenüber der Geschichte verweist. Denn der Reaktionär akzeptiert die Geschichte nicht als Maßstab, weder des Vergangenen noch des Kommenden (RA 19).

Daß der Reaktionär kein Linker ist und sein kann, versteht sich von selbst. Denn in der Moderne gehöre ohnehin fast jeder der Linken an (SE 115=96/AB 66). Die fortschrittliche Linke sei geradezu prädestiniert für den Konformismus (SE 161=136/AB 92; vgl. SE 156=132/AB 89). Zudem müsse man ernsthaft an der intellektuellen Substanz der Linken zweifeln, wie eine etwas süffisante Glosse zeigt: »Das Linksparteilertum der Mehrheit der Linksparteiler ist ganz und gar verständlich, doch ein intelligenter Mensch mit linken Ideen sollte ernsthaft sein Gewissen prüfen« (NE II 106=106/VP 195). Die Linke hat aber, wie sogleich hinzugefügt werden muß, das Recht auf politische Idiotien nicht gepachtet. Entgegen dem landläufigen Urteil ist der Reaktionär deshalb

317 Andreas Dorschel: Nachdenken über Vorurteile, Hamburg 2001, 104.

318 Vgl. Friedrich Nietzsche: Götzendämmerung, Streifzüge eines Unzeitgemäßen 43, in: KSA 6, München/Berlin ^{2}1988, 144.

auch nicht identisch mit dem Rechten. Denn auch der Rechte ist Teil und Erbe jener spezifisch modernen Politik, die aus der Geburt der Ideologien als bestimmende Faktoren des menschlichen Zusammenlebens resultiert. Das Faktum der Ideologien, die die Massen ergreifen und zur materiellen Gewalt werden, ist dem Reaktionär ein Greuel, und zwar unabhängig davon, ob die solchermaßen verbreitete ideologische Interpretation des Menschen und seiner Geschichte als »rechts« oder »links« figuriert. Gómez Dávila versucht daher, die Position des Reaktionärs im Verhältnis zur Linken und Rechten anschaulich zu machen: »Die Linke nennt jene Leute Rechtsparteiler, die bloß rechts von ihnen sitzen. Der Reaktionär befindet sich nicht auf der rechten Seite von der Linken, sondern gegenüber« (NE II 24=26/VP 144). Deshalb kann der Reaktionär eine Position einnehmen, die gleichsam von außen auf die Programme und ideologischen Alternativen blickt und so deren Schwächen ans Licht bringt: »Die Alternative, die derjenige anpreist, der mit der Linken nicht konform geht, ist ebenso unannehmbar wie die, die er verwirft« (NE II 24=27/VP 144). Aus der Perspektive des Reaktionärs wird die Linke, wie bereits erwähnt, durch das Laster der Lüge bedroht, die Rechte hingegen durch das Laster des Zynismus (SE 63=53/AB 36), und zwar nicht zuletzt wegen ihrer düsteren Anthropologie, die sich selbst als Realismus mißversteht (vgl. SE 59=50/AB 34). Gómez Dávila bedauert, daß die Linken den Reaktionären die Ideen und die Rechten ihnen das Vokabular stehlen (NE II 29=31/VP 147). Daraus ergibt sich, daß die Übereinstimmung des Reaktionärs mit der Rechten tatsächlich auf der Erzeugung eines unzutreffenden Scheines beruht, nicht auf einer tieferen Gemeinsamkeit gedanklicher oder weltanschaulicher Art. Der Reaktionär ist so das gemeinsame Feindbild der Linken wie der Rechten, die gleichsam einen geheimen Vertrag geschlossen hätten, einen permanenten Angriffskrieg gegen ihn zu führen (E II 499=404/SCH 572). Das reaktionäre Denken ist das unzeitgemäße Denken schlechthin, weil es ein Denken jenseits der politischen Lager ist: Im Ernstfall steht der Reaktionär allein auf weiter Flur.

Die Kritik der Linken, auf die zunächst der Blick gelenkt werden soll, ist jedoch grundlegender als die an der Rechten, weil die Linke im Grunde die Prinzipien der Moderne auf eine Weise verkörpert, daß sie in ihr gleichsam die logische und somit reine Form erreichen. Die Rechte unternimmt dagegen den Versuch, sich gegen die letzten Konsequenzen der von ihr selbst geteilten Prinzipien zur Wehr zu setzen. Die Linke indes denkt die Konsequenzen der Moderne bis zur Absurdität zu Ende, hat aber unzweifelhaft die innere Logik der Moderne auf ihrer Seite. Dies spiegelt sich politisch in der Tatsache, daß zwischen den proklamierten Zielen der Linken, die noch stets den Bonus des »Guten« für sich zu reklamieren vermögen, und den tatsächlichen Resultaten der linken Politik eine tiefe Kluft besteht. Gómez Dávila radikalisiert die kritische Sicht auf das Projekt der Linken allerdings auf eigene Weise. Nicht die Tatsache, daß die Linke andere Ergebnisse als das von ihr Proklamierte hervorbringt, ist das Problem. Nein: Das Problem bestehe gerade und vor allem darin, daß die Linke durchsetze, was sie proklamiert. »Das wahre Desaster der Linken wird offenbar«, so sagt Gómez Dávila, »wenn sie hält, was sie verspricht.« (SE 139=117/AB 79). Ebenso charakteristisch für den Linken sei, daß er für Vorzeichen des Guten halte, was in Wirklichkeit solche des Verderbens seien (SE 178=151/AB 102). Die Linke, so Gómez Dávilas vernichtendes Urteil in typischer Übertreibung, morde zwar nicht immer, immer aber lüge sie (SE 109).

Gleichwohl: Der Linke, der sich revolutionären Illusionen hingegeben hat, ist keineswegs hoffnungslos verloren. Vielmehr bestehe auch und gerade bei diesem ein Keim des Guten, der ihn reaktionär werden lassen könnte, sofern er nur bereit ist, die Wirklichkeit in den Blick zu nehmen: »Der überzeugteste Reaktionär ist der reuige Revolutionär, das heißt: derjenige, der die Realität der Probleme kennengelernt und die Lügenmärchen der Lösungen erkannt hat« (NE II 25=28/VP 145). Der Linke, der sich einen Wirklichkeitssinn und eine Abscheu vor Doppelmoral bewahrt hat, wird leicht zum Reaktionär, und zwar über den unbequemen Umweg, von seinen Genossen zu einem solchen erklärt zu werden: »Den Linken, der gleichermaßen gegen linke und gegen rechte Verbrechen protestiert, nennen seine Kameraden mit Recht reaktionär« (E II 496=401/SCH 571). Der Reaktionär macht die Demokratie der modernen Welt für den verhängnisvollen Verlust der nicht-demokratischen, vor allem der aristokratischen Umgangsformen verantwortlich, ein Vorgang, der gerade jene Hilfsmittel vernichtet, die dem Umgang der Menschen untereinander Form und Gestalt geben, worauf bereits Alexis de Tocqueville hingewiesen hatte.[319] Die Schriften Gómez Dávilas zeigen eine aristokratische Kultiviertheit der Seele und eine an den alten Sprachen geschulte Bildung, die als Abglanz einer unwiederbringlich verlorenen Welt erscheint. Dávila steht, wie bereits erwähnt, in der auf Platon zurückgehenden Tradition, der gemäß es nicht nur an sich verkehrt ist, wenn man sich nicht schön ausdrückt, sondern es auch schädlich auf die Seelen wirkt. Die ererbte Tradition ist hier nicht zur »Kultur« versteinert, sondern auf erregende Weise lebendig, und zwar bis ins Seelische und Körperliche hinein. »Kultiviert ist nicht der Mensch, der lediglich seine Intelligenz geschult hat, sondern jener, der die Regungen seiner Seele und selbst die Gesten seiner Hände geschult hat« (NE II 176=172/VP 238). Das Unzeitgemäße seines Denkens – ein unzeitgemäßeres Denken als das reaktionäre ist schlechterdings nicht vorstellbar – vermag eben deshalb eine Denkbewegung in Gang zu setzen, die nicht nur eine Hinführung zur Frömmigkeit des Denkens bedeutet. Vielmehr noch bedeutet es eine Einübung in ein Philosophieren jenseits der Systeme, ein Selberdenken, das einem Zusammenprall entspringt; einem Zusammenprall der harten und treffsicheren Geschosse Gómez Dávilas mit dem, was uns so selbstverständlich erscheint, daß wir nicht einmal mehr Argumente dafür vorzutragen für nötig gehalten haben.

Dies gilt vor allem für Gómez Dávilas scharfe und beunruhigende Kritik der Demokratie, die diametral dem entgegengesetzt ist, was der Bürger einer westlichen Demokratie als richtig und gut aufzufassen gelernt hat. Ist nicht die Demokratie eine der wichtigsten Errungenschaften eines bis heute unvollkommenen Zivilisationsprozesses? Bietet nicht allein die Demokratie die Gewähr, daß das Leben der Gesellschaft im Hinblick auf die Achtung der Menschenwürde organisiert wird? Läßt sich das politische Gut der Freiheit und Rechtsstaatlichkeit anders als in demokratischer Form sichern? Man wird diese Fragen nicht auf die leichte Schul-

319 Siehe Alexis de Tocqueville: De la démocratie en Amérique, Band II, Paris 1993, 444.

ter nehmen dürfen, wenn wir im folgenden Gómez Dávilas Demokratiebegriff etwas näher betrachten. Bevor der Leser der reaktionären Demokratiekritik allerdings in wohlfeile, wenn auch verständliche Empörung ausbricht, sollte er sich in Erinnerung rufen, was auf ihre Weise so grundverschiedene Denker wie der Liberale Karl Popper auf der einen, der politische Philosoph Leo Strauss auf der anderen Seite zu diesem Problem gesagt haben.[320] Popper wie Strauss erinnern daran, daß nicht jeder Kritiker der Demokratie notwendigerweise ihr Feind sei. Zudem sollte man, um die Kritik der Demokratie richtig einzuschätzen, nicht außer acht lassen, daß diese Kritik aus Sorge um die Freiheit erwachsen kann, aus der Sorge um die totalitäre Entartung der Demokratie.[321] Sowohl Demokratie wie Liberalismus können zu negativen Konsequenzen der verschiedensten Art führen, wenn die Bedingungen ihrer vernünftigen Entfaltung mißachtet werden. Gómez Dávila greift der Sache nach eine Diagnose des platonischen Sokrates in der *Politeia* auf, wenn er etwa auf folgenden Umstand verweist: Der Liberalismus (der ja das Ziel der Freiheit in seinem Namen trägt) ziehe schlechte Folgen für die Freiheit nach sich, weil er diejenigen Beschränkungen der Freiheit ignoriere, welche ihn vor der Selbstzerstörung bewahrten (SE 127=106). Die wenigen Parteigänger der Freiheit, die im 20. Jahrhundert geblieben waren, hätten so meist eine unverzichtbare Voraussetzung der Freiheit vergessen, nämlich das Privateigentum (SE 101=84/AB 59). Gómez Dávila, der sehr wohl zwischen einer liberalen und individualistischen

320 Popper wird m. W. nur einmal von Gómez Dávila erwähnt, und zwar im Zusammenhang mit dessen Kritik am Historizismus, den es vom Historismus à la Friedrich Meinecke zu unterscheiden gelte (SE 170=144; fehlt in AB); Strauss findet keine Erwähnung. Doch enthielt seine Bibliothek einige Werke der beiden Denker, von Popper sind dies The Open Society and Its Enemies, The Poverty of Historicism, The Logic of Scientific Discovery, Conjectures and Refutations und Objective Knowledge; von Strauss Natural Right and History sowie On Tyranny.

321 Vgl. etwa Erik Kuehnelt-Leddihn: Demokratie. Eine Analyse, Graz 1996, 45-49. Siehe vor allem das auch in Gómez Dávilas Bibliothek vorhandene Werk von J. L. Talmon: The Origins of Totalitarian Democracy, London 1970, sowie dazu Klaus Hornung: Politischer Messianismus: Jacob Talmon und die Genesis der totalitären Diktaturen, in: Zeitschrift für Politik 2/2000, 131-172; Karl Dietrich Bracher: Zeit der Ideologien. Eine Geschichte politischen Denkens im 20. Jahrhundert, München 1985, 28 Anm. 10, und zuletzt Hans Otto Seitschek: Politischer Messianismus. Totalitarismuskritik und philosophische Geschichtsschreibung im Anschluß an Jacob Leib Talmon, Paderborn 2005. Weil Eberhard Geisler: Entgegnung auf Gómez Dávila. Eine Polemik, in: Germanisch-Romanische Monatsschrift 3 (2012), 334, von diesen Analysen und Zusammenhängen offenbar nichts weiß, liest er »nicht ohne Erstaunen, daß Gómez Dávila der Demokratie einen totalitären Charakter vorwirft.«

sowie einer kollektiven und despotischen Demokratie unterscheidet, hält allerdings die Umwandlung der ersteren in die letztere nicht für eine Entartung im eigentlichen Sinne. Denn die liberale Demokratie enthalte im Kern bereits die despotische: als eine mögliche historische Entwicklung sowie zugleich als eine notwendige theoretische Konsequenz (T 83=71=57). Die Ablehnung der demokratischen Doktrin ist aus dieser Perspektive denn auch der letzte kärgliche Zufluchtsort der menschlichen Freiheit. Die Reaktion ist daher eine notwendige Rebellion, weil sie eine Rebellion gegen die Demokratie im Namen der menschlichen Freiheit ist. Jede andere Form der Rebellion sei in seiner Zeit, schreibt Gómez Dávila 1959, nichts als eine heuchlerische und billige Farce (T 100=84=69). Das reaktionäre Denken ist gleichsam »ein Mahnschrei nach konkreter Freiheit«, der gegen den Despotismus gerichtet ist, welcher aus dem Verlangen nach abstrakter Freiheit hervorgeht (NE I 97=95/VP 63). Die Verteidigung der Religion gegen den Atheismus der Demokratie in Gómez Dávilas Sinne läßt sich vor diesem Hintergrund nachvollziehen, denn Gómez Dávila teilte die Auffassung Montesquieus, daß die Despotismen allein im religiösen Bewußtsein auf einen unüberwindlichen Widerstand träfen (NE II 32=34/VP 149).[322]

Der Reaktionär gibt zugleich aber auch kund, daß er nicht so sehr ein Freund der Freiheit als ein Feind des Absolutismus ist (E II 60=55/SCH 323), was auch deutlich aus seinen Ausführungen in dem Essay De iure hervorgeht. Gómez Dávila kritisiert hier den Absolutismus als illegitime Staatsordnung, da er die Herrschaft des Rechts durch Willkür ersetze. Dies gelte unabhängig davon, mit welcher ideologischen Verkleidung sich dieser absolutistische Staat verhülle (DI 81). Doch selbst dann, wenn wir zugestehen, was sich nicht bezweifeln läßt, daß der reaktionäre Demokratiekritiker in der Tat als Feind der Demokratie einzustufen ist und nicht als zwar scharfer, aber freundlicher Kritiker, dürfen wir nicht einfach zur Verdammung schreiten. Leo Strauss erinnert an die schlichte Tatsache, daß es zwar philosophischen Eros, aber im Gegensatz zu politischer keine philosophische Entrüstung gebe. Er gelangt daher zu folgendem bedächtigen Urteil: »Es wäre unserer als

322 Vgl. Montesquieu: De L'Esprit des Lois, in: Derselbe: Oeuvres complètes II, Paris 1951, 248 (II 4); 752 (XXVI 2).

denkender Wesen unwürdig, den Kritikern der Demokratie nicht zuzuhören, und zwar selbst dann, wenn sie Feinde der Demokratie sind, vorausgesetzt es handelt sich um denkende Menschen und insbesondere um große Denker und nicht um tobende Narren.«[323] Ist Gómez Dávila also zwar ein Feind der Demokratie, so ist er doch kein tobender Narr; man darf sogar die Meinung vertreten, er sei ein genuiner, ja genialer Denker vielleicht sogar »Nietzscheschen Geistes« (Reinhart Maurer).[324] Doch selbst wer diese Einschätzung nicht teilen mag, sollte sich zu heuristischen Zwecken dazu bewegen lassen, seine gewiß verständlichen Bedenken zurückzustellen und sich dem reaktionären Denken auszusetzen. Dessen Radikalität sollte es deshalb aus Gründen der Selbsterkenntnis verbieten, Gómez Dávila lediglich als einen weiteren »Gebildeten unter den Verächtern der Demokratie« zu apostrophieren, dessen Position damit außerhalb des zulässigen Diskurses gestellt werden könnte.[325] Die Präsenz nicht-demokratischer Gedanken könnte nicht nur als Gefahr, sondern auch als Herausforderung be-griffen werden, der mit Hysterie zu begegnen unproduktiv ist. Denn es gilt die allerdings schwierige und zu allerhand Mißverständnissen einladende Einsicht zu bedenken, daß es gerade das Eigene ist, welches der philosophischen Kritik ausgesetzt werden muß, wie Reinhart Maurer darlegt: »Auch die quasireligiöse Absolutsetzung der Demokratie als angeblich herrschafts- und feindfreier Endlösung, die Gott nicht mehr nötig hat, weil die demokratische Gesellschaft sich selbst der letzte Horizont geworden ist, bedarf der Kritik.«[326] Gerade weil die Demokratie in unserer Zeit zu einem Tabernakel und

323 Leo Strauss: An Introduction to Heideggerian Existentialism, in: Thomas L. Pangle (Hg.): The Rebirth of Classical Political Rationalism. An Introduction to the Thought of Leo Strauss, Chicago 1989, 31-32. Vgl. Karl Popper: Die offene Gesellschaft und ihre Feinde I. Der Zauber Platons, Tübingen 1980, 6. Auflage, 253-254, und Leo Strauss: The City and Man, Chicago 1978, 110-111.

324 Siehe Reinhart Maurer: Nietzsche und das Ende der Geschichte, in: Thomas Nipperdey et al. (Hg.): Weltbürgerkrieg der Ideologien. Antworten an Ernst Nolte. Festschrift zum 70. Geburtstag, Frankfurt/M.-Berlin 1993, 431. Maurer hat früh auf Gómez Dávilas Bedeutung hingewiesen, allerdings allein auf der Basis des Bandes Einsamkeiten: Reaktionäre Postmoderne; sowie seine Rezension des Bandes in: Philosophische Rundschau 36 (1989), 150-155. Siehe auch Erik von Kuehnelt-Leddihn: Die rechtgestellten Weichen. Irrwege, Abwege und Auswege, Wien 1989, 9.

325 Vgl. Jürgen Habermas: Der philosophische Diskurs der Moderne. Zwölf Vorlesungen, Frankfurt/M. 1988, 153.

326 Reinhart Maurer: Grundprobleme Politischer Theologie. Jan Assmann und Carl Schmitt, in: Zeitschrift für Politik 4/2002, 458.

der ihr zugehörige Diskurs zu einer Theologie geworden sei, so die französische Philosophin Chantal Delsol, dulde das demokratische System keine Kritik.[327] Selbsterkenntnis als eines der höchsten Güter für den Philosophen ist aber auch für eine freiheitliche und demokratische Gesellschaft von großer Bedeutung und kann durch die gründliche Kenntnis eines scharfsichtigen Feindes entscheidend gefördert werden. Auch die Demokratie, soweit sie sich als freiheitliche versteht, ist als politische Regierungsform in hohem Maße auf Selbstreflexion angewiesen, die sich bei aller politischen Notwendigkeit patriotischer Mythen über die eigenen Schwächen nicht hinwegtäuschen sollte.

Was genau aber kritisiert Gómez Dávila an der »Demokratie«, die doch nach der Niederlage des Kommunismus im Osten Europas zeitweise als die alternativlose staatliche Organisationsform der »Neuen Weltordnung« erschien? Gómez Dávilas Kritik der Demokratie ist ganz wesentlich eine Kritik vor dem Hintergrund seiner theologischen Deutung der Moderne. Denn in letzter Instanz sei die Demokratie das Resultat des Atheismus; sie ist gleichsam ein Religionsersatz, wie Gómez Dávila in einem zentralen Abschnitt seines essayistischen Werkes *Textos* I ausführt:

»Die Demokratie ist eine anthropotheistische Religion. Ihr Prinzip ist eine Option religiösen Charakters, ein Akt, in dem der Mensch den Menschen wie Gott annimmt. Ihre Doktrin ist eine Theologie des göttlichen Menschen, ihre Ausübung ist die Verwirklichung dieses Prinzips im Verhalten, in den Institutionen und den Werken. Die Göttlichkeit, welche die Demokratie dem Menschen verleiht, ist keine rhetorische Figur, kein poetisches Bild, auch keine unschuldige Hyperbel, sondern strikte theologische Definition« (T 71=62-63=49).

Die Demokratie sei nicht deshalb atheistisch, weil sie die Nichtexistenz Gottes bewiesen habe, sondern weil die Demokratie es strenggenommen nötig habe, daß Gott nicht existiere (T 75-76=66=52). Die Überzeugung von der eigenen Göttlichkeit bedeute nichts anderes als die Leugnung Gottes, denn wenn man akzeptierte, daß Gott existiert, müßte man auch akzeptieren, daß der Mensch dessen Geschöpf ist. Der transzendente Gott hebe jene nutzlose Aufsässig-

327 Chantal Delsol: Icarus Fallen. The Search for Meaning in an Uncertain World, Wilmington, DE 2003, 93.

keit gegen ihn auf. »Der demokratische Atheismus ist die Theologie eines immanenten Gottes«, eben des Menschen, der sich selbst zum Gott mache (T 76=66=52). Diese Auffassungen, die hier in den Textos noch relativ ausführlich im Zusammenhang dargelegt werden, verdichtet Gómez Dávila im Laufe der Jahre immer mehr zu einzelnen Sätzen, so z. B. wie einmal in den *Nuevos escolios*: »Der demokratische Atheismus bestreitet nicht die Existenz Gottes, sondern seine Identität« (NE I 201=192/VP 127). Sie durchziehen das gesamte Werk Gómez Dávilas und haben sich seit ihrer frühen Formulierung in den Textos I nicht geändert, wie ein Satz aus seinem letzten Werk belegt. Heinrich Heine habe einmal eben dieses Geheimnis der Demokratie verraten, daß sie nämlich auf der Vergöttlichung des Menschen beruhe, als er erklärte: »Wir kämpfen nicht für die Menschenrechte des Volkes, sondern für die Gottesrechte des Menschen« (SE 44=37/AB 26).

Die Demokratie im Dávilaschen Sinne ist also gleichsam des Teufels. Denn sie leugnet, Gómez Dávilas Interpretation zufolge, daß es im strikten Sinne irgend etwas gibt, das den möglichen Mehrheitsentscheidungen Grenzen setzt, zum Beispiel Grenzen moralischer Natur (T 82-83=70-71=56-57). Die Demokratie in diesem Sinne ist eine Demokratie nicht nur ohne Minderheitenschutz, sondern auch ohne einen Grundrechtsbestand, der den demokratischen Abstimmungen selbst entzogen wäre. Weil also Demokratie für Gómez Dávila per definitionem die Mißachtung einer über dem Menschen stehenden Autorität bedeutet, muß er sie ablehnen, ohne daß ihm die Möglichkeit einer qualitativen Differenz zu jener anderen Demokratiekonzeption, in der etwa durch bestimmte Grundrechte den Mehrheitsentscheidungen eine Grenze gesetzt ist, überhaupt in den Blick gerät.

Die Demokratie ist demnach für den Reaktionär in Anlehnung an Voegelins Modernitätsdeutung geradezu »die Politik der gnostischen Theologie« (NE I 146=140/VP 93). Für Gómez Dávila ist diese gnostische Politik zudem eng mit »Aufklärung« verbunden, gilt ihm doch dieser auch im spanischen Original deutsch wiedergegebene Begriff als »vorsichtige Übersetzung von Gnosis« (NE I 201=193/VP 127). Nur so wird auch verständlich, warum

Gómez Dávila der für die Entwicklung moderner Konzepte von Staat-lichkeit zentralen Souveränitätskonzeption Jean Bodins höchst kritisch gegenübersteht. Zwar läßt sich Bodin als Denker des modernen Souveränitätsbegriffs selbst sicher nicht als Verfechter der Demokratie interpretieren. Doch indem er die Souveränität des Staates proklamiere, spreche er dem Menschen als Träger der Staatsgewalt das Recht zu, sein eigenes Schicksal zu bestimmen. Der souveräne Staat, der ein solcher unabhängig vom Willen Gottes ist, bedeutet für Gómez Dávila nichts Geringeres als den ersten Sieg des demokratischen Prinzips (T 91=77=63). Mag eine solche Einschätzung auch nicht mehr sein als ein suggestives ideengeschichtliches Stenogramm – die Idee der Volkssouveränität setzt in der Tat jene Bodinsche Souveränitätskonzeption voraus, so wie auch die demokratische Volkssouveränität wiederum mit einer gewissen Folgerichtigkeit zu totalitären Konsequenzen drängt.[328] Zumindest der Theorie nach habe demgegenüber das Gottesgnadentum noch eine Begrenzung der Macht des Königs bedeutet (NE II 15=19/VP 139). Da Gómez Dávila den Gegensatz zum Despotismus nicht in der Freiheit des Liberalismus, sondern in der Autorität erblickt (E I 175=144/SCH 105), entspringt für ihn die Legitimität der Macht auch nicht deren Ursprung, sondern deren Zwecken. Gómez Dávila fürchtet, die Legitimation der Macht durch den Ursprung könne der Macht alles erlauben, wenn diese nicht durch einen Zweck in ihrer Machtausübung beschränkt werde (E I 202=165/SCH 121). Gleichwohl weiß der Reaktionär um die Notwendigkeit von Macht, weshalb es für ihn charakteristisch ist, die Macht nicht zu verleumden, wohl aber ihr tief zu mißtrauen (SE 45=38/AB 26).

Christentum und Demokratie sind nach dem Gesagten für Gómez Dávila Gegensätze, die sich, wie er in vielen Variationen ausführt, auf den fundamentalen Unterschied zurückführen lassen, daß der Christ an Gott glaube, der Demokrat aber an den Menschen (E II 77=68/SCH 334; E II 221=185/SCH 417; E II 241=202/SCH 429). Die Idee der Demokratie folgt also für Gómez Dávila gerade nicht aus

328 So Werner Becker: »Alle Staatsgewalt geht vom Volke aus« – Ein kritisches Plädoyer gegen die Ideologie der Volkssouveränität, in: Wolfgang Leidhold (Hg.): Politik und Politeia. Formen und Probleme politischer Ordnung (FS Jürgen Gebhardt), Würzburg 2000, 244-245, 254. Vgl. Carl Schmitt: Verfassungslehre. 8. Auflage, Berlin 1993, 236-238.

der nüchternen Einsicht in die Fehlbarkeit und Korrumpierbarkeit des Menschen, dem deshalb keine Machtausübung gestattet werden sollte, die nicht demokratisch kontrolliert ist. Die Idee der Demokratie folge vielmehr aus einer Überschätzung der menschlichen Güte, die in der Hochschätzung des Volkes unabhängig von seiner Bildung und Gesittung zu einem Ideologem geronnen ist.

Was Gómez Dávila in Sachen konkreter Demokratiekritik bietet, ist demnach einerseits prinzipielle Kritik an den ideologischen bzw. theologischen Grundlagen der Demokratie, andererseits eine Art Phänomenologie der Demokratie. Der Hinweis auf charakteristische Erscheinungen der Demokratie verweist in Gómez Dávilas Sicht auf etwas Kritikwürdiges an ihr, sofern sie als Absolutum genommen und gleichsam hypostasiert und nicht als ein Instrument zur Lösung politischer Probleme verstanden wird.[329] Die Phänomenologie der Demokratie basiert zwar auf einer radikalen theologischen Kritik an den Voraussetzungen der Demokratie selbst, betrifft jedoch auch unabhängig davon Schwachpunkte, die jenseits dieser problematischen Voraussetzungen diagnostiziert werden können. Es ist beispielsweise durchaus üblich geworden, den Zustand der Demokratie als krisenhaft zu beschreiben, etwa was die Möglichkeit der Bürgerbeteiligung oder das Problem der Parteienherrschaft betrifft. Die Krisen der Demokratie verweisen auf ernste praktische Probleme und Legitimationsdefizite dort, wo es demokratische Systeme gibt. Es bestehen allerdings erhebliche Unterschiede in der Einschätzung, ob diese Krisensymptome selbst Ausdruck der Demokratie oder nur ihrer unzureichenden Verwirklichung sind. Es besteht daher auch kein Konsens, ob es möglich ist, der Krise der Demokratie dadurch beizukommen, daß statt indirekter mehr direkte Demokratie zur Anwendung kommt oder daß auch supranationale Institutionen wie die Europäische Union stärker demokratischen Entscheidungsprozessen unterliegen, zumal im letzteren Falle die unabdingbare Voraussetzung für Demokratie – ein europäisches Staatsvolk, das als solches souveräne Entscheidungen treffen könnte – nicht existiert.[330]

329 Vgl. Karl-Heinz Nusser: Expansive Demokratietheorien bei Charles Taylor, Michael Walzer und Jürgen Habermas, in: Zeitschrift für Politik 3/2002, 258, 266.

330 Vgl. Rüdiger Bubner: Polis und Staat. Grundlinien der Politischen Philosophie, Frankfurt/M. 2002, 189.

Gómez Dávilas Demokratiekritik trifft sicherlich dort einen Tatbestand, wo diese Staatsform zu einem Wert an sich hochstilisiert und gleichsam vergöttlicht wird, wo also vergessen wird, daß die Demokratie kein Selbstzweck und kein universales Ordnungsprinzip für alle gesellschaftlichen Bereiche ist, sondern der Sicherung der Freiheit dienen soll.[331]

Weniger plausibel wird die theologisch fundierte Kritik der Demokratie allerdings erscheinen, wenn man sie vor allem als pragmatische Institution betrachtet, die nicht so sehr aus einem rationalistischen Kalkül konstruiert wird. Demokratie als sinnvolle und lebensnahe Gestaltung der politischen Ordnung, sofern sie rechtsstaatliche Verhältnisse gewährleistet, braucht sich deshalb von der Kritik Gómez Dávilas nicht getroffen zu fühlen. Die theologische Grundlagenkritik der Demokratie verhindert nämlich auch ex definitione, daß sich Gómez Dávila von Gegenargumenten gelungener demokratischer Praxis auf der Basis kultureller Verwurzelung überzeugen lassen könnte. Denn etwaige praktisch tragfähige Arrangements berühren nicht die vorausgesetzten Prinzipien der Kritik. Ungeachtet dieser hier nur anzudeutenden offenkundigen Schwäche kann der reaktionäre Blick mit seiner pointierten Übertreibung dazu dienen, dem Treiben der Demokratie mit einem nüchternen Realismus zu begegnen, mag auch bei Gómez Dávila das Ressentiment deutlich genug sein: »Die Revolutionen entsetzen, aber die Wahlkampagnen ekeln einen an« (E II 389=317/SCH 512). Selbst wahre Ideen würden dadurch fragwürdig, daß sie von Politikern in den Mund genommen würden. Gómez Dávila macht denn auch kein Hehl aus seiner Fundamentalkritik an demokratischen Wahlen: »Wir Feinde des allgemeinen Wahlrechts hören nicht auf, uns über den Enthusiasmus zu wundern, den die Wahl einer Handvoll Unfähiger durch einen Haufen Inkompetenter weckt« (NE II 86=87/VP 183). Anders als die im Dienste staatsbürgerlicher Gesinnungsertüchtigung verbreitete Meinung, daß eine niedrige Wahlbeteiligung politisch höchst bedenklich sei, erblickt Gómez Dávila deshalb gerade im Prozentsatz der Wahlenthaltungen einen Gradmesser der

331 Vgl. Robert Prantner: Demokratie vor dem Verfall? in: Joseph Listl/ Herbert Schambeck (Hg.): Demokratie in Anfechtung und Bewährung. Festschrift für Johannes Broermann, Berlin 1982, 181, 188-190; vgl. auch Hans-Hermann Hoppe: Democracy - The God That Failed, New Brunswick 2002.

Freiheit. Denn dort, wo »die Freiheit fiktiv ist oder wo sie bedroht ist, strebt der Prozentsatz gegen Null« (E II 228=191/SCH 422).[332] Wenn Donoso Cortés das liberale Bürgertum in klassischer Weise als »clase discutidora«, als diskutierende Klasse kennzeichnete, die selbst im Ernstfall unfähig zur Entscheidung ist, so ist für Gómez Dávila die Demokratie nicht so sehr das Reich der bloßen Worte, die nicht zur Entscheidung führen, als das der Lügen (E I 472=385/SCH 285).

Allem Anschein nach hat Gómez Dávila in den zwanziger Jahren in Paris unter dem intellektuellen Einfluß der Action Française, also der Werke Maurice Barrès' und Charles Maurras' gestanden, die sich auch in großer Zahl in seiner Bibliothek finden.[333] Der Romancier der Dekadenz und spätere Wortführer des französischen Nationalismus Barrès beeindruckte Gómez Dávila wegen seines konkreten Geistes, da jede Idee in dessen Geist eine sinnliche Form annehme. Er preist Barrès dafür, daß er in seinen Überlegungen nicht von einem Prinzip ausgehe, sondern von einem wirklichen, undurchsichtigen und harten Objekt, zu dem er schließlich auch wieder zurückkehre wie die Lerche, die aus dem Feld in den Himmel aufsteigt und wieder in demselben Feld landet (N 98=155=115). Maurras wiederum war eine schillernde Figur, denn, obwohl selbst Atheist und Rationalist, war er zugleich ein Verteidiger der verlorenen Sache der Monarchie in Frankreich sowie der römischkatholischen Kirche, hatte einen radikalen französischen Nationalismus mit sozialistischen Vorstellungen und einer scharfen Kritik an der Demokratie sowie Deutschlands verbunden. Maurras' Denken eigneten viele im klassischen Sinne konservativ-reaktionäre Züge, doch war seine Befürwortung der Monarchie deutlich mit cäsaristischen Elementen verknüpft, die ihn ebenso wie verschiedene andere Aspekte seines Denkens – Ernst Nolte zufolge – zum Faschisten machten: »Maurras war in Europa der erste gewesen, der als Denker und Politiker den Konservatismus über die Grenze getrieben hatte, die den Anfang des Faschismus kennzeichnet.«[334] Demge-

332 Vgl. Ralf Dahrendorf: Die Krisen der Demokratie. Ein Gespräch mit Antonio Polito, München 2002, 93.

333 Mauricio Galindo Hurtado: Reactionary in the Andes, Preface (ohne Seitenangabe); Franco Volpi: Un angelo prigioniero nel tempo, in: M, 172.

334 Ernst Nolte: Der Faschismus in seiner Epoche. Action française – Italienischer Faschismus – Nationalsozialismus. Mit einem »Rückblick nach dreißig Jahren«,

genüber mein Zeev Sternhell, daß Maurras eher als reaktionär oder konterrevolutionär verstanden werden müsse, während der Faschismus im eigentlichen Sinne revolutionär gewesen sei, da er die wirtschaftlichen, technologischen und industriellen Fortschritte der Moderne übernehmen wollte.[335] Auch wenn Maurras' Denken also zweifellos in vielfältiger Weise mit den autoritären Ideologien des 20. Jahrhunderts verbunden ist, kann daraus nicht geschlossen werden, daß deshalb jeder seiner Gedanken schon widerlegt ist.[336] Maurras' politische Irrtümer könnten weder seine literarische Bedeutung noch die Schlüssigkeit seiner antidemokratischen Argumente beeinträchtigen, wie der angloindische Autor Nirad Chaudhuri schreibt.[337] Kein geringerer als Adorno mußte schließlich zugestehen, daß die Kritik der extremen Reaktionäre am Liberalismus in vieler Hinsicht derjenigen überlegen war, die die Linke geübt hatte.[338] Gómez Dávila, der diese Einschätzungen denkbar unterschiedlicher Autoren gewiß geteilt hätte, scheint nun in der Tat eher der Maurras-Interpretation Noltes als der Sternhells zu folgen, wenn er die problematischen Seiten im Denken Maurras' betont: »Indem er Romantik und Demokratie miteinander verschmolz und damit die Romantik verurteilte, saß Maurras einem schrecklichen Irrtum auf. – Indem er die Romantik verurteilte, verurteilte Maurras das reaktionäre Denken und stimmte für eine revolutionäre Ideologie im Namen der Konterrevolution« (NE I 151=145/VP 96). Diese Maurras-Kritik ist aufschlußreich, weil sie zeigt, daß Maurras' antiromantische Haltung eben das ist, was ihn von Gómez Dávilas Reaktionsbegriff trennt; sie zeigt aber auch, daß Gómez Dávila Maurras' Kritik der Demokratie weitgehend geteilt haben dürfte, da er diese nicht als Irrtum zurückweist. Wenn auch Gómez Dávila in der Frühphase seines Lebens unter

München 1995, 127. Skeptisch dagegen Karlheinz Weißmann: Der nationale Sozialismus. Ideologie und Bewegung 1890 bis 1933, München 1998, 20 Anm. 10.

335 Zeev Sternhell/ Mario Sznajder/ Maia Asheri: Die Entstehung der faschistischen Ideologie. Von Sorel zu Mussolini, Hamburg 1999, 18.

336 Vgl. Aurel Kolnai: Political Memoirs, Lanham 1999, 159-160, 189-190; Raymond Aron: Introduction à la philosophie politique. Démocratie et révolution, Paris 1997, 26-31.

337 Nirad C. Chaudhuri: Three Horsemen of the New Apocalypse, Delhi 1999, 39; siehe auch den Hinweis auf das Problem einer reductio ad Hitlerum bei Leo Strauss: Naturrecht und Geschichte, Stuttgart 1956, 45.

338 Siehe Christian Thies: Die Krise des Individuums. Zur Kritik der Moderne bei Adorno und Gehlen, Reinbek 1997, 45.

dem Einfluß der Gedanken von Maurras gestanden haben dürfte, so blieb er doch auch gegenüber diesen Gedanken nicht unkritisch, wie eine weitere Glosse zeigt: »Der echte Reaktionär geht nicht von reaktionären politischen Ideen aus. Mitunter langt er bei ihnen an« (NE I 182=174/VP 115). Auch läßt sich anders als bei Maurras im Denken Gómez Dávilas keinerlei Antisemitismus nachweisen, ebenso wenig wie übrigens antideutsche Ideologeme, deren sich Maurras als Feindbestimmung bedient hatte.[339] Für Gómez Dávila ist gerade der Antisemitismus ein demokratischer Gärstoff, während die Reaktion mit dem Judentum die entscheidende Grundvorstellung teile, daß der Mensch Geschöpf Gottes ist (NE II 42=44/VP 155). So unterscheidet sich die reaktionäre Position Gómez Dávilas auch von jenen Denkrichtungen, die gemeinhin noch am ehesten als »reaktionär« bezeichnet werden können. Die Differenz zu antilinken Bewegungen dieser Spielart besteht darin, daß sie darauf verzichtet, dem theoretischen Absolutismus der Linken mit einem ebenso ambitionierten System entgegenzutreten, mittels dessen die Probleme des modernen Menschen gelöst werden könnten.[340] Die Tatsache, daß der echte Reaktionär nicht von reaktionären Ideen ausgeht, ist die notwendige Konsequenz aus der Rezeption auch jener Philosophien, die dem Dogmatismus die Skepsis an die Seite stellen (T 62=55=42). Damit relativiert sich aber im gegebenen Fall auch jede vordergründige Verwandtschaft mit historisch bedeutsamen Reaktionären wie Joseph de Maistre, der gemeinhin als Prototyp des reaktionären Denkers, ja gelegentlich sogar als Vorläufer des Faschismus gilt.[341] Schon durch die historisch radikal veränderte Situation kann die praktische und theoretische Stellungnahme de Maistres für Gómez Dávila nicht mehr maßgebend sein, denn mag es in den Jahren nach der Französischen Revolution noch denkbar gewesen sein, auf eine Restauration zu hoffen, so war dies im 20. Jahrhundert schlichte Illusion, wie er sehr wohl wußte.[342]

339 Siehe Ernst Nolte: Der Faschismus in seiner Epoche, München 1995, 122-123, 164, 166-168, 170-171, 567 Anm. 155.

340 Roger Scruton: Thinkers of the New Left, London 1986, 31.

341 Vgl. E. M. Cioran: Über das reaktionäre Denken. Zwei Essays, Frankfurt/M. [3]1996, 9-86, mit Isaiah Berlin: The Crooked Timber of Humanity. Chapters in the History of Ideas, London 1991, 91-174, 113, 134, 170, 172.

342 Günter Maschke: Das bewaffnete Wort. Aufsätze aus den Jahren 1973-1993, Wien 1997, 131.

Schließlich erweist es sich auch als fragwürdig, ohne weitere Differenzierung das reaktionäre Denken Gómez Dávilas in die Tradition des Antiliberalismus einzureihen, wie sie Stephen Holmes in seiner Anatomie des Antiliberalismus konstruiert. Holmes – der Gómez Dávila freilich nicht zu kennen scheint – kritisiert dort, die Verachtung des Liberalismus beruhe auf einer Interpretation des Liberalismus, die nichts weiter als ein Hirngespinst sei, jedenfalls mit dem eigentlichen Liberalismus als politischer Theorie nicht das Geringste zu tun habe. Holmes bezieht sich dabei auf den Unterschied zwischen liberaler Theorie und Praxis, ein Unterschied, der zweifellos besteht, aber auch überbetont werden kann, so wie man etwa den wahren Marxismus der Theorie gegen den grausigen der Praxis zu verteidigen suchte. Befinden sich alle praktischen Konsequenzen des Liberalismus, die nicht im Einklang mit der reinen Theorie zu stehen scheinen, notwendigerweise im Widerspruch zu dieser Theorie, so daß sie diese auch nicht falsifizieren können? Immerhin gesteht auch Holmes ein, daß es signifikante Unterschiede zwischen historischen Frühformen des Liberalismus, also dem klassischen Liberalismus, und den späteren Formen gibt, ein Unterschied, der im Lichte der Feindbestimmung »Antiliberalismus« jedoch zurücktreten muß.[343]

Gómez Dávila differenziert indes, wie bereits erwähnt, zwischen Demokratie und Liberalismus. Zwar unterzieht er beide einer äußerst scharfen Kritik, doch während die Kritik an der Demokratie total ist, gewinnt man im Falle des Liberalismus ein anderes Bild.[344] Schon in den Notas spricht Gómez Dávila davon, daß ihn am meisten diejenige Politik jener liberalen Aristokraten reize, deren tiefes Gefühl der Freiheit nicht aus verworrenen demokratischen Antrieben resultiere, sondern aus dem unerschütterlichen Bewußtsein der Würde des Einzelnen und der klaren Vorstellung der Pflichten einer führenden Klasse. Als edelster Repräsentanten einer solchen Politik gilt ihm Alexis de Tocqueville (N 245=344=280).

Auch in einem weiteren frühen Text findet sich eine bemerkenswerte Stelle, die auf die Nähe des Reaktionärs

343 Stephen Holmes: Die Anatomie des Antiliberalismus, Hamburg 1995, 325, vgl. 12-13, 25-28.

344 Vgl. Oscar Torres Duque: Nicolás Gómez Dávila, 31-49.

zum klassischen Liberalen deutet, der anders als der heutige Liberale noch nicht ein Opfer des moralphilosophischen Relativismus geworden war. Der Liberalismus habe immerhin trotz seiner theoretischen Inkompetenz Spuren politischen Scharfsinns bewahrt (T 98=82=67).[345] Es überrascht daher nicht, daß sich auch in späteren Texten Indizien für diese Haltung finden. So läßt sich in diesem Sinne deuten, was Gómez Dávila meint, wenn er schreibt, die Reaktion sei nicht mehr als die Übersetzung der (liberalen) Prinzipien Constants, Humboldts, Mills und Tocquevilles in eine realistische Sprache (SE 171=145/AB 98). In der Reaktion sind die realistischen Einsichten dieser klassischen Liberalen aufgehoben, nachdem sie von ihren illusionären Eierschalen befreit wurden. Für Gómez Dávila ist deshalb gerade das Reaktionäre etwa an Mills On Liberty der Grund, warum dieser Essay nicht veralte (SE 34=29/AB 20). Charakteristisch für Gómez Dávila ist daher auch die folgende Einschätzung: »Der Liberale glaubt, auf der Linken keine Feinde zu haben, während er doch nur auf der Linken Feinde hat« (SE 76=64/AB 44). Der Liberalismus ist aus diesen Gründen eine ehrenwerte Position, auch wenn sie an einem jähen und rutschigen Abhang gelegen sei (NE II 98=98/VP 190).

Gómez Dávila stimmt derjenigen Analyse zu, die in Liberalismus und bürgerlicher Demokratie einerseits und Kommunismus andererseits nur eher oberflächlich entgegengesetzte Ideologien sieht. Im Grunde teilten diese ähnliche Ziele, die sie mit unterschiedlichen Mitteln anzustreben suchten (T 63=56-57=43-44). Beide Parteien basierten im Letzten auf denselben Werten, sie seien lediglich methodische Rivalen in Hinsicht auf ein identisches Ziel. Das Ideal der Kommunisten werde von den Ideologen des Kapitalismus keineswegs abgelehnt, und auch der Kommunismus wende sich nicht gegen das bürgerliche Ideal (T 63=57=43). Zwar ist ihre praktische Stellungnahme zum Eigentum verschieden; beide interpretieren das Eigentum gegensätzlich, obschon sie es im Namen der gleichen Zielvorstellung betrachten. Diese Zielvorstellung, die Kapitalismus und Kommunismus gemeinsam sei, bestehe in der Herstellung eines materiellen Überflusses, der aus dem Triumph

345 Ernesto Volkening: Anotado al margen de »El reaccionario« de Nicolás Gómez Dávila, in: Eco. Revista de la cultura de Occidente Bd. 33, Nr. 205 (November 1978), 96.

des jeweiligen Prinzips – Kapitalismus oder Kommunismus – resultieren solle (T 64=57=44). Der Wert, den beide anstreben, ist demnach die Ermöglichung eines grenzenlosen Konsums; dieser ist das gemeinsame Ziel aller modernen Gesellschaftsordnungen, vor allem aber des kapitalistischen Liberalismus. Gómez Dávila resümiert seine Kritik mit ätzender Polemik, die die Entartung der Menschenrechte als Drapierung ökonomisch-technischer Weltbeherrschung und Legitimationsideologie der Konsumgesellschaft definiert: »Von den ›Menschenrechten‹ verteidigt der moderne Liberalismus schon nur mehr das Recht auf Konsum« (E II 409=333/SCH 523).

8. Das Leben des Geistes in einer Epoche der Dekadenz

Die Vernunft umfaßt Wahrheiten, die man aussprechen, und solche, die man verschweigen muß.

Rivarol

Die Frage, die sich aus der Lektüre des reaktionären Werkes für den Einzelnen ergibt, der dessen Provokationen im Ernste bedenkt, ist eine existentielle Frage: Wie überhaupt soll man nicht nur lesen, sondern auch leben als moderner Mensch, von einer Kultur umgeben, die Gómez Dávila überaus scharf und bei aller Übertreibung treffend kennzeichnet, wenn er sagt: »Der kultivierte Mensch muß sich weniger gegen die Barbarei dieser Epoche verteidigen als gegen ihre Kultur« (SE 85=71/AB 49; vgl. NE I 24=27/VP 19).

Nicht nur die äußerliche Häßlichkeit der modernen Großstädte als Markenzeichen des 20. Jahrhunderts kehrt als Motiv im Denken Gómez Dávilas immer wieder, sondern auch das, was diese äußere Häßlichkeit nach reaktionärer Auffassung erst ermöglicht und zugleich verstärkt. Dies sind die häßlichen und verdorbenen Seelen der modernen Menschen, die gleichsam so sehr von Schmutz starren, daß sich Gómez Dávila nur mit Schaudern von ihrer Vulgarität abwenden kann (SE 28=24/AB 16). Sein ansonsten durch-aus bissiger, aber auch gelassener Humor nimmt hier sarkastische Züge an, wenn er in äußerster polemischer Zuspitzung sagt: »In einem perfekten Strafgesetzbuch würde die Todesstrafe auf Vulgarität vorkommen« (NE II 21=23/VP

142). Die Sorge des Reaktionärs ist die Sorge um die Reinheit der Seele und ihr Schutz vor der Verwahrlosung. Vulgarität, das heißt in Anlehnung an den griechischen Begriff der apeirokalía die Unerfahrenheit im Schönen, ist ihm geradezu das Erkennungszeichen der Moderne, die es zu überwinden gilt. Martin Mosebach hat in reaktionärem Geist die »Grundstimmung unseres Zeitalters« in einem »die ganze Öffentlichkeit erfüllende[n] Mißtrauen gegen jede Art von Schönheit und Vollkommenheit« erblickt.[346] Diese Diagnose Mosebachs war auch die Diagnose Gómez Dávilas, der darum wußte, daß es Seelen gibt, »die spontan gegen jeden Schatten der Schönheit anbellen« (E II 444=360/SCH 542). Der Kolumbianer wußte aber auch um den höchst subversiven Charakter der Schönheit: »Gegen die heutige Welt konspirieren wirksam nur die, die insgeheim die Bewunderung der Schönheit verbreiten« (E II 444=361/SCH 542).

Doch ist die Vulgarität inzwischen so verbreitet, daß Aufklärung darüber fast zwecklos erscheint, weil die Verbreitung der Vulgarität gleichsam ein Zweck der modernen Gesellschaft sei: »Unermüdlich arbeitet die moderne Gesellschaft daran, die Vulgarität allen erreichbar zu machen« (SE 102=85/AB 59; vgl. SE 68=56). Sarkasmus scheint hier die einzig mögliche Reaktion: »Die Moderne hat dem Menschen das Recht erkämpft, sich in der Öffentlichkeit auszukotzen« (NE I 192=184/VP 121). Gómez Dávilas Sorge um die Seele des modernen Menschen, um die Seele im modernen Zeitalter, zeigt zugleich, daß der Einzelne dem Verhängnis dieser Moderne nicht hilflos ausgeliefert ist, da ihm sehr wohl verschiedene Reaktionsmöglichkeiten auf die Einsicht offenstehen, daß die moderne Seele eine Mondlandschaft ist (E II 410=334/SCH 523). Gómez Dávila sagt daher auch, was als Aussage zeitloser Gültigkeit verstanden werden muß: »Die Seele ist die Aufgabe des Menschen« (E I 268=218/SCH 159). Angesichts der Schwere dieser Aufgabe in der Moderne ist die Seele des Einzelnen gewissermaßen das strategische Ziel der reaktionären Interventionen: »Der Reaktionär argumentiert nicht gegen die moderne Welt in der Hoffnung, sie zu besiegen, sondern damit die Rechte der Seele nicht verjähren« (E II 471=381/SCH 556).

346 Martin Mosebach: Häresie der Formlosigkeit. Die römische Liturgie und ihr Feind, Wien [3]2003, 100.

Häufig versäume es allerdings der Mensch, die Sorge um seine Seele ernsthaft zu betreiben: »Die gebräuchlichste Form des Selbstmordes in unserer Zeit besteht darin, einen Schuß auf seine Seele abzufeuern« (E II 85=75/SCH 338). Hinzu kommt als störender Faktor der mehr oder weniger offene Spott und das mitleidige Bedauern, die man demjenigen entgegenbringt, der sich nicht den Zerstreuungen seiner Zeit hingibt: »Vulgäre Zerstreuung und vulgäre Beschäftigung sind heute die einzigen, für die man sich nicht zu entschuldigen braucht« (E II 304=251/SCH 465). Gómez Dávila bemüht sich, diese Praxis nach Kräften zu entwerten, auch wenn er weiß, daß die Dynamik der modernen Gesellschaft mit ihrer Freisetzung des Hedonismus nicht auf seiner Seite ist: »Der Hohlkopf glaubt, daß der feinfühlige Mensch auf alles, dem er aus dem Weg geht, ›Verzicht‹ leiste« (NE I 177=169/VP 112).

Für den Reaktionär kann angesichts dieser Beobachtungen der Tatbestand der Dekadenz nicht geleugnet werden. Der Reaktionär, der nicht um den Beifall der Vielen buhlt, läßt daher keine Ausflüchte gelten; er scheut sich nicht, das Kind beim rechten Namen zu nennen: Dekadenz wird auch als Dekadenz gewertet und nicht etwa als bloßer Wertewandel soziologisch beschönigt. Der Reaktionär wird durch keine Rücksichten daran gehindert, der modernen Welt eine Verlustrechnung aufzumachen, auch wenn diese – vorerst – nicht zur Kenntnis genommen werden sollte. Wenn es aber Dekadenz gibt, dann gilt für Gómez Dávila auch dies: Konservatismus reicht als Haltung in Epochen der Dekadenz keinesfalls als Reaktion aus (NE II 197=192/VP 251). Diese Position unterscheidet ihn von jenen Konservativen und liberalen Bürgern, die zwar oftmals ein Unbehagen an dekadenten Erscheinungen der Gegenwart nicht ganz unterdrücken können, sich aber doch über deren Signifikanz täuschen beziehungsweise das Problem eher bei sich selbst suchen, in ihrer mangelnden Akzeptanz und Offenheit. Der bürgerliche Intellektuelle, der sogenannte Gebildete, so formuliert schon Nietzsche mit klaren Worten, wolle »die allgemeine Krankheit weglügen«, wodurch er indes den Ärzten hinderlich sei, also den Philosophen, die Nietzsche als Ärzte der Kultur begriff.[347] Schließlich, so könnte man

347 Friedrich Nietzsche: Schopenhauer als Erzieher 4, in: KSA 1 (Die Geburt der Tragödie etc.), 366.

meinen, habe es immer Probleme dieser oder jener Art gegeben, die nicht dramatisiert werden dürften. In einem Akt der Wirklichkeitsverleugnung sowie als Resultat des Verlustes der menschlichen Basisfähigkeit, Wertungen vorzunehmen, wird die Tatsache der Dekadenz gern bestritten. Im Umkehrschluß wird dann derjenige, der auf die Dekadenz als Faktum verweist, einer larmoyanten Kulturkritik geziehen, einer Unfähigkeit, sich den mit mehr oder weniger eiserner Notwendigkeit oder auch Beliebigkeit ablaufenden geschichtlichen Prozessen anzupassen. Die Antwort des »letzten Menschen« im Sinne des Nietzscheschen Zarathustras auf die Diagnose der Dekadenz ist die Aufforderung, man müsse doch mit der Zeit gehen. Auch dürfe man nicht sein subjektives, aus der Tradition, dem bloßen Herkommen, übernommenes Wertempfinden zur Grundlage der Beurteilung kultureller Phänomene machen. Der ironische Verweis, dieses oder jenes Monitum des Kulturkritikers sei schließlich nicht der Untergang des Abendlandes, trivialisiert eine ernsthafte Interpretation der Geschichte und gibt den Kulturkritiker und sein alteuropäisches Anliegen der Lächerlichkeit preis. Die Ironisierung prinzipiengeleiteter und ethisch hochstehender Haltungen dient vor allem der Beruhigung des eigenen, meist unartikulierten Unbehagens in der modernen Kultur. Der störende Stachel des reaktionären Denkens ist damit effektiv neutralisiert; jedenfalls solange sich niemand findet, der bereit ist, öffentlich eine Lanze für die Notwendigkeit einer reaktionären Kulturkritik zu brechen, die auf der Unabdingbarkeit von kulturellen Wertungen und Rangunterschieden beharrt. Es ziemt sich also, dem Zeitgeist auch in diesem Punkt die Gefolgschaft aufzukündigen und vorurteilslos zu überprüfen, ob die Diagnostiker des Kulturverfalls Recht haben. Es erweist sich als nötig, ein Vorurteil für die Wahrheit der reaktionären Kulturkritik zu erwecken. Recht hat aber Gómez Dávila jedenfalls, wenn er die Fähigkeit zur Wertung, zur Unterscheidung, also zur Kritik im eigentlichen Sinne als eine unabdingbare Fähigkeit kennzeichnet. Ohne den Willen zur Wertung regiert, wie Nietzsche schon wußte, der blanke Nihilismus, dem alles und jedes gleich-gültig ist. Deshalb ergeht von seiten des Reaktionärs der Appell, sich nicht von der Unfähigkeit zu werten anstecken zu lassen: »Der gebildete Mensch hat die

Pflicht intolerant zu sein« (E II 58=53/SCH 322). Daß der gebildete Mensch die Pflicht hat, intolerant zu sein, bedeutet nun mitnichten, man solle es anderen Menschen gegenüber an der nötigen Toleranz und Menschlichkeit fehlen lassen. Nichts anderes ist vielmehr gemeint, als daß es die Aufgabe des gebildeten Menschen ist, den nötigen Werturteilen Geltung zu verschaffen. Dazu aber muß ihnen zunächst einmal Gehör verschafft werden. Nicht alle Denker, Bücher, Kunstwerke, Bauwerke, Lebensweisen und so weiter sind gleichen Ranges. Diese Rang- und Wertunterschiede aber können nur etabliert und aufrechterhalten werden, wenn »Intoleranz« geübt, wenn gleichsam diskriminiert wird, also in Akten der Wahl etwa die weniger ranghohen von den höherwertigen Kunstwerken geschieden und als solche gekennzeichnet werden. Mit seiner emphatischen Betonung der Notwendigkeit zu werten steht Gómez Dávila im Gegensatz zu einem Fundamentaldogma des gegenwärtigen akademischen Lebens, dem alle Gegenstände gleichgültig sind. Gómez Dávila kehrt den oft als Maske des Relativismus dienenden Gemeinplatz um, über Geschmack lasse sich nicht streiten; es komme im Gegenteil gerade darauf an, über den Geschmack zu streiten, denn alles andere sei nebensächlich (NE II 125=123/VP 206).

Indem nun Gómez Dávila die Dekadenz als politisches, kulturelles, religiöses und philosophisches Problem begreift, reiht er sich in die Tradition der großen Politiktheoretiker von Thukydides bis Max Weber[348] ein und stellt sich insbesondere in die Nachfolge Platons, der als erster eine detaillierte und differenzierte Dekadenztheorie im Horizont der politischen Philosophie entfaltete. Platon diskutierte das Problem des Verfalls (griechisch: diaphthora) vor allem in seinem politisch-theologischen Hauptwerk, den Gesetzen, die für diesen Problemkreis weit mehr in Betracht kommen als der (fälschlich sogenannte[349]) Kreislauf der Verfassungen in der Politeia.[350] Bei Platon beeindruckt vor allem die Weite

348 Vgl. Wilhelm Hennis: Max Weber und Thukydides. Nachträge zur Biographie des Werks, Tübingen 2003, 67.

349 Vgl. Reinhart Maurer: Platons 'Staat' und die Demokratie. Historisch-systematische Überlegungen zur politischen Ethik, Berlin 1970, sowie Norbert Blößner: Dialogform und Argument. Studien zu Platons 'Politeia', Stuttgart 1997, 14, 106-151.

350 Siehe zum folgenden vor allem Ernst Sandvoss: Soteria. Philosophische Grundlagen der platonischen Gesetzgebung, Göttingen 1971, 138-190.

des Blicks, mit dem er dem Problem der Dekadenz begegnet. Er richtet seine Analyse nicht auf isolierte Faktoren des Verfalls, sondern auf die Gesamtheit der Wirklichkeit. Platon betrügt sich auch nicht über das Wesen des Menschen und versucht in seiner Politik, wie Gómez Dávilas aristokratischer Blick klar sieht, die Autonomie der Werte zu respektieren (E I 262=214/SCH 156). Indem nun aber die moderne Welt eben jene Einsichten der Philosophie Platons verwirft und als für nicht mehr bedeutsam erklärt, befindet sie sich aus der Sicht Gómez Dávilas im Aufstand gegen Platon (E I 243=198/SCH 145). Damit aber hat Gómez Dávila so klar wie wenige erkannt, daß die Moderne insgesamt ein durch und durch antiplatonisches Projekt ist.[351]

Die platonische Denkweise des Reaktionärs zeigt sich auch in seiner Analyse des Wertbegriffs, der bekanntermaßen im 20. Jahrhundert eine immense Ausbreitung erfahren hat. Oft wurde der Wertbegriff auch strapaziert, um dem allzu offenkundig gewordenen Nihilismus etwas entgegenzusetzen, eben Werte, die dann je nach Bedarf mit schmückenden Beiworten versehen wurden. Gómez Dávila sieht jedoch, daß die Berufung auf Werte selbst Teil jener Krankheit ist, zu deren Heilung sie angeblich beitragen soll. »Die Theorie der Werte ist das heikelste Vorhaben der demokratischen Ideologie« (T 78=67=54). Gemäß der demokratischen Doktrin, so Gómez Dávila, ist ein Wert lediglich ein subjektiver Zustand, welcher die Übereinstimmung eines Willens mit einer Tat bestätigt (T 78-79=68=54). Platon und seine Schule dagegen seien von der Demokratie abgestoßen gewesen, weil diese die Autonomie der Werte geleugnet hätte, während Burke und seine Schule der Demokratie die Verletzung der Unterschiede zwischen den Personen zum Vorwurf gemacht hätten (E I 262=214/SCH 156).

Diese Analyse des Wertbegriffs muß nun keineswegs gegen die Demokratie selbst gerichtet werden, sie zeigt aber, daß eine unreflektierte Berufung auf den Wertbegriff eine Einsicht in fundamentale Bewegungsgesetze moderner Gesellschaften und ihrer Diskursformationen verstellt. Denn der Nihilismus unserer Zeit bestehe nicht darin, wie etwa Günter Rohrmoser erläutert, »daß Werte geleugnet werden«. Es bestehe im Gegenteil geradezu eine Hochkon-

351 Dazu Arbogast Schmitt: Die Moderne und Platon, Stuttgart 2003, 4.

junktur an Werten, so daß man mit Fug und Recht sagen kann: »Die Werte, oder das Denken in Werten, sind eben nicht die Gegenkraft zum Nihilismus, sondern die Hochkonjunktur der Werte ist nur die gegenbildliche Spiegelung des Nihilismus selbst.«[352] Der Reaktionär teilt zweifelsohne diese Analyse und ruft im Widerspruch zu dem von Rohrmoser zusammengefaßten Tatbestand eine Rangordnung in Erinnerung, die dem Menschen nicht völlig frei verfügbar ist, sondern an der sich der Mensch in seiner je individuellen Prägung messen lassen muß. Er bezieht sich also auf so etwas wie eine objektive Wertewelt – eine Wertewelt, die für den Menschen objektiv, für Gott, der sie geschaffen hat, jedoch subjektiv ist (E I 380=309/SCH 228).

Gómez Dávila geht in seiner Kritik der modernen Politik und insbesondere der Demokratie auf das Spannungsverhältnis von Politik und Wahrheit ein, aus dem vielfaches Unbehagen am Politischen zu resultieren scheint. Der Raum der Politik ist – realistisch betrachtet – nicht primär der Raum der Wahrheit. Ja, selbst offenkundige Wahrheiten nähmen im Raum der Politik Schaden: »Es genügt, daß ein intelligenter Politiker irgendeine Idee für wahlstrategisch wirksam hält, und schon weiß man ohne weiteres, daß die Idee falsch ist« (E II 363=297/SCH 498). Und: »Kein Politiker kann die Wahrheit sagen, wo ein Wahlvolk aufmerksam zuhört« (SE 32=27/AB 19). Das gespannte Verhältnis der Demokratie zur Wahrheit bezieht sich allerdings auf mehr als auf den bloßen Gemeinplatz der Stammtischparole, wonach »Politiker lügen«. Die Demokratie verneint vielmehr aus reaktionärer Sicht wesensmäßig den Unterschied zwischen Wahrheiten und Irrtümern. Sie unterscheide lediglich zwischen populären und unpopulären Meinungen (SE 132=111/AB 75). Nun war aber gerade die Neutralisierung der Wahrheitsfrage ein Hauptkennzeichen der Entwicklung moderner Staatlichkeit im liberalen, rechtsstaatlichen Sinne, da nach Hobbes nur unter den Bedingungen des Wahrheitsverzichts der latente Bürgerkrieg verhindert werden konnte.[353] Trotz der scharfen Modernitätskritik Gómez Dávilas wird man indes nicht annehmen dürfen, daß er durch die erneute Einführung der Wahrheit in

352 Günter Rohrmoser: Der Ernstfall. Die Krise unserer liberalen Republik, Berlin 1994, 272-273.

353 Rohrmoser: Ernstfall, 126.

die Politik die blutige Dynamik von Bürgerkriegen wieder in Gang bringen wollte. Das kritische Potential einer Kritik an der Neutralisierung der Wahrheit in politicis liegt vielmehr in folgendem: Es gilt die Aufmerksamkeit dafür zu schärfen, daß die völlige Ausschaltung von Wahrheitsansprüchen zu einem ebenso totalen Relativismus der Werte führen muß, der nur durch rational nicht mehr ausweisbare Restbestände an Tradition und Werten in Schach gehalten wird.[354] Die Ausdehnung dieses ursprünglich auf theologische Wahrheitsansprüche bezogenen Relativismus auf weite Lebensbereiche ist ein Phänomen, das offenbar naturwüchsig mit massendemokratischen Gesellschaften einhergeht. Die Ausschaltung von Wahrheitsansprüchen ist deshalb eine mit der Demokratie gegebene Versuchung, weil sie demokratietheoretisch aus der Überdehnung des Rechtes auf gleiche Achtung (resultierend aus der Verwechslung von Akt und Potenz in bezug auf den Einzelmenschen) folgt. Die Demokratie akzeptiert in der reaktionären Interpretation keine objektive Werthierarchie, sie ist »wesentlich axiologischer Relativismus«. Die Reaktion indes ist »axiologischer Objektivismus«. Sie akzeptiere eine Wertordnung mit unterschiedlichen Rangstufen, und sie postuliere, daß diese Werte nicht dem bloßen Willkürwillen des Menschen anheimgestellt seien (SE 143=120/AB 82), auch wenn aus der theoretischen Hierarchie der Endzwecke, die Gómez Dávila postuliert, keine praktische Hierarchie abgeleitet werden könne (N 201=288=232).

Obwohl auch der Liberale trotz gegenteiliger Beteuerungen seine politische Welt immer nach dem von Carl Schmitt mit unübertroffener Emphase ins Bewußtsein gehobenen Freund-Feind-Gegensatz ordnet, konnte doch gelegentlich die irrige Meinung aufkommen, die Linke erkenne diesen Sachverhalt nicht an, weil sie die bloße Benennung dieses Gegensatzes unter Faschismusverdacht gestellt habe und somit Feindschaft überhaupt leugnete.[355] Tatsächlich stellte jedoch diese scheinbare Ablehnung der Freund-Feind-Unterscheidung nur eine weitere, eben verkappte Version dieser Unterscheidung dar. An dem realistischen Kern der

354 Vgl. Papst Johannes Paul II.: Enzyklika Veritatis splendor, Stein/Rhein 1993, 37, 97 (Nr. 32, 100).

355 Vgl. Günter Rohrmoser: Deutschlands Tragödie. Der geistige Weg in den Nationalsozialismus, München 2002, 22-23.

Schmittschen Einsicht führt demnach, wie gerade der Reaktionär weiß, prinzipiell kein Weg vorbei, will man sich nicht über die Realität von Feindschaft hinweglügen.[356] Die Kreuzung der horizontalen Freund-Feind-Beziehung mit der vertikalen Oben-Unten-Beziehung bildet nach Gómez Dávila die grundlegende politische Struktur. Es sei daher nicht nur utopisch, die eine oder die andere abschaffen zu wollen, sondern sogar in sich widersprüchlich (E II 296=246/SCH 461). Wenn es aber im Raum des Politischen immer sowohl horizontale wie vertikale Beziehungen der genannten Arten gibt, läßt sich aus Gómez Dávilas Perspektive eine gegebene gesellschaftliche Hierarchie nicht schon deshalb kritisieren oder verwerfen, weil sie eine Hierarchie darstellt. Eine Schwäche des Bürgertums bestehe gerade darin, daß es dieses Faktum nicht anerkennen wolle. Gómez Dávila greift die ätzende Kritik Donoso Cortés' auf, wenn er sagt, das Bürgertum wisse nicht zu befehlen, es trage den Haß auf die Befehlenden, auf die Macht im Blute, weil es um seine eigene Unfähigkeit zu befehlen wisse (N 64=111=77). Auch im Lichte dieser auch andernorts vielfältig variierten Bürgertumskritik erwecken die zahlreichen affirmativen Verweise auf die hierarchische Gliederung feudal geprägter Gesellschaften den Eindruck, der Reaktionär sei identisch mit dem Nostalgiker, der sich in eine unwiederbringliche (und zudem imaginierte) Vergangenheit mittelalterlicher Prägung zurücksehnt. So behauptet er beispielsweise, der Unterschied zwischen der Welt des Mittelalters und der Moderne bestehe darin, daß die Struktur im Mittelalter gesund, einzelne Abläufe aber fehlerhaft gewesen seien; in der Moderne verhalte es sich andersherum (SE 154=129/AB 88). Zwar strebe der Reaktionär keine paradiesische Gesellschaft an, doch bestehe sein Ideal in der »Gesellschaft der Friedenszeiten in Alteuropa – vor der demographischen, industriellen und demokratischen Katastrophe« (SE 152=128/AB 87). Doch läßt sich die positive Wertung dieser vormodernen Gesellschaftsformen auch so deuten, daß in ihnen

356 Dies gilt trotz einiger Unklarheiten in der Konzeption Schmitts. Siehe Ernst Topitsch: Die Wissenschaftsauffassung Carl Schmitts, in: Im Irrgarten der Zeitgeschichte. Ausgewählte Aufsätze, Berlin 2003, 27, 60-72; sowie Günter Maschke: Freund und Feind. Kautilya und Álamos de Barrientos als Stichwortgeber Carl Schmitts, in: Über den Tag hinaus. Festschrift für Günter Zehm, Berlin 2003, 200-217. Zur Realität des Feindes, seinen Transformationen und den verschiedenen kulturellen Reaktionen auf Feindschaft siehe zuletzt Martin Mosebach: Der Feind, in: Sinn und Form 66/1 (Januar-Februar 2014), 5-20.

in konkreter historischer Form eine Grundeinsicht in das Problem der Kultur und in das dem Menschen Zuträgliche zum Ausdruck kommt. Diese Grundeinsicht besagt, daß es immer eine Minderheit – also in einem soziologischen Sinne eine Elite – ist, die kulturell bedeutsame Leistungen erbringt.[357] Gómez Dávila betont also das für den dogmatischen Demokraten unangenehme Faktum, daß sich kulturelle Hochleistungen nicht als Phänomene der Massenkultur ergeben – die »Kultur ist ein ›elitäres‹ Phänomen«, und zwar notwendigerweise (SE 158=133/AB 91). Zugleich macht er aber auch unaufdringlich klar, daß nicht der Krieg, sondern der Frieden die für die menschliche Gesellschaft ideale Lebensbedingung ist.

9. Signaturen der Moderne

Die moderne Welt ist kein endgültiges Verhängnis. Es existieren geheime Waffenarsenale.

(E I 314=254/SCH 187).

Was ergibt sich nach dem Gesagten aus dem reaktionären Denken als gleichsam objektiver Gehalt eines Beitrags zu einer »Theorie des gegenwärtigen Zeitalters« (Hans Freyer)? Was sind im Lichte der reaktionären Denkbewegungen Gómez Dávilas die Signaturen der Moderne in politischer, kultureller und religiöser Hinsicht? Und schließlich: Welchen Wahrheitsgehalt, welche wirklichkeitserschließende Kraft können wir dem reaktionären Denken über seine Zeit hinaus zuerkennen?

Zunächst ist festzuhalten, daß trotz des Gestus der Einsamkeit, trotz des Pathos der Distanz, mit denen der Reaktionär zu kokettieren pflegt, dieser keineswegs alleine steht mit wesentlichen Grundzügen seiner Modernitätskritik. Zwar ist es unzweifelhaft richtig, daß die Gesamtheit der Denkbewegungen Gómez Dávilas sich zu einem formal stilistisch wie inhaltlich einzigartigen und unverwechselbaren Werk verbinden, das seinesgleichen sucht. Viele einzelne Züge und Aspekte dieses Denkens lassen sich jedoch bei jenen Autoren des 20. Jahrhunderts finden, die das selbständige Denken jenseits der ideologischen Hauptströ-

357 George Steiner: In Blaubarts Burg. Anmerkungen zur Neubestimmung der Kultur, Wien 1991, 83-84.

mungen nicht aufgaben. So verweist Leo Strauss schon in der Mitte des 20. Jahrhunderts darauf, daß kaum ein ernstzunehmender Denker noch den Begriff »Fortschritt« gebrauche; dieser sei vielmehr durch den Begriff »Wandel« ersetzt worden. Das aber bedeutet, daß der Sinn und die Möglichkeit eines Fortschritts zu einem Gut hin fraglich geworden ist, weil die Barbarisierung des Menschen im 20. Jahrhundert die Vorstellung widerlegt habe, daß es einen unumkehrbaren Fortschritt in moralischer Hinsicht gebe.[358] Das Scheitern des Fortschritts, so spitzt Gómez Dávila diesen Gedanken zu, beruhe indes keineswegs auf der Nichterfüllung, sondern auf der Erfüllung seiner Versprechen (NE II 84=85/VP 181). Die Technik kommt so nicht als Mittel der Befreiung von den Zwängen des Daseins in den Blick, sondern nur als weiteres Instrument der Versklavung: »Jeder technische Fortschritt ist ein Abschnitt in der Vervollkommnung der Tyrannei« (SE 138=116/AB 78). Einen Fortschritt im eigentlichen Verstande gebe es jedoch nur beim Einzelnen, der an sich arbeite und sich um seine Seele sorge – und dieser Fortschritt ende unwiderruflich mit dessen Tode (vgl. N 216=307=249). Doch schon für Max Weber waren die wesentlichen Auffassungen des Fortschrittsglaubens durch Nietzsche als Illusionen entlarvt worden, weil Wissenschaft und Technik, die am anschaulichsten die Möglichkeit eines wirklichen Fortschritts verkörperten, die Frage nach dem Sinn unseres Lebens unbeantwortet lassen müssen.[359] Und nicht zuletzt weist Gómez Dávila mit einigem Recht und in gewohnter Schärfe darauf hin, daß der Glaube an den Fortschritt den Dummkopf charakterisiere – wie man seit Baudelaire, Flaubert, Kierkegaard, Dostojewski, Ruskin und Burckhardt wisse (NE II 84=85/VP 181).

Wie steht also Gómez Dávila zur Gretchenfrage der »Legitimität der Neuzeit«? Modernitätskritik war im 20. Jahrhundert in Intellektuellenkreisen keineswegs unüblich; das 20. Jahrhundert hat geradezu eine Proliferation der philosophischen Auseinandersetzung um die Modernitätsproblematik mit sich gebracht. Insbesondere in den Jahren um den

358 Leo Strauss: An Introduction to Political Philosophy. Ten Essays, hg. von Hilail Gildin, Detroit 1989, 258-259, 267-268.; vgl. Joachim Ritter: Fortschritt, in: Historisches Wörterbuch der Philosophie, Bd. 2, Sp. 1055-1057.

359 Max Weber: Wissenschaft als Beruf, in: Derselbe: Gesammelte Aufsätze zur Wissenschaftslehre, hg. von Johannes Winckelmann, Tübingen 1988 (7. Auflage), 598.

Ersten Weltkrieg wurde beispielsweise im Kontext der Weimarer Republik eine denkbar scharfe Kritik am wesentlich modernen Fortschrittsdenken formuliert.[360] Diese Kritik war zwar einerseits schon durch die prägende Metapher von Spenglers Hauptwerk *Der Untergang des Abendlandes* (1918/22) wirkungsmächtig geworden, und zwar unabhängig von den zahlreichen Irrtümern und Fehldeutungen dieses Werkes. Sie erreichte dann in der zweiten Jahrhunderthälfte vor allem mit der Erfindung und tatsächlichen Verwendung der Atombombe besondere Virulenz, die etwa mit der Rede von der Antiquiertheit des Menschen zu einer radikalen In-Frage-Stellung einer einseitig positiv gesehenen Moderne und ihrer technischen Leistungen führte. Verstärkt wurde die Kritik zudem durch die vom Nationalsozialismus ins Werk gesetzte und nach dessen Untergang als Zivilisationsbruch gedeutete Judenvernichtung. Denn es konnte kein Zweifel bestehen, daß trotz aller politisch archaischen Impulse, die in jenen Geschehnissen zum Tragen kamen, eminent moderne Faktoren für deren fatalen Erfolg ebenfalls unabdingbar waren. Die Frage mußte also früher oder später auftauchen, ob nicht die Moderne in eben jenen mit Hilfe der modernen Technik vollbrachten Vernichtungswerken sozusagen in Gestalt der Verbrennungsöfen ihre Vollendung fand, so daß es im Kern der Moderne etwas geben müsse, das diese grausamen und unmenschlichen Konsequenzen gleichsam aus sich selbst hervortrieb. Mit der Einsicht in die Tatsache, daß in der »Gemeinsamkeit von Menschenrechtsverkündigung, Freiheitspathos, Terror und Völkermord« ein Kennzeichen der »klassischen Moderne« benannt ist[361], wird ein bloß normatives Modernitätsverständnis problematisch. Denn ein solches tabuisiert den Blick auf die Wirklichkeit, weil sie diejenigen Entwicklungen, die eben auch in der Logik der Moderne liegen, als das Andere der Moderne eilfertig zu bannen sucht.

So liegt es Gómez Dávila zufolge in der Logik der modernen Demokratie, daß es einen Drang zur ungehemmten Anwendung derjenigen Technik gibt, die in der Moderne entwickelt wurde. Das Prinzip der Demokratie selbst treibe die Entwicklung zur Massendemokratie hervor und mache

360 Siehe nur Karl Löwith: Mein Leben in Deutschland vor und nach 1933. Ein Bericht, Frankfurt/M. 1989, 24-25.

361 Bernard Willms: Postmoderne und Politik, in: Der Staat 3/1989, 322.

die »rücksichtslose industrielle Ausbeutung des Planeten« zu einer Notwendigkeit (T 85=73=59). Es ist daher kein Zufall, wenn Gómez Dávila die Ökologie, die sich dieser Ausbeutung zu widersetzen sucht, als die Schäferspielversion des strengen reaktionären Textes ins Spiel bringe (NE 193=188/VP 248). Die Kritik an der Zerstörung von Natur und Landschaft durch die Moderne ist ein Teil des Übels, das Gómez Dávila in unübertroffener Schärfe mit folgender Glosse illustriert: »Der moderne Mensch behandelt die Welt wie ein Wahnsinniger einen Idioten« (E II 302=250/SCH 464). Die Industriegesellschaft sei indes zu einem zwangsläufigen Fortschritt verdammt, wie er betont (E I 138=115/SCH 84). Die Demokratie, so führt er aus, mache sich den Kult der Technik zu eigen, weil sie die Technik brauche, um ihre religiöse Zielvorstellung, die Selbsterlösung des Menschen, zu erreichen. In der Technik nämlich erfährt der Mensch, daß er der Herr der Welt ist, daß er die Umstände seines Daseins beherrschen kann, daß er nicht, wie es die Religion des transzendenten und geheimnisvollen Gottes lehrt, von etwas außer ihm abhängig ist (vgl. T 85=73=59). Aus dieser Perspektive wird verständlich, daß die Vergötzung der Technik für den Reaktionär schlechterdings satanischen Charakter hat (NE I 51=52/VP 35). Gómez Dávila erkennt damit in groben Zügen, daß die Technik keine kontingente Eigenschaft der modernen Welt ist, sondern in einem unauflöslichen Zusammenhang mit dem Wesen der modernen Welt selbst steht, wie ihn wohl am eindringlichsten Martin Heideggers Technikphilosophie ausgesprochen hat, auf die sich Gómez Dávila allerdings an keiner Stelle explizit bezieht.[362] Der technischen Einstellung zur Welt liegt nach Gómez Dávila eine Vorstellung von Wirklichkeit zugrunde, die diese nur selektiv wahrnimmt: »Der moderne Mensch nennt Realität das, was eine Wahrnehmung aufnimmt, die sich intentional auf die Erfassung der manipulierbaren Züge der Dinge beschränkt« (E I 181=148/SCH 108).

Angesichts der Technik erweist sich zudem besonders, daß das reaktionäre Denken zugleich in praktischer Hinsicht ohnmächtig und doch klarsichtig ist (E I 398=325/SCH 240). Gómez Dávilas Ansicht, daß die Zivilisation ihrem Ende

362 Vgl. Reinhart Maurer: Das eigentlich Anstößige an Heideggers Technikphilosophie, in: Reinhard Margreiter/ Karl Leidlmair (Hg.): Heidegger. Technik - Ethik - Politik, Würzburg 1991, 25-35.

zugehe, »wenn die Landwirtschaft aufhört eine Lebensform zu sein und zur Industrie wird« (E II 222=186/SCH 418), scheint so das Verdikt Arnold Gehlens gegen eine moralisierende Kulturkritik zu bestätigen, »die im Grunde gegen die Gesetze der Industriegesellschaft Sturm läuft« – nur würde Gómez Dávila gerade diesen Vorwurf aller Wahrscheinlichkeit nach als Ehrentitel und Gehlens These als Kapitulation empfunden haben.[363]

Allerdings ist diese Ohnmacht des reaktionären Denkens nur eine Ohnmacht im Hinblick auf das Ganze der Moderne. Im Blick auf den Einzelnen öffnen sich durchaus Möglichkeiten praktischer Dissidenz, die indes am Prinzip nicht viel ändern. Denn die Lebensbedingungen massendemokratischer Gesellschaften, die essentiell von den Techniken der Massenmedien durchdrungen sind, bringen es mit sich, daß Formen unpersönlicher Herrschaft stärker als in der Vergangenheit dominieren. Dies verhindert zugleich die leichte Einsicht in die Zwänge, die das moderne Leben lenken: »Der moderne Mensch nimmt bereitwillig jedes Joch auf sich, solange nur die Hand, die es aufzwingt, unpersönlich ist« (E II 313=258/SCH 470), also auch und vor allem die Technik. Die moderne Massengesellschaft erzeugt so unter dem Deckmantel der Individualisierung einen außerordentlichen Konformitätsdruck, der jedoch vielfach unbewußt bleibt und ohne gewaltsamen Zwang auskommt, weil er sich als dessen Gegenteil ausgibt: »Der moderne Individualismus reduziert sich darauf, diejenigen Meinungen für die persönlichen und eigenen zu halten, die man mit allen anderen teilt« (E I 190=155/SCH 114). Die Moderne ist deshalb ein Gefängnis, das nicht als solches bewußt wird: »Der Moderne ist ein Gefangener, der sich frei dünkt, weil er davon absieht, die Mauern seines Kerkers zu berühren« (E I 315=254/SCH 187).

Des weiteren scheint Gómez Dávila die Auffassung Voegelins geteilt zu haben, der, wie oben erwähnt, das Wesen der Moderne in kritischer Absicht in deren Gnostizismus erblickte, jedenfalls in seiner grundlegenden Schrift über die Neue Wissenschaft der Politik. Ob Gómez Dávila die spätere Relativierung dieses Befundes durch Voegelin, die durch die Fortschritte der Gnosis-Forschung unabweisbar

363 Arnold Gehlen: Studien zur Anthropologie und Soziologie, Neuwied-Berlin 1963, 331.

wurden, rezipierte, ist fraglich. Allerdings machte Voegelin klar, daß unabhängig von Differenzierungen im Detail die Kennzeichnung moderner Ideologien als gnostizistisch Bestand habe.[364] Zahlreiche Stellen legen nahe, daß Gómez Dávila die frühere starke Gnosis-These Voegelins geteilt hat. Daraus scheint unmittelbar die Verneinung der »Legitimität der Neuzeit« zu folgen, wie sie Hans Blumenberg gegen Voegelin zu erweisen suchte, indem er die Neuzeit geradezu als Überwindung der Gnosis bestimmte und sie damit zugleich in massiver Weise zu einem normativen Konstrukt machte.[365] Carl Schmitt weist zu Recht darauf hin, daß es Blumenberg bei seinem Legitimationsprojekt um nichts Geringeres gehe als »um die Selbstermächtigung des Menschen und um die Wißbegierde des Menschen«, welch letztere Blumenberg geradezu als »rechtfertigungsunbedürftig« erscheint.[366] Die Neuzeit im Blumenbergschen Sinne gewinnt so ihre Legitimität aus einer angeblich selbst rechtfertigungsunbedürftigen Grundvoraussetzung, weist also die Begründungsproblematik jenen zu, die diese Legitimität bestreiten. Gerade aber diese Selbstermächtigung des Menschen und die damit einhergehende Entfesselung zunächst des menschlichen Erkenntnisstrebens und sodann des technischen Machbarkeitswillens mußten Gómez Dávila wie jedem konsequenten politischen Theologen als von Übel erscheinen, und zwar von allergrößtem Übel. Denn für die klassische Tradition war zwar einerseits die Erkenntnis der Wirklichkeit etwas Gutes, zugleich aber sah man auch das zutiefst Problematische eines zügellosen Erkenntnisstrebens, das man geradezu als »Zuchtlosigkeit« gekennzeichnet hat, wie Josef Pieper nachdrücklich betont hat.[367] Zwar scheint diese Auffassung, wie sie etwa Thomas von Aquin dargelegt hat, mehr auf das einzelne Individuum zu gehen, dessen

364 Siehe Eric Voegelin: Autobiographical Reflections, hg. von Ellis Sandoz, Baton Rouge-London 1996, 65-67; Peter J. Opitz: Die Gnosis-These. Anmerkungen zu Eric Voegelins Interpretation der westlichen Moderne, in: Eric Voegelin: Der Gottesmord. Zur Genese und Gestalt der modernen politischen Gnosis, München 1999, 32-35.

365 Hans Blumenberg: Die Legitimität der Neuzeit. Erneuerte Ausgabe, Frankfurt/M. [3]1997, 137-138; vgl. auch Thomas Hollweck: Wie legitim ist die Moderne? Gedanken zu Eric Voegelins Begriff der Moderne und Hans Blumenbergs Begriff der Neuzeit (Occasional Papers, 32), München 2003.

366 Siehe Carl Schmitt: Politische Theologie II. Die Legende von der Erledigung jeder Politischen Theologie, Berlin [2]1984, 114.

367 Josef Pieper: Zucht und Maß. Über die vierte Kardinaltugend, Leipzig 1939, 99-106.

innere Zuchtlosigkeit sich im Übermaß des Erkennens und vor allem sinnlichen Wahrnehmens zeigt. Gleichwohl ist damit ein Umstand ausgesprochen, der auch die Frage nach der Legitimität der Neuzeit berührt, sofern diese gerade auf der Bejahung und Förderung eben jener Zuchtlosigkeit beruht, die bekanntlich schon die ersten Menschen in ernste Schwierigkeiten brachte, weil nämlich diese Zuchtlosigkeit sich direkt dem Willen Gottes entgegenstellte.

Welche Konsequenzen soll nun aber der Leser Gómez Dávilas aus dessen radikaler Modernitätskritik ziehen? Kann es ernsthaft darum gehen, die Moderne als solche zu überwinden oder dies überhaupt nur zu wollen, ohne daß ein solches Unterfangen von vornherein als wahnsinnig gelten müßte? Gómez Dávila wußte freilich wie kein anderer, daß Versuche, die Moderne politisch zu überwinden, unter den Bedingungen der Moderne mit modernen Mitteln unternommen werden müßten. Dies aber könnte nur zu weiteren Katastrophen und damit zur Verschärfung der Probleme führen. Der Reaktionär verstand sich auch deshalb nicht als jemand, der in blinder Raserei gegen die Wände der Moderne anrennt, um so das Übel noch zu vermehren. Die Aporie, in der sich Gómez Dávila demnach befand, bestand darin, unter den Bedingungen der Unhintergehbarkeit der Moderne auf die Notwendigkeit ihrer Hintergehbarkeit in geistiger Hinsicht aufmerksam zu machen. Daß diese Position paradox ist, war Gómez Dávila selbst nur zu bewußt, resultierte jedoch seiner Auffassung nach aus der Einsicht in den paradoxen Charakter des Menschen und der Welt (E I 443=362 /SCH 268), den das reaktionäre Denken lediglich widerspiegelte.

Nun hat indes kein Geringerer als Jürgen Habermas selbst die Verteidigung einer Moderne unternommen, die aus ihrer aufklärerischen Selbstmächtigkeit heraus nicht auf vormoderne Traditionsbestände und Normen rekurrieren müsse: »die Moderne kann und will ihre orientierenden Maßstäbe nicht mehr Vorbildern einer anderen Epoche entlehnen, *sie muß ihre Normativität aus sich selber schöpfen*. Die Moderne sieht sich, ohne Möglichkeit der Ausflucht, an sich selbst verwiesen.«[368] Gerade die Schlüsselbegriffe der Moderne – Habermas nennt mit Hegel etwa Revolution,

368 Jürgen Habermas: Der philosophische Diskurs der Moderne, Frankfurt/M. 1988, 16 (kursiv im Original).

Fortschritt, Emanzipation, Entwicklung, Krise und Zeitgeist – verweisen jedoch angesichts ihrer beachtlichen Vagheit darauf, daß die der Moderne ihrem Wesen nach innewohnende Einseitigkeit der interpretierenden Korrektive bedarf. So hat etwa Günter Rohrmoser – wie übrigens auch Dolf Sternberger – auf die Problematik der totalen Emanzipation als Konsequenz der Aufklärung hingewiesen, die sich auf die Gesellschaft und den Einzelnen mit der Freisetzung der Willen schlechterdings katastrophal auswirke, wenn sie schließlich zur Emanzipation von Ethik und Gewissen wird.[369]

Demgegenüber entspricht es einem reaktionären Denken im Geiste Gómez Dávilas, die so selbstgewiß proklamierte Selbstmächtigkeit der Modernen nicht ohne nähere Prüfung zu ihrem Nennwert zu akzeptieren. Vielmehr wird der Reaktionär trotz seines dezidierten Antimarxismus Horkheimers und Adornos *Dialektik der Aufklärung* in ihrem Wahrheitsgehalt würdigen, nämlich »den Selbstzerstörungsprozeß der Aufklärung auf den Begriff« gebracht zu haben.[370] Die despotische Nachtseite der Aufklärung, wie sie aus reaktionärer Sicht erhellt wird, findet ihren treffenden Ausdruck in einem Satz des an Carl Schmitt geschulten Historikers Reinhart Koselleck, der da lautet: »Aufklärung als das Diktat eines moralischen Despotismus, unfähig gegenüber Vorurteilen duldsam zu sein, ihnen ihr Eigenrecht zu belassen – diese Aufklärung gerinnt schnell zur Ideologie, die zum Terror greifen muß, um recht zu behalten.«[371]

Gómez Dávila formuliert in seinen Texten gleichsam Marginalien zum beschädigten Leben in der modernen Welt, in denen er die Verheerungen des triumphalen Unheils kenntlich macht, in dessen Zeichen diese Welt strahlt. Daß es indes möglich sein sollte, wie Adorno glaubte, diese Zustände von einem innerweltlich interpretierten »Standpunkt der Erlösung« zu betrachten, war für den Christen und Anti-Gnostiker Gómez Dávila nichts als eine

369 Günter Rohrmoser: Emanzipation oder Freiheit. Das christliche Erbe, Berlin 1995, I-III; Dolf Sternberger: Das Zeitalter der Emanzipationen, in: Derselbe: Herrschaft und Vereinbarung, Frankfurt/M. 1986, 136-137.

370 Habermas: Der philosophische Diskurs der Moderne, 130. Gómez Dávila besaß ein Exemplar der Dialektik der Aufklärung.

371 Zitiert nach Hans Erich Bödeker: Aufklärung über Aufklärung? Reinhart Kosellecks Interpretation der Aufklärung, in: Zwischen Sprache und Geschichte. Zum Werk Reinhart Kosellecks, Göttingen 2013, S. 169.

Illusion.[372] Gegen die Entfesselung des Machbarkeitsgedankens, die in den postnietzscheanischen Utopien der Menschenzüchtung des Klonzeitalters neue Dimensionen erreicht[373], erinnert Gómez Dávila an die ethische Selbstverständlichkeit, daß als zivilisiert nur gelten könne, wer sich aus welchen Gründen auch immer weigere, alles zu tun, was er kann (E I 198=162/SCH 119; E II 157=134/SCH 381). Es ist allerdings wahr: daß nicht schlechterdings alles erlaubt ist, was der Mensch tun kann, hilft für die ethische Beurteilung konkreter Problemlagen wie etwa im Zusammenhang mit der Biotechnologie allein nicht weiter. So bleibt an dieser Stelle nur die grundsätzliche Mahnung, der technologisch gewendeten Entfesselung der Emanzipationskräfte Einhalt zu gebieten. Der Reaktionär täuscht sich nämlich nicht darüber hinweg, daß die »hypertrophen Emanzipationsbestrebungen«[374] der letzten Jahrzehnte auch ihren Preis hatten, haben und haben werden, der sowohl individuell wie gesellschaftlich in vielfältiger Weise zu Buche schlägt – denn jeder Fortschritt bringe schicksalhaft einen Niedergang mit sich (N 79=130=93). Gómez Dávila bietet mit seiner Erinnerung an zivilisiertes Verhalten als eines, das sich Beschränkungen unterwirft, implizit den Gedanken der Grenze ins Spiel, der auch ohne nähere Spezifikation ein wichtiges Korrektiv zur vorherrschenden Ideologie der Grenzenlosigkeit darstellt.[375]

Angesichts der vielfältigen Kritik, welcher der Fortschritt durch das reaktionäre Denken anheimfällt, stellt sich die Frage, ob und gegebenenfalls wie der Reaktionär diese Kritik in Praxis überführen kann. Kann es diesem ernsthaft darum gehen, hinter die offenkundigen Fortschritte der letzten Jahrhunderte zurückzugehen? Es war immerhin der auch von

372 Vgl. Theodor W. Adorno: Minima Moralia. Reflexionen aus dem beschädigten Leben, Frankfurt/M. 1988, 333.

373 Siehe zu den ideologischen Grundlagen schon die klassische Studie von Hedwig Conrad-Martius: Utopien der Menschenzüchtung. Der Sozialdarwinismus und eine Folgen, München 1955, die Gómez Dávila besaß. Zumindest in Deutschland entzündete sich eine kurzfristige »Diskussion« an einem Text Peter Sloterdijks (Regeln für den Menschenpark. Ein Antwortschreiben zu Heideggers Brief über den Humanismus, Frankfurt/M. 1999).

374 Reinhart Maurer: Jürgen Habermas' Aufhebung der Philosophie (Philosophische Rundschau Beiheft 8), Tübingen 1977, 60.

375 Den Gedanken einer Grenze angesichts des technisch Machbaren formulierte im 20. Jahrhundert in emphatischer Weise insbesondere der kanadische Denker George Grant. Siehe Till Kinzel: Metaphysiscs, Politics, and Philosophy. George Grant's Response to Pragmatism, in: Cultura VI 1 (2009), 7-21, 16.

Gómez Dávila hoch geschätzte Nietzsche, der zu bedenken gab, daß es niemandem freistehe, Krebs zu sein. Vielmehr müsse man immer weiter in der Dekadenz voranschreiten; eine Umkehr gebe es nicht. Gómez Dávila beantwortet die genannte Frage auf paradoxe und metaphorische Weise, wodurch die Möglichkeit einer Praxis allerdings nicht unbedingt näher zu rücken scheint: Es gehe nicht darum, rückwärts zu gehen, sondern die Wegrichtung zu ändern (NE II 70=71/VP 172). Der Reaktionär verhält sich zwar auf eine ihm eigene Weise kritisch zur Moderne, aber in moderner Manier ein aktionistisches politisches Programm zu entwerfen, das dann auf Biegen und Brechen durchzusetzen wäre, ist gerade nicht seine Sache. »Reaktionär ist ein jeder, der nicht dazu bereit wäre, für seinen Sieg jeden Preis zu zahlen« (NE I 64=64/VP 43; vgl. NE I 49=50/VP 33). Politisches Handeln hätte nur dann einen Sinn, wenn die Notwendigkeit der Ereignisse einen Staat zuließe, der mit unseren geheimen Wünschen übereinstimmte; der Kampf gegen das Unvermeidliche und das Bewahren eines Staates, der gegen jede Art von Adel gleichgültig ist, seien es nicht wert, daß sie uns von unseren sicheren Freuden ablenkten (N 77=128=91). Den praktischen Bestrebungen des Reaktionärs sind also aus verschiedenen Gründen enge Grenzen gesetzt; die Anspielung auf geheime Waffenarsenale gegen die moderne Welt wird man im Lichte der folgenden Glosse verstehen müssen. »Beschränken wir unseren Ehrgeiz darauf, gegen die moderne Welt methodisch geistige Sabotage zu betreiben« (E I 454=371/SCH 274).

Bereits in den *Notas* findet sich der Satz: »Das, was mich von politischer Tätigkeit fernhält, ist die Tatsache, daß sie nicht intelligent sein kann, ohne ungerecht zu sein« (N 178=258=205). In seinem Aufsatz *Der authentische Reaktionär* wird diese Haltung, die den Reaktionär von jeder praktischen Politik abkoppelt, in eindringlicher poetischer Sprache noch vertieft. Der Reaktionär bemesse seine Wünsche nicht nach der vergangenen Geschichte noch nach der kommenden Geschichte, wie es jeweils die Konservativen und Fortschrittler zu tun pflegen. Der Reaktionär entkomme der Hörigkeit durch die Geschichte, weil er im menschlichen Urwald nach Spuren göttlicher Schritte suche – was wohl heißen soll, daß er in der Wirrnis der Geschichte nach dem Wesentlichen Ausschau hält, das die anderen nur allzu leicht übersehen. Reaktionär zu sein heiße, Sachen zu verteidigen, die sich nicht auf dem Reißbrett der Geschichte herumtreiben, bei denen es nicht wichtig sei, wenn sie unterliegen. Reaktionär sein bedeute nicht, bestimmte Sachen zu den Seinigen zu machen noch sich für bestimmte Ziele einzusetzen; es bedeute vielmehr, unseren Willen der Notwendigkeit, die ihn einschränkt, zu unterwerfen, unsere Freiheit zugunsten einer Forderung, die nicht nötigt, zu überwinden. Der Reaktionär sei keineswegs ein nostalgischer Schwärmer von vergangenen Zeiten, sondern auf der Jagd nach heiligen Schatten auf den ewigen Hügeln (RA 19; vgl. NE I 149=143/VP 94).

Reaktion ist ein theoretisches Verhältnis zur Welt. Dem Reaktionär kommt es auf das Wachhalten der Erinnerung an Dinge an, die der moderne Mensch, zumal der unzureichend selbstkritische Demokrat und auch der Liberale nur zu leicht vergißt, ohne vielleicht je zu bemerken, daß in seiner Sicht der Dinge etwas nicht stimmen, daß irgend etwas fehlen könnte. Die erste Bedingung, Gómez Dávila recht zu lesen, besteht also darin, sich in Gedanken von der Vulgarität der Moderne abzuwenden und Geist wie Seele auf jene unzeitgemäßen reaktionären Gedanken einzustimmen, die für sie eine Reinigung darstellen können. Auch wenn dies kaum der Intention des Reaktionärs entsprechen dürfte, so mag doch diese Erkenntnis gerade dem Demokraten sowie dem Liberalen – die sich unterscheiden, wie Gómez Dávila wußte (SE 115=97/AB 67) – eine vertiefte Begründung seiner eigenen Überzeugungen ermöglichen, nachdem diese durch das Stahlgewitter der reaktionären Attacke hindurchgegangen sind. Zugleich allerdings läßt uns der Reaktionär das Wahrheitsmoment in Lehren erkennen, die heutzutage gemeinhin einen schlechten Leumund haben und als historisch überholt hingestellt werden.[376] So vermag er beispielsweise, dem von ihm ansonsten wegen dessen demokratischer Provenienz nicht geschätzten Nationalismus einen positiven Aspekt abzugewinnen. Denn diesem seien »mindestens zwei Jahrhunderte geistiger Spontaneität, freien Ausdrucks der Volksseele [und] reicher historischer Mannigfaltigkeit« zu verdanken. Ohne

376 Vgl. Maurer: Reaktionäre Postmoderne, 140.

diesen, so heißt es gleichsam in Abwehrstellung zu Kojèves universalem und homogenem Staat, »würde über Europa und die Welt schon ein technisches, rationales, uniformes Imperium herrschen« (E I 244=199/SCH 145). Die Herrschaft eines solchen Imperiums aber bedeutete nichts Geringeres als den Untergang der Humanität im abendländischen Sinne, so daß dem Nationalen gleichsam die Funktion eines Ka-techons zukommt. Dieser könnte uns vor dem ominösen »Ende der Geschichte« bewahren, das aus der Logik des Liberalismus folgt, also vor einer Zeit, in der die »letzten Menschen« Nietzsches den Ton angeben und alle höheren Werte sich entwertet haben.[377] Wenn indes die Europäer ihre Partikularismen ablegen, um den von Nietzsche apostrophierten »guten Europäer« zu schaffen, so Gómez Dávilas Befürchtung, käme vielleicht nur ein anderer Nord-amerikaner heraus (E II 61=56/SCH 324). Der Nationalismus kann freilich für den Reaktionär schon deshalb keine akzeptable politische Option darstellen, weil er ebenso wie Individualismus und Kollektivismus ein Ausdruck des demokratischen Grunprinzips ist, also des Egoismus (E I 402=328/SCH 242). Das Nationale erscheint so alles in allem in reaktionärer Perspektive nicht als eine überwertige Idee, sondern vielmehr als ein in gewissem Sinne notwendiges Übel. Es stellt insofern einen relativ vernünftigen politischen Ordnungsrahmen dar, der nüchtern mit Einsichten der politischen Wissenschaft verteidigt werden kann, und zwar wenn sie den Nationalstaat als sinnvolle und gute Ordnungsstruktur ohne Rekurs auf althergebrachte Ressenti-ments rechtfertigt.[378] Indem der Reaktionär sich gegen die übereifrige Preisgabe von Herkunftsbeständen ausspricht, zeigt er eine Einsicht in die Dialektik von Herkunft und Zukunft, die jedoch das Hauptaugenmerk auf die destruktive Modernität, nicht auf ihre positiven Möglichkeiten legt.

377 Vgl. Ernesto Volkening: Anotado al margen de »El reaccionario« de Nicolás Gómez Dávila, in: Eco. Revista de la cultura de Occidente Bd. 33, Nr. 205 (November 1978), 98. Zum Philosophem des »Endes der Geschichte« und seiner Aktualisierung nach dem Ende der kommunistischen Herrschaft in Osteuropa und der Sowjetunion siehe Michael Meyer: Ende der Geschichte?, München 1993; sowie Timothy Burns (Hg.): After History? Francis Fukuyama and His Critics, Lanham 1994.

378 Siehe Hartmuth Becker: Die Kategorie öffentlicher Güter als Grundlage von Staatstheorie und Staatswissenschaft, Berlin 2002, 86-93, 152-158, 172, 186-188, 199.

Das Werk Gómez Dávilas kann schon von seiner literarischen Form her nicht den Anspruch erheben, eine Theorie des gegenwärtigen Zeitalters zu liefern. Gleichwohl fordert es zu einer theoretischen Anstrengung heraus, einer Anstrengung, die Moderne und damit die eigene Existenz als moderner Mensch auf den Begriff zu bringen. Das konsequent aphoristische Denken Gómez Dávilas, das vom Umfang her nur durch ein schmales Korpus zusammenhängender Texte ergänzt wird, stellt – auch unabhängig von der Intention des Autors – einen immer wieder erneuerten Anlauf und Anstoß zum Philosophieren dar – auch e contrario. Denn der Philosophierende steht immer in Gefahr, sich vorschnell bei Auffassungen zu beruhigen, die seiner Gemütsverfassung und seinen intellektuellen Neigungen entsprechen. Diese Gefahr ist vor allem dann groß, wenn der Philosophierende auch ein Glaubender ist und sei es auch und insbesondere ein nicht-traditioneller Glaubender, der etwa an den Liberalismus, den Kapitalismus, den Fortschritt oder die Demokratie als säkulare Äquivalente klassischer Glaubenslehren »glaubt«. Das »konzentrische« Buch der reaktionären Glossen und Aphorismen stellt jedoch durch seinen paradoxen, zunächst widersinnig erscheinenden Charakter bei ernsthafter Lektüre sicher, daß das Denken nicht in vermeintlicher Gewißheit stehen- und steckenbleibt. Bei fortgesetzter Lektüre – dem Wiederkäuen, von dem Nietzsche spricht – mag dem beharrlichen Leser ein mehr oder weniger befremdlicher Aphorismus ins Auge fallen, der ihm bisher entgangen ist und der bisher überlesen wurde. Nun aber wird dieser zum Ausgangspunkt intensiven Nachdenkens, das sich nicht nur darauf richtet, den denkerischen Zusammenhang im Werk Gómez Dávilas zu erfassen. Viel mehr noch geht nun das Denken darauf, den Wirklichkeitsgehalt, die wirklichkeitserschließende Kraft des Aphorismus zu ergründen. Es ist dabei eine Eigentümlichkeit dieser wirklichkeitserschließenden Kraft, daß diese sich auf die ganze Wirklichkeit der für den Menschen entscheidenden Dinge richtet: auf die Welt, auf die Seele des Menschen, auf Gott. Der Reaktionär bemüht sich darum, bei dieser Aufgabe erkenntnisleitende Kategorien zur Verfügung zu stellen. Der Reaktionär müsse sich daran gewöhnen, in der fahlen Dämmerung des Niedergangs zu leben. Er sei ein einfacher Pathologe, der Krankheit und Gesundheit definiere. Der einzige Therapeut aber sei Gott (E II 432-433=351/SCH 535).

IV.
EPILOG – STILLE UND LANGSAME WIRKUNG

Read not to contradict and confute, nor to believe and take for granted, nor to find talk and discourses, but to weigh and consider.

Francis Bacon

Josef Pieper sah die zentrale Aufgabe der Philosophie darin, eine Frage wachzuhalten, und zwar die Frage nach dem Ganzen der Welt und des Daseins als Frage nach deren letztem Grund.[379] Gómez Dávila verstand wie wenige diese Kunst – wenn auch in eigenwilliger Form. Allein durch seine unerschrockene Äußerung reaktionärer Gedanken, bei deren Lektüre der Leser in der Tat nie weiß, »ob es angebracht ist, enthusiastisch zu applaudieren oder wütend aufzustampfen« (NE I 138=132/VP 87), wird ein Nachdenken in Gang gesetzt, werden wir zu einem Nachdenken geradezu genötigt, das sich auf ungewohnten Bahnen bewegt und von der Gegenwartsverfallenheit befreit. Die Verwirrung des Lesers kann jedoch nach der Lektüre zu einer Verringerung der Empörung führen, nämlich dann, wenn man sich mit der zunächst abwegig erscheinenden Plausibilität des reaktionären Denkens vertraut gemacht: »Nach der Lektüre eines reaktionären Buches ist der Leser weniger empört als zuvor« (NE I 22=25/VP 17).

Gómez Dávila mag bei dieser rhetorischen Strategie von Nietzsche inspiriert worden sein, der in bezug auf seinen Zarathustra einmal zu Protokoll gab, niemand könne als dessen Kenner gelten, »den nicht jedes seiner Worte irgendwann einmal tief verwundet und irgendwann einmal tief entzückt hat (...).«[380] Ein Philosophieren dieser Art läßt einen Großteil dessen, was heutzutage als Philosophie

379 Vgl. Josef Pieper, in: Ludwig J. Pongratz (Hg.): Philosophie in Selbstdarstellungen, Band 1, Hamburg 1975, 264. Siehe zu Piepers Grundkonzeption jetzt Henrik Holm: Die Unergründlichkeit der kreatürlichen Wirklichkeit. Eine Untersuchung zum Verhätlnis von Philosophie und Wirklichkeit bei Josef Pieper, Dresden 2011.

380 Vgl. Friedrich Nietzsche: Zur Genealogie der Moral (Vorrede 8), KSA 5, 255.

gehandelt wird, als raffinierte Verpackungen des Zeitgeistes erscheinen, als mehr oder weniger geistreich kostümierte Gemeinplätze, erfindungsreiche und zum Teil brillante Varianten moderner Sophistik. Diese Sophistik als Fähigkeit zu »gebildetem Räsonnement«, wie Hegel sagt, zeichnet sich gerade durch beachtliche intellektuelle Hochleistungen aus, aber eben darin liegt auch die ihr eignende spezifische Gefahr. Die Hegelsche Einsicht, daß die Sophistik uns nicht so entfernt liege, als man denke, und daß die Sophistik zu allen Zeiten, allerdings in verschiedenen Gestalten, wiederkehrt, ist zugleich eine zutiefst reaktionäre Einsicht.[381] Denn gerade Intellektuelle, die sich gern als die Avantgarde der Geschichte und die Stoßtrupps einer spezifischen Form der Aufklärung sehen, zeigten empirisch gesehen stets ein hohes Maß an Bereitschaft, falschen Theorien zum Opfer zu fallen. Die Sophistik ist eine Gefahr, die zu allen Zeiten droht, weil sie mit der condicio humana gegeben ist; sie ist nicht durch einen Fortschritt der Aufklärung, wie gewaltig auch immer dieser sein mag, ein für allemal aufzuheben, sondern immer nur je und je, in einem Einzelnen hier und da. Gómez Dávila der Antisophist, so könnte man meinen, aktualisiere also auf seine Weise die ätzende Kritik an der Universitätsphilosophie, wie sie insbesondere Schopenhauer nicht nur in seiner einschlägigen Schrift zum Ausdruck brachte.[382] Schopenhauers Kritik war indes bekanntlich von persönlich motivierten Ressentiments gegen den Erfolg Fichtes und Hegels nicht frei. Von Gómez Dávila ist jedoch nicht bekannt, daß er nach akademischen Weihen gestrebt hat; seine Kritik der Intellektuellen kann nicht als eine Kritik im Horizont des Ressentiments betrachtet werden.

Viel mehr aber als Schopenhauer, dessen Kritik an der akademischen Philosophie Theodor Gomperz mit derjenigen Platons an der Sophistik gleichsetzte[383], wird man Gómez Dávila als echten Platoniker verstehen müssen, der die Kritik Platons und Sokrates' an der Sophistik für seine Zeit und auf seine eigene, um nicht zu sagen eigenwillige Weise aktualisiert. Während sich Autoren wie Georges Sorel und

381 Josef Pieper: Darstellungen und Interpretationen: Platon (Werke 1), Hamburg 2002, 138, 140, sowie Nachwort 379.

382 Arthur Schopenhauer: Ueber die Universitätsphilosophie, in: Derselbe: Parerga und Paralipomena I, Zürich 1991, 139-199.

383 Theodor Gomperz: Griechische Denker. Eine Geschichte der antiken Philosophie, Bd. 1, Frankfurt/M. 1996, 349.

Charles Maurras darin einig waren, daß Sokrates als Archetyp des Intellektuellen und Vernichter der Tragödie als Feind zu betrachten sei[384], finden sich bemerkenswerterweise bei Gómez Dávila keine Stellen, die gegen Sokrates gerichtet sind. Im Gegenteil darf man sagen, daß Sokrates hier unter die großen Reaktionäre der Vergangenheit eingeordnet und damit als Vorbild reklamiert wird (E I 19=22/SCH 18). Ob diese Einordnung Sokrates gerecht wird, sei hier dahingestellt. Wichtig ist hier nur, daß sich Gómez Dávila nicht von antisokratischen Einstellungen leiten läßt, sondern die sokratisch-platonische Kritik des Intellektuellen übernimmt, weil er erkennt, daß Sokrates gerade der Gegentypus zum Intellektuellen war. Nicht zuletzt steht Sokrates auch prototypisch für den Denker, der zum Opfer der Demokratie und somit für alle Zeiten mahnendes Vorbild aller Philosophen geworden war.

Die Situation der Philosophie in der Gegenwart ist in vieler Hinsicht paradox, gibt es doch rein nominell betrachtet mehr Philosophen auf der Erde denn je zuvor. Zugleich aber ist die Lage dieser Disziplin auch höchst prekär, denn es ist für Gómez Dávila fraglich, ob die Philosophie bei den Professoren am besten aufgehoben ist. »In den Universitäten«, so heißt es einmal lakonisch, »überwintert die Philosophie nur« (E II 407=332/SCH 522). Das Studium der Philosophie kann sich in eine Zerstreuung verwandeln und in eine Gelegenheit, unsere eigentliche Aufgabe, das Denken, zu vergessen (N 258=360=294). Gegen den Anschein ist aber mit der offenkundigen Kritik auch etwas Positives verbunden, denn selbst die Universitäten bieten damit immer noch ein, wenn auch unvollkommenes Refugium für den Drang zur Philosophie. Die Philosophie stirbt nicht an den Universitäten, sondern überwintert, läßt sich also wieder zu neuem Leben erwecken, wenn hier und da frische Winde wehen. Sich vom Zeitgenössischen zu emanzipieren, so die nüchtern-illusionslose Lehre des Reaktionärs, das gelingt jedoch immer nur den Wenigsten. Damit ist auch eine unvermeidliche Grenze der politischen Wirksamkeit des reaktionären Denkens bezeichnet. Es ist gleichwohl einen Versuch wert, die Denkbewegungen Gómez Dávilas in ihre Stärken hinein zu verfolgen und ihnen nachzudenken. Wer nicht nur

384 Zeev Sternhell/ Mario Sznajder/ Maia Asheri: Die Entstehung der faschistischen Ideologie. Von Sorel zu Mussolini, Hamburg 1999, 159.

wie ein Intellektueller dafürhalten, sondern denken will (NE I 175=168/VP 111), tut gut daran, sich auch vom Denken des Reaktionärs anregen zu lassen. Die Lehre des Reaktionärs ist ein Weckruf an den Leser, gleichsam aus seinem dogmatischen Schlummer zu erwachen (T 62=55=42). Der Sinn des reaktionären Denkens liegt nicht offen zutage, sondern will erschlossen sein, und dies ist nur möglich, wenn man sich, und sei es nur ein Stück weit, dem Lärm der Moderne entzieht, der die Seelen betäubt und stumpfsinnig werden läßt. So betrachtet ist das Denken reaktionärer Gedanken ein Akt der Psychohygiene, der die Seele ein wenig desinfiziert. Das reaktionäre Buch ist ein Protreptikos par excellence; es handelt sich also um eine Mahnschrift, die den Leser unter den Bedingungen der Moderne zu jener von den Alten praktizierten Kontemplation verführen will, welche der »Epikureismus der edlen Seele« ist (NE II 116=115/VP 201).

Was sich aus und an dem Philosophieren Gómez Dávilas lernen läßt, ist eine Flexibilität des Geistes und zugleich eine Intransigenz im Hinblick auf die Wahrheit, die sich aus der bewußten Konfrontation mit den Gedanken des Reaktionärs ergeben mag. Es mag durchaus sein, daß sich der rege Geist gerade in dieser Konfrontation – in der Reaktion auf die Reaktion – zeigt. Denn: »Unnütz, jemandem einen Gedanken erklären zu wollen, dem eine Anspielung nicht genügt« (NE II 147=145/VP 220; vgl. N 211=301=243). Irgendwelche praktischen Rezepte darf der Leser von Gómez Dávila nicht erwarten (T 63=56=43). Der Reaktionär wolle und könne weder beweisen noch überzeugen, sondern nur einladen (SE 183=155/AB 106). Diese Einladung anzunehmen oder auszuschlagen ist Sache des einzelnen Lesers, der sich auf das Wagnis einlassen muß, Schneisen durch das Gestrüpp seiner Gedanken schlagen zu lassen, um literarische Schleichpfade des Guerillakrieges der Gedanken entlangzuwandern. Die Kultivierung der Intelligenz ist für denjenigen, der um seine Seele besorgt ist, eine unumgängliche Pflicht: »Die Seele füllt sich mit Gestrüpp, wenn sie nicht tagtäglich von der Intelligenz durchforstet wird wie von einem emsigen Gärtner« (NE II 162=158/VP 229).

Wem das Selbstdenken etwas bedeutet, wird die jenseits der Ideologien ablaufenden Denkbewegungen des Reaktionärs als Ausgangspunkt seines Fragens nicht mit einem Achselzucken abtun, denn dessen Aphorismen und Glossen sind gerade kein »bloßes Surrogat eigenen Denkens«. Gómez Dávila ist im eigentlichen Sinne ein Selbstdenker, der zunächst für sich und nicht für andere denkt und dem es Ernst mit der Sache ist, welche die Sache der Philosophie ist. Es handelt sich hier allerdings um eine Philosophie, der Gómez Dávila nur vertraut, sofern sie die elementaren religiösen Einsichten bestätigt (SE 176=149/AB 101).[385] Dieser Ernst bestimmt Gómez Dávila, sich auch noch in seiner schärfsten und am meisten überzogenen Kulturkritik des philosophisch notwendigen Niveaus bewußt zu bleiben: »Wer sich damit abmüht, schwachsinnige Argumente zurückzuweisen, wird es am Ende mit ebenso stupiden Gründen tun« (SE 56=47/AB 32). Der Reaktionär vermag als einer der wenigen, jegliche Verbeugung vor der Popularität zu vermeiden und damit für den denkenden Zeitgenossen ein Gegengewicht zu den spezifischen Denkformationen und Denkdeformationen des massendemokratischen Zeitalters zu bieten. Gómez Dávila ist kein Querdenker, der sich dem vernutzenden Diskurs der Massengesellschaft einverleiben lassen würde, sondern ein Stein des Anstoßes, eine Zumutung im besten Wortsinne. Erst nach und nach wird auch in den Lexika der Literatur und Philosophie über Gómez Dávila informiert.[386]

Die Philosophie der Epoche der Globalisierung stellt sich in ihren Hauptrepräsentanten als pseudokritische Begleitmusik und ästhetisch-intellektuelle Drapierung die Welt revolutionierender Prozesse dar; sie täte aber gut daran, sich der Zumutung des reaktionären Denkens in allem Ernst auszusetzen – auf die Gefahr hin, daß sich die »Großmeister der Normalisierung« (Hermann Josef Schmidt) auch noch des reaktionären Denkens zu bemächtigen suchen

385 Siehe Arthur Schopenhauer: Parerga und Paralipomena II, Kapitel XXII: Selbstdenken, Zürich 1991, 436 (§260), 443 (§270).

386 Gerd-Klaus Kaltenbrunner: Un pagano que cree en Cristo, in: Revista del Colegio Mayor del Nuestra Señora Rosario 542, Bd. 81 (April-Juni 1988), 31. Die Ausnahme, welche die Regel bestätigt, ist Franco Volpis Eintrag in: Derselbe (Hg.): Großes Werklexikon der Philosophie, Bd. 1: A-K, Stuttgart 1999, 580-581. Meine eigenen Beiträge dazu: Scholien zu einem inbegriffenen Text (Nicolás Gómez Dávila), in: Schlüsselwerke (Staatspolitisches Handbuch 2), hg. von Erik Lehnert und Karlheinz Weißmann, Schnellroda 2010, 200-201; Nicolás Gómez Dávila, in: Vordenker (Staatspolitisches Handbuch 3), hg. von Erik Lehnert und Karlheinz Weißmann, Schnellroda 2012, 73-74.

sollten.[387] Gegen die Trivialisierung der Philosophie im medialen Massenbetrieb und anderswo kann Gómez Dávila als Sporn im Fleisch der Selbstgenügsamkeit dienen und seine Leser zur Freiheit des Blickes führen. Diese Freiheit des Blickes zu gewinnen, ist die unveräußerliche und unaufgebbare Aufgabe des Individuums: Die Möglichkeit der Popularisierung des reaktionären Denkens findet hier ihre immanente Grenze. Die Freiheit von den herrschenden Meinungen und Vorurteilen des Tages ist allerdings selbst keine absolut negative Freiheit; sie ist vor allem die Freiheit zur Einsicht in die Wahrheiten der Tradition, einer Tradition, die durch den reaktionären Stil nicht unverändert, sondern erneuert und gleichsam verjüngt in die moderne Zeit hinübergerettet wird. Die Tradition wird vom Reaktionär auf untraditionelle Weise verteidigt.

Gómez Dávila erinnert uns wieder und wieder daran, daß der weltliche Erfolg kein Kriterium für ein Denken sein kann, das sich der Wahrheit verpflichtet fühlt. Zwar wird das Kriterium des Erfolges stets faktisch eine erhebliche Wirkung ausüben und sich den Schein normativer Geltung zu verschaffen wissen. Doch gibt es auch so etwas wie den ehrenhaften Kampf für eine gute Sache, die unrettbar dem Untergang geweiht ist oder scheint. Denn auch dieser Kampf mag noch in der Erinnerung fortleben als Erinnerung an diejenigen Ideen und Tugenden, für die der Kampf gefochten wurde. Für den Reaktionär ist es evident, daß Dekadenz und Verderbtheit das Urteilsvermögen der Vielen so sehr beeinträchtigen können, daß das zur Gewohnheit oder zur Mode Gewordene schon als das Richtige oder gar Gute angesehen wird. Das bei handelt es sich um das sophistische Urphänomen. Zudem ist zu bedenken, daß zu den Vielen im Zweifel immer mehr gehören, als man denkt, nämlich auch man selbst (vgl. E II 19=21/SCH 298; N 182=263=210). Reaktionäres Denken ist so ein Stachel, der tief in das Fleisch der selbstzufriedenen Welt der Gegenwart eindringt, obschon dies nur punktuell geschieht – in einem Einzelnen hier und da. Läßt sich solch ein Mensch durch diesen Stachel auf den Pfad der Selbsterkenntnis bringen, ist für die Freiheit des Geistes etwas Unschätzbares getan. Das reaktionäre Denken ist eben dadurch ein höchst wertvolles

387 Vgl. Hermann Josef Schmidt: Wider weitere Entnietzschung Nietzsches. Eine Streitschrift, Aschaffenburg 2000, 24.

Mittel gegen die Betäubung des Geistes durch Demagogie und Unterhaltungsindustrie. Der Denker Gómez Dávila ist so ein Anreger, der durch sein Vorbild zeigt, daß es auch und gerade unter den vielfach widrigen Bedingungen der Moderne möglich ist, sich einen eigenen Kopf zu bewahren und im emphatischen Sinne zu denken. Falls es zutrifft, was Heidegger sagt, daß es nämlich zum Bedenklichsten unserer bedenklichen Zeit gehört, daß wir noch nicht denken, sollte man die Denkanstöße des kolumbianischen Reaktionärs nicht in den Wind schlagen.[388] Denn so widrig die Zeiten dem Denken auch sein mögen, immer bleibe uns, so Gómez Dávila, eine unbestechliche Seele, um uns der Kontemplation zu widmen, um Urteile zu fällen und um unserer Verachtung Ausdruck zu geben (E I 258=210/SCH 153). Im Nachvollzug des Denkens der Reaktion zeigt sich uns, in welcher Welt wir auf welche Weise leben – und vor allem leben wollen. Diese Welt aber, in der wir leben, ist die Moderne, in welche auch bei aller Differenz im Detail die Postmoderne inbegriffen bleibt. Die Moderne selbst erweist sich als jene Frage, auf die Gómez Dávilas Denken als solches die – wenn auch paradoxe – Antwort ist. Die Moderne ist das zugleich allgemeine wie konkrete Problem, für das Gómez Dávila nach denkerischen Lösungen sucht. Gómez Dávilas Radikalität macht ihn unter den Denkern zu einem wahren Einzigen, zu einem derjenigen, die sich in Ernst Jüngers Worten wiederfinden könnten: »Ich sage, ich bin nicht elitär, ich bin solitär. Heraklits ›Erkenne dich selbst‹ hat dasselbe gesagt – das verstehe ich unter solitär.«[389] Gómez Dávila hat nie das Rampenlicht der massenmedialen Öffentlichkeit gesucht. Doch steht zu vermuten: Seine Werke finden gleichwohl die ihm gebührenden Leser, diejenigen, die über den nötigen hermeneutischen Takt verfügen und bereit sind, auch gegen die ureigensten Bedürfnisse, Interessen und Gewohnheiten zu denken. Daß diese Art zu denken in einer Zeit der universalisierten »modernen Sophistik«[390] möglich ist, dies verdanken wir auch der geistigen Schärfe und sprachlichen Kompromißlosigkeit des kolumbianischen

388 Martin Heidegger: Was heißt Denken?, in: Hans-Georg Gadamer (Hg.): Philosophisches Lesebuch Bd. 3, Stuttgart 1988, 338-348, 339, 345.

389 Zitiert nach: Paul Noack: Ernst Jünger. Eine Biographie, Berlin 1998, 219.

390 Leo Strauss: Philosophie und Gesetz. Beiträge zum Verständnis Maimunis und seiner Vorläufer, Berlin 1935, 9.

Reaktionärs, dem es gelungen ist, seinem Geist mehr als einige wenige flüchtige Funken abzunötigen (N 16=49=23/NR 39). Es sind Funken einer Wahrheit, »die nicht stirbt« (E II 500=405/SCH 573). Gómez Dávila sah sich zweifellos in einer schopenhauerischen Tradition: »Entweder man gehört zur Nachkommenschaft Hegels oder man gehört zur Nachkommenschaft Schopenhauers. - Tertium non datur« (E II 182=154/SCH 395). So mögen hier abschließend die tiefen Worte Schopenhauers stehen, denen Gómez Dávila seine Zustimmung wohl nicht versagt haben würde:

»Wenn wir auch so ziemlich zu allen Zeiten die Gorgiasse und Hippiasse oben auf sehen, das Absurde in der Regel kulminirt und es unmöglich scheint, daß durch den Chorus der Bethörer und Bethörten die Stimme des Einzelnen je durchdränge; – so bleibt dennoch jederzeit den ächten Werken eine ganz eigenthümliche, stille, langsame, mächtige Wirkung (...).«[391]

391 Arthur Schopenhauer: Die Welt als Wille und Vorstellung I, Frankfurt/M. 1986, 26.

DANKSAGUNG

Ich danke den Herren Prof. Dr. Reinhart Maurer, Prof. Dr. Franco Volpi, Dr. Peter Weiß, Mauricio Galindo Hurtado, Günter Maschke, Martin Mosebach und Diego Pizano Salazar für Anregungen und Hilfestellungen bei der Auseinandersetzung mit Gómez Dávila, ohne die es mir nicht möglich gewesen wäre, dieses Buch zu schreiben.

Den Herausgebern der Erstausgabe, Dr. Karlheinz Weißmann und Götz Kubitschek, gebührt ebenfalls Dank für die Anregung, einen kleinen Essay, der die Frucht einer mehrjährigen Beschäftigung mit Gómez Dávila war, zu einer Monographie auszuweiten.

Wichtige Anstöße für die weitere Beschäftigung mit Gómez Dávila und Hilfestellungen verdanke ich zudem den Herren Prof. Dr. Carlos B. Gutiérrez, Prof. Dr. Hinrich Hudde, Prof. Dr. Werner Helmich, Prof. Dr. Virgil Nemoianu,[392] Prof. Dr. Sebastian Neumeister, Dr. Krzysztof Urbanek sowie Dr. Alfredo Andrés Abad Torres.

Verschiedene Arbeiten, die ich in den vergangenen Jahren zu Gómez Dávila geschrieben habe, wurden in neu bearbeiteter Form in das vorliegende Buch integriert, wo dies der sachliche Gehalt sinnvoll erscheinen ließ.

392 Virgil Nemoianu besprach die Erstausgabe dieses Buches ausführlich in Modern Language Notes 119, no. 5 (Dezember 2004), 539-545.

NOCH EIN PAARMAL FÜR – UND GEGEN – GÓMEZ DÁVILA

Nachwort zur fünften Auflage

Es gehört zu den erfreulichsten Umständen der Beschäftigung mit Nicolás Gómez Dávila, daß in den letzten Jahren die Forschungen zu seinem Werk vor allem auch in Kolumbien selbst noch einmal deutlich an Schwung gewonnen haben. Eine junge Generation von Literaturwissenschaftlern, Philosophen, Juristen und Theologen hat sich seines Werkes angenommen und erforscht verschiedene Aspekte, darunter auch solche, die sich erst demjenigen erschließen, der auch die Geschichte der kolumbianischen Literatur, Kultur und Politik mit in den Blick nimmt. Das gilt beispielsweise für Efrén Giraldos Untersuchungen zu Gómez Dávila vor dem Hintergrund des essayistischen Schreibens in Kolumbien. So wird dadurch immer deutlicher, daß die vor allem von Franco Volpi lancierte These, Gómez Dávila scheine als Schriftsteller und Denker gleichsam aus dem Nichts hervorzugehen, nicht sehr plausibel ist. Auch wenn Gómez Dávila sich von Kolumbien und dessen Kultur mehrfach distanzierte: Es nimmt dem Autor nichts von seiner Originalität als Schriftsteller und Philosoph, wenn man diese Wechselwirkungen in den Blick nimmt, die sich zur Literatur und Kultur seiner Zeit ergeben. Doch je mehr man über diese Dinge weiß, desto besser läßt sich auch erkennen, wie wenig Gómez Dávila in seiner Zeit aufgeht, wie sehr er noch zu unserer Zeit spricht.

Von besonderer Bedeutung ist die Publikation der Notizhefte von Ernesto Volkening im Jahre 2020 (vorerst von Teil I und II), die ausführlich die höchst intensive Rezeption der *Escolios* durch einen in der Weltliteratur belesenen Freund dokumentieren und damit auch etwas von dem sonst nur schwer greifbaren dialogischen Verhältnis Gómez Dávilas zu einigen Zeitgenossen erkennen lassen. Der aus Antwerpen stammende Volkening hatte zum Abschluß seiner Kommentierung des letzten von insgesamt sieben Heften *Escolios*, die ihm Gómez Dávila zu lesen gegeben hatte, klar erkannt, daß es sich hier um ein bewunderungswürdiges Opus magnum handelte. Es werde, so schrieb er ihm, kein zweites Buch von solcher Bedeutung in diesem Jahrhundert diesseits oder jenseits des Ozeans geschrieben werden.

Zu den wichtigen Werken der letzten Jahre gehört zunächst das erste, das von einem Spanier geschrieben wurde. Das Buch des Rechtsprofessors J. Miguel Serrano Ruiz-Calderón ist schon deshalb bemerkenswert, weil der Schriftsteller und Denker aus Bogotá lange Zeit in Spanien kein Echo fand. Die Hindernisse zu einem besseren Verständnis Gómez Dávilas liegen hier nicht im Bereich der Sprache, sondern in dem der Ideologie. Warum sollten ausgerechnet spanische Leser sich mit einem Autor befassen, der der Demokratie so kritisch gegenüberstand wie Gómez Dávila, nachdem Spanien sich glücklich vom undemokratischen Autoritarismus General Francos gelöst hatte? Serrano Ruiz-Calderón präsentiert Gómez Dávilas Leben und Werk jedenfalls für ein Publikum, das sich für das weiterhin aktuelle Problemfeld »Demokratie und Nihilismus« interessiert. Denn er stellt sein Buch unter diese beiden Begriffe, womit Serrano zugleich eine entschieden politische Lesart Gómez Dávilas ins Zentrum der Betrachtung zu rücken scheint. Er bemüht sich dennoch um ein umfassendes Bild des Denkers, der als ästhetisch bedeutsamer Schriftsteller ebenso gewürdigt wird wie als religiöser Autor. Man geht nicht fehl, wenn man Gómez Dávila ähnlich wie Kierkegaard vor allem als einen »religiösen Schriftsteller« betrachtet; eine Einschätzung, die jedenfalls plausibler erscheint als die beliebte Apostrophierung als »kolumbianischer Nietzsche«. Ein »Nietzsche« war Gómez Dávila nämlich keineswegs. Denn während Nietzsche selbst gleichsam als Antichrist seine philosophische Laufbahn mit einem Fluch auf das Christentum beendet, bleibt Gómez Dávila »ein Heide, der an Christus glaubt«. Er steht fest auf der Seite des Christentums, ohne dabei jedoch die große Bedeutung des heidnischen Denkens zu leugnen. Wie Gómez Dávila sich zu beiden Traditionen verhält, läßt sich diskutieren; er denkt jedenfalls die Bibel und Thukydides, Montaigne und Jacob Burckhardt zusammen.

Serrano hat möglichst viele verfügbare Quellen zur Biographie Gómez Dávilas gesichtet und zusammengetragen.

Dazu gehören etwa diverse Nachrichten aus dem gesellschaftlichen Leben Bogotás, die sich in den einschlägigen Tageszeitungen finden und das eine oder andere interessante Detail enthalten, auch wenn das für das Verständnis seines Denkens nicht weiter von Belang ist. Serrano geht damit über die bisher bekannten Einzelheiten der Biographie hinaus, zumal frühere Publikationen (wie auch das vorliegende Buch) über Gómez Dávila sich ausdrücklich nicht als wissenschaftliche Biographien verstanden. Damit regt er jedenfalls zu weiteren biographischen Forschungen an, auch wenn Gómez Dávila selbst darüber vermutlich weniger erfreut gewesen wäre.

Serrano sichtet gründlich die Texte der Sekundärliteratur und begnügt sich nicht mit einer bloßen Auflistung, sondern bringt auch kritische Kommentare an, die seinem Buch zusätzliches Gewicht verleihen. So setzt er sich z.B. deutlich von jenen Deutungen ab, die Gómez Dávila in eine größere Nähe zu Emil Cioran bringen wollen, obwohl sich beide in der Substanz und damit auch in der Stellung zum Christentum stark unterscheiden. Weitere Studien zu Fragen dieser Art wären wünschenswert. Methodisch vorbildlich ist Serranos solide Diskussion zentraler Bestandteile von Gómez Dávilas Denken. Das gilt für die Frage, worin der »implizite Text« besteht, auf den sich Gómez Dávila in seinen Schriften bezieht. Serrano bleibt nicht bei der gleichsam autorisierten Auffassung Francisco Pizano de Brigards stehen, wonach der implizite Text in den Ausführungen über die demokratische Religion in *Textos* besteht, sondern präsentiert ausführlich auch kontrastierende oder ergänzende Deutungsvorschläge.

In gleichem Sinne ist Serranos Anliegen zu verstehen, Gómez Dávila als »Reaktionär« zu lesen. Serrano wendet sich daher dagegen, Gómez Dávila vom Reaktionären abtrennen zu wollen. Gómez Dávila kann als Gegenbild zum modernen Intellektuellen à la Sartre verstanden werden, was insofern nicht verwunderlich ist, als Gómez Dávila selbst Sartre unter die für ihn »unmöglichen« Autoren rechnete, die er als die sieben düsteren Erzengel bezeichnete. Serrano arbeitet die reaktionäre Position Gómez Dávilas gut heraus: In politischer Hinsicht ist diese Position illusionslos, nicht auf einen Sieg ausgerichtet, der ohnehin nicht zu erwarten ist. Seine Position ist also ineffizient und unpraktisch. Damit steht der

Reaktionär quer zu allen modernen Ideologien sowohl von links, als auch von rechts. Der Reaktionär ist nicht bereit, für seinen Sieg jeden Preis zu zahlen. Aber er kann als Jäger heiliger Schatten an etwas erinnern, was in der vom Ethos der Arbeit und der Machbarkeit – Heidegger würde von »Machenschaft« sprechen – geprägten modernen Welt verloren zu gehen droht, nämlich die Haltung der Kontemplation, des Meditierens und der Reflexion des Seienden. Dem entspricht auch Gómez Dávilas Ablehnung einer weiteren praktischen Haltung, wie sie Serrano herausarbeitet: der pädagogischen Einstellung sowie der Verwandlung von Kultur und Bildung in einen Gegenstand der »Professionalisierung«. Gómez Dávila steht damit im Widerspruch zu grundlegenden Tendenzen unserer Zeit. Serrano Ruiz-Calderón wird mit seinem insgesamt sehr gelungenen Buch dem komplexen Denken und Schreiben Gómez Dávilas gerecht.

2020 publizierte der französische Philosoph Michaël Rabier, ein intimer Kenner Kolumbiens, seine bei Chantal Delsol eingereichte Dissertation über Gómez Dávila als Buch und legte damit die bisher philosophisch substantiellste Studie vor. Auch Rabier setzt sich von der übertriebenen These Volpis ab, Gómez Dávila sei gleichsam aus dem Nichts entsprungen; und er versucht, den kolumbianischen Philosophen mit Hilfe der Hermeneutik von Leo Strauss zu ergründen, die auf einem Lesen zwischen den Zeilen beruht. Der Bezug liegt zunächst durchaus nahe, wenn man aus dem Begriff des »impliziten Textes« den Aspekt des Unausgesprochenen heranzieht. Allerdings überzeugt es weniger, Gómez Dávila mit einer solchen »Hermeneutik der Zurückhaltung« (Arnaldo Momigliano) interpretieren zu wollen, weil er in dem, was er sagte, sich gerade nicht zurückhielt, sondern allenfalls, wie es aber der Gattung der Scholien entspricht, nicht überall seine grundlegende Intention zum Ausdruck brachte. Rabier liefert nicht nur eine sorgfältige Erörterung der Frage, wie Gómez Dávila gelesen werden sollte, sondern stellt dessen Philosophie insgesamt als eine Lebensweise dar, die sich in den verschiedenen Dimensionen von Gómez Dávilas Schreiben spiegelt. Er verfolgt eine Denkbewegung, die gleichsam von antiken Philosophen zum authentischen Reaktionär verläuft und in einer großangelegten Auseinandersetzung mit der Moderne gipfelt, für deren Analyse sich

Rabier sehr intensiv auf Denkfiguren Eric Voegelins stützt, die in vielen Punkten wohl Gómez Dávilas Zustimmung gefunden haben, auch was die Bestimmung wesentlicher Elemente des modernen Denkens als »gnostisch« betrifft.

Auf einer konkreteren Ebene ist Gómez Dávilas Denken mit dem hypermodernen Trend zur »woke-ness« und zur »cancel culture« sowie mit den Formen der grassierenden Genderideologie nicht verträglich. Genug Anlässe also, sich zeitkritisch von ihm anregen zu lassen. Ein ganzes Füllhorn solcher Aphorismen und Gegenaphorismen präsentiert der Jurist Detlev J. Piltz in seinem Buch *Echtzeit,* das sich ausdrücklich der Inspiration durch Gómez Dávila verdankt. Es zielt direkt auf Gegenwartskritik. In seiner Einleitung präsentiert er seine Überlegungen zum Aphorismus und skizziert Gómez Dávilas Lebensgang und Grundgedanken. Nicht zu Unrecht vermutet er, daß dieser bisher wenig im anglo-amerikanischen Kulturkreis rezipiert wurde, weil er nicht zum dort kultivierten »pragmatischen Optimismus« passe.

Auch wenn Gómez Dávila selbst keine Wiederherstellung der Vergangenheit anstrebte oder gar für möglich hielt, habe seine geheime Sehnsucht doch vor allem dem katholischen Mittelalter und den Zeiten der Aristokratie gegolten. Piltz zieht außerdem eine Parallele zur Kulturkritik Theodor Adornos, der in seinen *Minima Moralia* – Gómez Dávila besaß den Band! – von einer »Schmutzflut des Gegenwärtigen« sprach. Ebenso wie Gómez Dávila entfaltete Adorno seine Stärke in der Kritik, nicht in irgendwelchen konkreten Weltverbesserungsideen.

Piltz distanziert sich aber zugleich auch deutlich von seinem Vorbild im Schreiben von Aphorismen. Weder teile er dessen katholische Orientierung noch dessen Ablehnung der Demokratie, auch begrüße er die moderne Technik, »weil er [d. h. Piltz] Herz- und Zahnoperationen kennt«, sowie die kapitalistische Industriegesellschaft. Lob und Tadel werden also großzügig verteilt, aber das gehört sich für einen Aphoristiker, der zudem oft genug nicht so weit entfernt von Gómez Dávila ist, wie es zunächst den Anschein hat. So fällt trotz seiner Vorliebe für die Demokratie die Kritik des aktuellen politischen Personals nicht eben freundlich aus: »Mancher Politiker kann es kaum fassen, daß die Wähler so dumm sein konnten, gerade ihn zu wählen.« Oder: »Die für Politiker erfundene Sportart ist das Springen auf den fahrenden Zug.« Und wenn Gómez Dávila sagt: »Demokratie ist das Ergebnis der Wahl eines Haufen Schwachköpfe durch einen Haufen Inkompetenter«, so fügt Piltz lakonisch hinzu: »Es liegt umgekehrt.« Piltz betreibt aber keine wohlfeile Politikerschelte, sondern fragt stets auch nach denjenigen, die schlechte Politiker möglich machen: »Die Lautstärke, mit der jemand die Politiker beschimpft, ist nicht selten das Maß für sein eigenes Versagen.«

Die Skepsis des Autors gegenüber den Weltverbesserern wird sehr deutlich, wenn er sagt: »Den 99,99 Prozent der Menschen, die die Welt nicht verbessern, wird viel zu wenig Dankbarkeit zuteil.« Sehr davilianisch ist auch sein Spruch: »So leid es mir tut: Die freie Entfaltung der Persönlichkeit und die menschliche Zivilisation sind nicht vereinbar.« Erfahrungsgesättigt wirkt auch die Einsicht des Aphoristikers, es sei sinnlos, Kindern und dummen Menschen Ratschläge zu erteilen: Das Kind antworte, es sei kein Kind mehr, der Dumme antworte, er sei doch nicht blöd …

Und auch sonst darf man feststellen, daß Piltz die Zeitdiagnosen seines Vorbilds Gómez Dávila für die Welt der »sozialen Medien«, der computergesteuerten Überwachung und der politischen Korrektheit in vielen Varianten aktualisiert: »Das Verblüffende an den Facebook- und Twittersklaven ist die Begeisterung, mit der sie ihre Ketten anlegen und tragen und nur hin und wieder einmal erstaunt aufschauen, wenn einer von ihnen hingerichtet wird.« Oder so: »Wenn in einer Unterhaltung dreimal gefragt wird: ›Darf man das noch sagen?‹, weiß man, daß die Freiheit gestorben ist.« Dafür sei auch ein Indiz, daß die »Anzahl der Stichworte, deren Erwähnung die Fortsetzung eines unbefangenen Gesprächs verbietet, stetig steigt.« Welche Stichworte dies sind, mag jeder selber leicht ergänzen.

Selbst gegenüber seinem eigenen Berufsstand ist Piltz, der an vielen Stellen nachdenkenswerte aphoristische Kommentare zum Grundgesetz abgibt, sehr kritisch eingestellt: »Was für Pferde die Scheuklappen sind, ist für die Juristen die herrschende Meinung.« Wohl auch deshalb könne gelten, daß der Wegfall von 99 Prozent aller wissenschaftlichen Monographien in der Rechtswissenschaft ihren Fortschritt nicht beeinträchtigen würde.

Der Autor hat die Gabe der pointierten Formulierung, die, unabhängig von der politischen oder weltanschaulichen Tendenz, zum eigenen Nachdenken anregt: »Wer in diesem Buch auch Meinungen vorfindet, die er verabscheut, hat des Autors Ziel erreicht.« – »Wer Wahrheit will, muss studieren, was an den Universitäten zu lehren verboten ist.« Jeder Aphorismus, so Piltz, sei heute alter Wein in neuen Schläuchen – aber das sei nicht weiter schlimm. Im Gegenteil! Denn es gelte auch: »Der gelungene Aphorismus ist ein Ohrwurm des Geistes.«

Dem Juristen Detlev Piltz folgt der in den USA lehrende Philosoph Vittorio Hösle auf dem Fuße. Der hatte sich schon vor vielen Jahren mit dem kolumbianischen Autor beschäftigt und ihn zuerst in mehr als 2600 Meter Höhe in Bogotá in schlafloser Nacht verschlungen. Wie dieser ist Hösle katholisch – aber er ist kein Reaktionär, sondern eher ein hegelianischer Linksliberaler. So scheint es jedenfalls. Denn auch Hösle dreht zwar öfters die Ansichten und Einsichten seines Vorgängers und Vorbildes um, oft genug aber verändert er sie auch nur ein wenig oder bringt Ergänzungen, die ganz im Geiste des kulturkritischen Südamerikaners sind.

Hösle bietet seinen Lesern eine ausführliche Einleitung, die zunächst den »Mythos« Gómez Dávilas als eines exotischen, geistesaristokratischen Charakterkopfes aufruft, um dann dessen Leben knapp Revue passieren zu lassen. Dabei streift er die Einflüsse des Renouveau catholique während der französisch geprägten Erziehung im Paris der 1920er Jahre, betont aber auch, daß Gómez Dávilas Katholizismus »alles andere als eine schlichte Form von Traditionalismus« gewesen sei. Hösle schätzt den Kolumbianer als großen Psychologen in der Nachfolge Nietzsches, und er kritisiert das maßgeblich von Martin Mosebach gezeichnete Bild eines einsamen Denkers, der wie ein »Einsiedler von der Art der großen Wüstenväter« gewesen sei – was Hösle indes doch etwas zu wörtlich nimmt. Auch wenn im vorliegenden Buch die sogenannten Scholien (Glossen) im Vordergrund stehen, betont Hösle mit einigem Recht, daß ihm das Buch *Notas* als das faszinierendste erscheine – denn hier reflektiere Gómez Dávila seine eigene Mittelmäßigkeit und kennzeichne sich selbst als »Karikatur einer großen Intelligenz«!

Hösle hat als Philosoph einen ausgesprochen weiten Horizont – und er hegt systematische Ansprüche, die Gómez Dávila selbst weder hat noch erfüllen will. Daher stellt die Verwendung des Aphorismus als literarischer Form für ihn eine besondere Herausforderung dar. Anders als oft gedacht, stehe der Aphorismus keineswegs notwendig für eine fragmentarische Sicht der Dinge, wenn er auch offensichtlich bevorzugt von konservativen Autoren als Denkmittel verwendet werde. Hösle als Systemdenker lobt und kritisiert den Aphorismus gleichermaßen. Denn einerseits reduziere dieser Komplexität, was notwendig sei. Andererseits aber simplifiziere er, was unverantwortlich sei. Deshalb also die Notwendigkeit des »Gegenaphorismus«, der Widerspruch äußert und damit Dialog zuallererst ermöglicht. Aber auch in einem solchen Dialog muß der, der sich als letzter äußert, keineswegs das in sachlicher Hinsicht letzte Wort behalten.

Wie sieht das nun bei Hösle aus? Er zitiert immer einen Ausspruch, eine Glosse, einen Aphorismus von Gómez Dávila, dem er dann seinen Gegenaphorismus, eine Ergänzung oder eine Erläuterung hinzufügt. So zitiert er: »Die Wahrheiten widersprechen einander nur, wenn sie in Unordnung gebracht werden.« Daraus zieht Hösle nun sehr elegant den Schluß, nur ein System könne den Wahrheiten »ihren Platz in der Ordnung des Seins« anweisen, weshalb auch nur ein System »selbst die wahrsten Aphorismen vor brudermörderischem Konflikt« bewahren könne. Der Aphoristiker, so Hösle, sei der »Physiotherapeut des Systematikers« – denn letzterer brauche die systemfeindliche Provokation, um zu verhindern, daß das System selbst realitätsfremd werde. Dieser Gefahr aber unterliegt jedes System, weil kein System, das im Ganzen das Wahre sieht, etwas daran ändern kann, daß all unser Wissen Stückwerk ist und bleibt. Hier würde Gómez Dávila sicher mit Johann Georg Hamann gegen Hösle und das Systemdenken Partei ergreifen, und zwar aus der Einsicht heraus, daß das System, wie Hamann sagte, an sich schon ein Hindernis der Wahrheit sei, weil jede Berufung auf das Ganze zugleich eine auf das Unbekannte sei, aus dem sich gerade keine Erkenntnis über Partikulares ableiten lasse.

Immer wieder läßt der Autor auch seine entschiedenen Differenzen mit Gómez Dávila anklingen, aber es sind Differenzen eines produktiven Ärgers. Denn über welchen Autor lohnt es schon, sich so richtig zu ärgern? Hösle deutet dies auch selbst als Kompliment an dessen Irrtümer, und er freut sich darüber, daß Gómez Dávila nicht so modisch und schließlich langweilig wurde wie – Nietzsche! Denn dadurch blieben nachhaltige »Verblüffungs- und Verjüngungseffekte« möglich, während Nietzsche schon etwas abgestanden wirke. Wenn Gómez Dávila sagt, er erhebe keinen Anspruch auf Originalität und es genüge ihm ein alter Gemeinplatz, so sieht Hösle seine eigene »bescheidene Originalität« gegenüber dem Kolumbianer darin, daß ihm der Gemeinplatz nur dann reiche, wenn er wahr sei. Aber das ist zugleich auch die unausgesprochene Implikation von Gómez Dávilas ursprünglichem Satz und daher ein eher schwaches Argument. Der Gemeinplatz muß natürlich nicht wahr sein, aber die Erfahrung zeigt doch, daß er gegenüber überkandidelten Theorien oft genug vorzuziehen ist.

Und wenn Don Nicolás meint, dem wahren Christen könne in Sachen Menschenkenntnis niemand etwas beibringen, betont der Katholik Hösle, der Christ brauche in anderer Hinsicht Belehrung, denn er bedürfe sehr wohl »dringend einer philosophischen Theologie, die ihm die Bibel nicht vermittelt«. Damit trifft Hösle einen sensiblen Punkt bei Gómez Dávila, der wegen seiner Abneigung gegenüber einer philosophischen Theologie auch der Scholastik generell sowie dem Doctor angelicus Thomas von Aquin kritisch gegenüberstand. Gott glaubt nach Gómez Dávila an die Menschen, aber Hösle, der nicht zufällig ein Buch über »Gott als Vernunft« publiziert hat (2013), wendet ein, man müsse Gott nicht einen Glauben, sondern ein Wissen zuschreiben – ein Wissen »um die vielen, die an ihn glauben, und die wenigen, die ihn wissen.« Und nach Hösle kann es auch nicht darum gehen, in einer Philosophie einen Platz für Gott zu finden, da das einer Beleidigung Gottes gleichkomme: »Denn Gott ist entweder generierendes Prinzip einer Philosophie, oder er ist nicht.«

Noch an einer anderen Stelle macht Hösle den tragfähigen Versuch, einen Gedanken von Gómez Dávila weiterzuspinnen. So habe, sagt dieser, das Christentum nicht den Begriff der Sünde erfunden, sondern den der Vergebung. Hösle aber besteht darauf, daß diese Entdeckung der Vergebung nur Sinn ergebe, wenn man den Begriff der Sünde hartnäckiger verteidige als solche Religionen, die nur die Sünde, aber keine Vergebung kennten.

Hösle beendet sein Buch mit einer offenen Frage, die vielleicht auch nur rhetorisch ist: »Ob der postmoderne Kulturbetrieb mehr Müll anzieht oder mehr selber hervorbringt, gehört zu den Rätseln, die ich gerne unentschieden lasse.« Aber wenn er Gómez Dávilas berühmtes Diktum, die Philosophie überwintere an den Universitäten lediglich, lapidar damit ergänzt, in den Talkshows erfriere sie, können auch wir guten Gewissens offenlassen, wer von den beiden Denkern nun die schärfere Kulturkritik liefert. Hösle jedenfalls ist davon überzeugt: »Der Christ, der der Pflicht der Selbstvervollkommnung nicht untreu werden will, braucht einen Fliegenwedel gegen die Vulgarität der Moderne.« Das rechtfertige auch die periodische wiederkehrende »melancholische Liebe« zur Gegenaufklärung eines Gómez Dávila.

Die von Gómez Dávila ebenso wie von Hösle in den Blick genommene Vulgarität der Moderne führt zwanglos zu Fragen der Ästhetik und insbesondere des Schönen, die indirekt und oft genug auch direkt mit der Politik verknüpft sind. Wenn heute von Kunst die Rede ist, gilt oft ein relativistisches Verständnis von Schönheit: Was schön sei, könne jeder für sich entscheiden, objektive ästhetische Werte gebe es nicht. Die Kunst selbst lasse sich gar nicht definieren, weil Kunst nur das sei, was von Betrachtern und Käufern dafür gehalten werde. Jeder kennt den Spruch, über Geschmack lasse sich nicht streiten: »de gustibus non disputandum«. Aber gibt es wirklich keine Möglichkeit, bei Geschmacksurteilen zu einer Übereinkunft zu kommen? Gómez Dávila steht in einer Tradition des Denkens über Kunst, die der Sensibilität und der ästhetischen Urteilskraft des einzelnen mehr zutraut als bloße Geschmacksurteile. Seiner Meinung nach müsse gerade über den Geschmack in der Kunst gestritten werden; über nichts anderes sollte mehr gestritten werden als darüber!

Der Philosoph und Übersetzer Richard Reschika hat es vor dem Hintergrund des kunstkritischen Relativismus unternommen, in seiner sorgfältigen Studie der Frage auf den Grund zu gehen, wie Gómez Dávila den ästhetischen Wert des Kunstwerkes zu bestimmen suchte. Indem er sich gegen den ästhetischen Relativismus der Moderne wandte, verteidigte er die Kunst als »Komplizenschaft von Schönheit und

Religion«. Gott selbst sei die »Schönheit, in der die Schönheit blüht«, weshalb es auch dort, wo ein Kunstwerk sei, keinen Teufel geben könne. Die Kunst müsse irritieren, weil sie uns aus Seh- und Hörgewohnheiten herausreißen solle. Gómez Dávila drückt sich hier gerne sehr bildhaft aus: »Wer sich zwischen Kunstwerken nicht bewegt wie zwischen gefährlichen Tieren, der weiß nicht, zwischen was er sich bewegt.«

Was nun diese Kunstwerke ausmache, sei nicht nur ihre Sinnlichkeit und Handwerklichkeit, so Reschika, sondern auch ihre Absolutheit, womit Gómez Dávila ihnen eine theologisch-philosophische Qualität zuschreibe. Diese Absolutheit, die mit Autonomie verbunden sei, kennzeichne vor allem das vollendete Kunstwerk, während das mißlungene letztlich absinke zum Teil der Biographie eines Individuums oder einer Gesellschaft. Wenn ein Kunstwerk aber gelinge, könne es sogar zu einer präziseren Erkenntnis unserer selbst und unserer Welt beitragen als Philosophie und Wissenschaft.

Nach Gómez Dávila hat nur derjenige Künstler eine Zukunft, »dem die Kritik die Aktualität abspricht«. Avantgarden in der Kunst würden schnell zu einer Nachhut. Der Publikumserfolg eines Kunstwerkes könne kein Kriterium sein, weil die Stärke des Applauses nichts über den Wert einer Idee besage. Die herrschende Lehre könnte schlicht eine pompöse Dummheit sein. Zwar hält Gómez Dávila die Schönheit für einen objektiven Wert, doch gesteht auch er zu, daß es für die Zeitgenossen nicht immer leicht ist, diesen auch zu erkennen. Reschika betont diese Wertlehre (Axiologie), die Gómez Dávila an vielen Stellen seines Werkes zum Ausdruck bringt. Weil er in der Schönheit eines Kunstwerkes auch dessen Zeitlosigkeit erblicke, erweise sich Gómez Dávila als Platoniker.

Das bedeutet aber auch, daß das Kunstwerk mehrschichtig und keineswegs auf Anhieb zu verstehen ist. Das Erlebnis der Kunst betrifft den Menschen im Kern, auch und gerade wenn er sich im irdischen Dasein als entfremdet empfindet: »Es genügt, daß die Schönheit unseren Überdruß streift, damit unser Herz wie Seide zwischen den Händen des Lebens zerreißt«, heißt es einmal. Die Kunst erlaubt es aber auch, sich der Welt im Modus der Verzauberung zu nähern, weil die Ästhetik ihr ein Antlitz gibt, das über sie selbst hinaus auf etwas Transzendentes verweist. In der Kunst deutet der Mensch die Welt auf eine andere als nur naturwissenschaftliche oder technische Weise: »Ohne die Deutung der Kunst würde die Welt den Photos der Mondoberfläche gleichen.« In Wirklichkeit sei das Kunstwerk ein »Pakt mit Gott«, und Reschika deutet dies so, daß sich gerade in säkularen Zeiten, vermittelt durch die ästhetische Erfahrung, der Schritt von der profanen zur heiligen Welt machen lasse.

Weil Kunst, Religion und Schönheit so eng miteinander verbunden seien, könne man hier regelrecht von Epiphanien der Schönheit sprechen. Wenn der Künstler in seinem Werk etwas »trifft«, dann geht dies über jede Theorie. Daher bleibt auch jede Kunstsoziologie notwendig defizitär: »Soziologische Kunstbetrachtungen haben lediglich den Nutzen, daß sie uns erlauben, etwas zu sagen, wenn wir nichts zu sagen haben«, lautet Gómez Dávilas sarkastischer Kommentar. Denn das Eigentliche im Werk eines Künstlers oder Schriftstellers könne sich auch nicht durch den Verweis auf dessen Biographie erklären lassen.

Reschikas reichhaltige und vielschichtige Darstellung, die sich souverän auf dem Feld der Philosophie-, Literatur- und Kunstgeschichte bewegt, bietet nun nicht nur eine Rekonstruktion von Gómez Dávilas Aussagen über Kunst. Vielmehr versucht er auch, konkrete Kunstwerke einzubeziehen, die sie illustrieren können. An Michelangelo, Rembrandt oder Caspar David Friedrich lasse sich zeigen, wie sich hier jene Hintertür zur heiligen Welt öffne, denn letztlich gehe es auch in der Kunst immer um die Bestimmung der Beziehungen des Menschen zu Gott.

Nicht nur die bildende Kunst stehe im Fokus des lateinamerikanischen Denkers. Auch Poesie und Literatur haben für ihn einen hohen Stellenwert: Die Poesie sei schlechterdings romantisch – und Gómez Dávilas Begeisterung für die Romantik ist sicher auch darin begründet, daß hier der Mensch noch, anders als in der Moderne, eine unendliche Sehnsucht ausdrückte, die im letzten auf Transzendenz zielte. Gerade an der oft als reaktionär kritisierten Romantik wird Gómez Dávilas positive Umdeutung des Begriffs des Reaktionären deutlich: Die romantischen Dichter, so behauptete er, seien Teil einer »reaktionären Verschwörung gegen die Entweihung der Welt«, was für Gómez Dávila im höchsten Maße eine Empfehlung darstellte. Wenig anfangen konnte er dagegen mit den Stilrichtungen des Barock und des Manierismus;

vielmehr zog er eindeutig die gotischen Kathedralen des Mittelalters dem Pomp der jesuitischen Barockkirchen vor. Würden letztere doch danach streben, das Publikum anzuziehen, während erstere suchten, Gott zu ehren.

Den großen Wert der Kunstphilosophie des Kolumbianers sieht Reschika in ihrer Opposition zur politisierten Kunst in der westlichen Welt, aber auch zu den linken Kunsttheorien von Denkern wie Lukács, Benjamin oder Adorno, die lange eine starke Wirksamkeit entfalteten. Ob man ihn deshalb aber als Vertreter einer »konservativen Kunstästhetik« sehen sollte, der mit Hans Sedlmayr, Arnold Gehlen, Heidegger oder Gadamer zu vergleichen wäre? Vielleicht sollte man ihm besser eine *zeitlose* Kunstästhetik zuschreiben, so wie er sich auch sonst einer zeitlosen Wahrheit, die nicht stirbt, verpflichtet sah. Zweifellos war das Kunstideal Gómez Dávilas eine Art Mischung aus Klassizismus und Romantik: »Romantischer Geist und klassische Form – das Werk, das sich dieser Formel am meisten nähert, besitzt in jeder Kunst die größte Verführungskraft.«

Gómez Dávila war selbst intensiv von der Schönheit berührt, die für ihn nicht denkbar war ohne den alles gründenden Gott. Ganz praktisch war seine theologisch begründete Vorstellung vom Wert der Schönheit die positive Seite seiner massiven Kritik an der Häßlichkeit der modernen Welt, die seiner Auffassung nach dem Menschen nicht zuträglich ist. Darin trifft sich Gómez Dávila, auch das wird von Reschika gut herausgearbeitet, mit Denkern wie Roger Scruton – und es ist kein Zufall, daß beide gerade in der Kunstgattung der Architektur den Pulsschlag einer Zivilisation meinten messen zu können.

Als eine Quintessenz der verschiedenen Auseinandersetzungen mit Gómez Dávila kann wohl gelten, daß der Geist der Kontemplation, der der Geist der Philosophie ist, unterstützt wird – damit nicht die »Furie des Verschwindens« alle alteuropäischen Traditionen vernichtet. Denn auch das heutige Europa wird nur Bestand haben, wenn es sich dieser Wurzeln des alten Europa vergewissert und sie in seiner eigenen Kultur gegenwärtig hält. Es gehört zu den Paradoxien unserer Zeit, daß dabei ein Südamerikaner Pate stehen kann.

Till Kinzel, im Januar 2023

LITERATUR

A Siglenverzeichnis der zitierten Schriften Gómez Dávilas

Neben den ersten deutschen Ausgaben wurde auch auf die Auswahlausgabe von 2001 sowie die Originalausgaben verwiesen, um dem Leser die Überprüfung am spanischen Original zu erleichtern. Auf Neuausgaben der Werke Gómez Dávilas bei Villegas wird nach Möglichkeit bei den Zitaten ergänzend hingewiesen. Textprobleme im eigentlichen Sinne können im Rahmen dieser Einführung nicht erörtert werden; dasselbe gilt für die Übersetzungen, denen ich nicht überall folge. Eine textkritische Ausgabe des Gesamtwerkes fehlt; ob sich eine einheitliche Numerierung der Scholien durchsetzen wird, ist noch nicht abzusehen.

AB:	Aufzeichnungen des Besiegten. Fortgesetzte Scholien zu einem inbegriffenen Text, 1994.
DI:	De iure, 1988.
EGT:	Einsamkeiten. Glossen und Text in einem, 1987.
E I/II:	Escolios a un texto implícito, 1977 bzw. 2005.
M:	In Margine a un Testo Implicito, 2001.
N:	Notas I (erste Seitenangabe Erstausgabe; zweite Seitenangabe Ausgabe von 2003; dritte Seitenangabe deutsche Übersetzung von 2005).
NE I/II:	Nuevos Escolios,1986.
RA:	El reaccionario auténtico (erste Seitenangabe: Originaldruck von 1995; zweite Seitenangabe nach der Übersetzung in: Texte und andere Aufsätze, 2003).
SCH:	Scholien zu einem inbegriffenen Text, 2006, ^{2}2016; erweiterte Neuausgabe 2020 mit veränderter Paginierung und fortlaufender Numerierung der Scholien von 1 bis 10370.
SE:	Sucesivos escolios a un texto implícito, 1992.
T:	Textos I (erste Seitenangabe: Ausgabe 1959; zweite Seitenangabe: Ausgabe 2002; dritte Seitenangabe: deutsche Übersetzung von 2003).
VP:	Auf verlorenem Posten. Neue Scholien zu einem inbegriffenen Text, 1992.

Alle Zitate aus den *Escolios* werden nach den jeweiligen Erstausgaben angeführt, ergänzt durch Stellenangaben nach der letzten, maßgeblichen Gesamtausgabe der *Escolios,* die in fünf Bänden 2005 bei Villegas erschienen ist. Die Sigle E II 433=351/SCH 535 bedeutet also beispielsweise, daß das Zitat im zweiten Band der *Escolios a un texto implícito* auf S. 433 der Erstausgabe und auf S. 356 der Ausgabe von 2005 zu finden ist. Die deutsche Übersetzung findet sich auf S. 535 des Bandes *Scholien zu einem inbegriffenen Text* (2006).

B Primärliteratur (Originalausgaben und einige Übersetzungen)

Aphorismen, in: Der Pfahl. Jahrbuch aus dem Niemandsland zwischen Kunst und Wissenschaft 8 (1994), 145–146.

Auf verlorenem Posten. Neue Scholien zu einem inbegriffenen Text, übersetzt von Michaela Meßner, Wien: Karolinger, 1992.

Aufzeichnungen des Besiegten. Fortgesetzte Scholien zu einem inbegriffenen Text, Übersetzung Günter Maschke, Wien: Karolinger, 1994.

De iure, in: Revista del Colegio Mayor de Nuestra Senora del Rosario 81, Nr. 542 (April–Juni 1988), 67–85. (entstanden circa 1970)

Einsamkeiten. Glossen und Text in einem, übersetzt von Günther Rudolf Sigl, Wien: Karolinger, 1987, [2]2001.

Escolios a un texto implícito, 2 Bde., Bogotá 1977; Gesamtausgabe in 5 Teilen: Escolios a un texto implícito. Obra complete, ebd. 2005.

Escolios a un texto implícito (Inéditos), in: Revista del Colegio Mayor de Nuestra Señora del Rosario LXXX, Nr. 542 (April–Juni 1988), 58–66.

Escolios a un texto implícito. Selección. Bogotá 2001.

Les Horreurs de la démocratie. Scolies pour un texte implicite, übersetzt von Michel Bibard, Monaco: Éditions du Rocher, 2003.

In Margine a un Testo Implicito (Piccola Biblioteca 459), übersetzt von Lucio Sessa, Nachwort von Franco Volpi, Mailand: Adelphi, 2001.

Notas I, México 1954; Neuausgabe Bogotá 2004 mit Vorwort von Franco Volpis.

Notas, Mito 4 (Oktober–November 1955), 209–218 (209–210 eine Einführung von Hernando Téllez unter dem Titel »La obra de Nicolás Gómez Dávila«).

Notas, in: Revista del Colegio Mayor de Nuestra Señora del Rosario LXXX, Nr. 542 (April–Juni 1988), 38–44.

Notas. Unzeitgemäße Gedanken, übersetzt von Ulrich Kunzmann, Berlin 2005.

Nuevos escolios a un texto implícito, 2 Bde., Bogotá 1986.

El reaccionario auténtico. Un ensayo inédito, in: Revista Universidad de Antioquia Nr. 240 (April–Juni 1995), 16–19.

Scholien zu einem inbegriffenen Text, übersetzt von Thomas Knefeli und Günter Rudolf Sigl, Wien: Karolinger, 2006, [2]2016.

Sämtliche Scholien. Scholien zu einem inbegriffenen Text. Neue Scholien zu einem inbegriffenen Text. Fortgesetzte Scholien zu einem inbegriffenen Text. Verstreute Scholien aus Zeitschriften [Gesamtausgabe]. Wien: Karolinger, 2020.

Sucesivos escolios a un texto implícito, Santafé de Bogotá 1992; zweite Ausgabe mit anderer Paginierung Barcelona 2002 (mit Vorworten von Álvaro Mutis und Javier Ruiz Portella).

Textos I, Bogotá 1959; Neuausgabe Bogotá 2002 (mit veränderter Paginierung; enthält gegenüber der Erstausgabe einige Druckfehler).

Texte und andere Aufsatze, Übersetzt von Herminio Redondo unter Mitarbeit von Till Kinzel, Wien 2003 (enthält außerdem die Aufsätze »De jure« und »El reaccionario autentico«). Durchgesehene und vermehrte Ausgabe unter dem Titel: Texte und andere Schriften, mit einem Nachwort von Till Kinzel und einer Biographie von Franco Volpi, 2018.

Textos, in: Revista del Colegio Mayor de Nuestra Señora del Rosario LXXX, Nr. 542 (April–Juni 1988), 45–57.

Il vero reazionario, in: Cristianità 27/287-88 (März–April 1999), 18–20.

La voz de Nicolás Gómez Dávila, Hörkassette der Radiostation HJCK, Bogotá, o.J.

C Sekundärliteratur zu Gómez Dávila (Auswahl)

Ein großer Teil der hier aufgeführten – meist kolumbianischen – akademischen Abschlußarbeiten ist im Internet leicht verfügbar, doch wurde darauf verzichtet, dies im einzelnen anzuführen. Aufsätze aus Sammelbänden wurden in der

Regel nicht gesondert verzeichnet. Es wurde außerdem nicht der Versuch unternommen, die Vielzahl von kleineren Artikeln, meist Rezensionen, zu erfassen, die in verschiedensten Zeitungen und Zeitschriften sowie im Internet erschienen sind. Die Bibliographie ist bis Ende 2022 fortgeführt, um zu dokumentieren, wie intensiv und nachhaltig mit dem Werk Gómez Dávilas gearbeitet wird. Gómez Dávila möge aber auch hier das letzte Wort haben: »Eine komplette Bibliographie ersetzt den Verstand nicht einmal teilweise« (NE II 192=186/VP 247).

Homenaje a Nicolás Gómez Dávila. Revista del Colegio Mayor de Nuestra Señora del Rosario LXXX, Nr. 542 (April–Juni 1988), 7–85 (enthält Beiträge von Alberto Zalamea, Francisco Pizano de Brigard, Hernando Téllez, Álvaro Mutis, Juan Gustavo Cobo Borda, Gerd-Klaus Kaltenbrunner, Adolfo Castañon, sowie eine Anthologie mit Texten von Gómez Dávila).

Abad Torres, Alfredo Andrés (Hg.): Nicolás Gómez Dávila. Crítica e Interpretación, Themenheft von Paradoxa. Revista de filosofía 7/14 (Dezember 2007) (Aufsätze von Franco Volpi, Francia Elena Goenaga, Till Kinzel, Conrado Giraldo Zuluaga, Alfredo Abad Torres, Krzysztof Urbanek).

Ders.: Pensar lo implícito. En torno a Gómez Dávila. Pereira 2008.

Ders.: Nicolás Gómez Dávila y las raíces gnósticas de la modernidad, in: Ideas y Valores 142 (April 2010), 131–140.

Ders. (Hg.): Entre fragmentos. Interpretaciones gomezdavilianos. Santa Rosa de Cabal 2017.

Ders.: Leggendo Gómez Dávila; stile, lucidità e prospettiva trágica, in: Nicolás Gómez Dávila: Escolios a untexto implícito II. Rom 2018, 5–21.

Ders.: Nicolás Gómez Dávila y la filosofía como forme de vida, in: Revista Boletín Redipe 8/1 (Januar 2019), 53–61.

Ders.: Franco Volpi. Una interpretación de Nicolás Gómez Dávila, in: Universitas Philosophica 37/75 (Juli–Dezember 2020), 151–173.

Albert Márquez, José Jesús: Notas a un texto explícito. Sobre lo jurídico en Nicolás Gómez Dávila, in: Revista San Gregorio 39 (2020), 203–216.

Álvarez, Ángel Octavio: Una modernidad «antimoderna». El problema del estilo en Nicolás Gómez Dávila y Octavio Paz, in: Res Pública. Revista de Historia de las Ideas Políticas 24/1 (2021), 17–25.

Asela Molina, Jorge Enrique: «El único Dios totalmente falso.» A propósito de la doctrina democrático en Nicolás Gómez Dávila, in: Revista de Filosofía 13/2 (2014), 23–36.

Barguil Vallejo, Nicolás Antonio: El arabesco de la inteligencia. Para una poética de Nicolás Gómez Dávila. Abschlußarbeit Pontificia Universidad Javeriana. Bogotá 2013.

Bendel, Wolfgang: Anmerkungen zu Nicolás Gómez Dávila, in: Junges Forum 9: Terra incognita – Das andere Amerika (2009), 52–55.

Billé, Philippe: Studia Daviliana. Études sur Nicolás Gómez Dávila, La Croix-Comtesse 2003 (enthält bibliographische Angaben, einige kleinere Texte, französische Übersetzungen einer Reihe von Escolios sowie ein Personen- und Ortsregister für sämtliche Escolios-Bände (52 S.).

Calderón Vizcarra de Kevans, Susana: The Critique of Democracy in the Writings of Nicolás Gómez Dávila, in: Polish Journal of Political Science (2016), 6–24.

Cantoni, Giovanni: Un contro-rivoluzionario cattolico iberoamericano nell'età della rivoluzione culturale. Il «vero reazionario» postmoderno Nicolás Gómez Dávila, in: Cristianità 297/298 (März–April 2000), 7–16.

Castañon Castillo, Álvaro: Nicolás Gómez Dávila, in: Derselbe: Mis amigos. Bogotá 2015, 105–109.

Cobo Borda, Juan Gustavo: Escolios a un texto implícito de Nicolás Gómez Dávila, in: Vuelta 2/13 (Dezember 1977), 35–37.

Ders.: Nicolás Gómez Dávila, un pensador solitario, in: Desocupado lector, Santa Fe de Bogotá 1996, 94–96.
Ders.: Nicolás Gómez Dávila (1913–1994), in: Derselbe: Breviario arbitrario de literatura colombiana, Bogotá 2011, 107–108.
Ders.: El reaccionario que abolió el progreso, in: Revista Universidad de Antioquia 314 (Oktober–Dezember 2013), 29–36.
Csejtei, Desző: Gómez Dávila-széljegyzetek és kommentek. Egy jobbos a balnak. Budapest 2022.
Colloquio en el Centenario de Don Nicolás Gómez Dávila (1913–2013). Hg. von Carlos B. Gutiérrez. Bogotá 2014 (mit Beiträgen von Diego Pizano, Till Kinzel, Francia Elena Goenaga, Carlos B. Gutiérrez).
Cuena Boy, Francisco: Agentes del absolutismo. Los juristas según Nicolás Gómez Dávila, in: Alfonso Murillo Villar / M. Aránzazu Calzada González / Santiago Castán Pérez-Gómez (Hg.): Homenaje al Professor Armando Torrent. Madrid 2016, 167–183.
Ders. / Garofalo, Luigi: Derecho e historia en la antropología de Nicolás Gómez Dávila. Madrid 2016.
Dassel, Heinrich: Nicolás Gómez Dávila. Der Denker der Reaktion, in: Neue Ordnung III/2002, 25–27.
Díaz Guatibonza, Nicolás Felipe: La condición humana como ensayo reiterado en el pensamiento de Nicolás Gómez Dávila. Magisterarbeit Pontificia Universidad Javeriana. Bogotá 2013.
Drews, Willy: Laserna. Crónica de una biografia. Bogotá 2003.
Einig, Regina: Erinnerung an Don Nicolás. Über die prägende Kraft des Unzeitgemäßen: Wie Luis Restrepo seinen Großvater Nicolás Gómez Dávila erlebte, in: Die Tagespost, 11. Oktober 2017.
Esquivel Marin, Sigifredo: Escritura y estilo literario (Cioran, Caraco, Gómez Dávila), in: AYLLU-SIAF: Revista de la Sociedad Iberoamericana de Antropología Filosófica 3/2 (Juli–Dezember 2021), 65–121.
Galindo Hurtado, Mauricio: A Reactionary in the Andes. An Intellectual Biography of Nicolás Gómez Dávila, unveröffentliche 35-seitige Magisterarbeit, University of Sussex 1999.
Ders.: Un pensador aristocrático en los Andes. Una mirada al pensiamento de Nicolás Gómez Dávila, in: Historia crítica. Revista des Departamento de Historia de la Facultad de Ciencias Sociales de la Universidad de los Andes19 (Januar–Juni 2000), 13–26; www.banrep.gov.co/blaavirtual/letra-r/rhcritica/galindo.htm.
Garofalo, Luigi: Su Nicolás Gómez Dávila studioso del diritto e Carl Schmitt cultore di Theodor Däubler. Neapel 2019.
Gasparin, Gloria: Vivere contro l'evidenza. Estetica e pratica della scrittura in Emil Cioran, Nicolás Gómez Dávila e Albert Caraco. Tesa di laurea. Padua 2014.
Dies.: Arte e verità nella filosofia aforistica di Gomez Dávila, in: Estetica. Studi i ricerche 1 (2015), 157–167.
Geisler, Eberhard: Entgegnung auf Gómez Dávila. Eine Polemik, in: Germanisch-Romanische Monatsschritt 3 (2012), 331–351.
Giraldo, Efrén: Nicolás Gómez Dávila. La estética, el escolio y el ensayo, in: Revista Universidad de Antioquia 314 (Oktober-Dezember 2013), 20–28.
Ders.: La poética del esbozo. Baldomero Sanin Cano, Hernando Tellez, Nicolás Gómez Dávila, Bogotá 2014.
Ders.: De la nota al diario. Ernesto Volkening y Nicolás Gómez Dávila, in: Revista Universidad de Antioquia 326 (Oktober–Dezember 2016), 27–32.
Ders. / Aguirre, Camila: Ernesto Volkening y Nicolás Gómez Dávila. Formas marginales en un diario de lectura de 1973, in: Revista Chilena de Literatura 98 (November 2018), 209–230.
Goenaga Olivares, Francia Elena: La tumba habitada. Nicolás Gómez Dávila, el caso colombiano, Saarbrücken 2011.
Dies.: Trois moralistes: Marie Linage, François de la Rochefoucauld et Nicolás Gómez Dávila. Diss. Paris 2005–2006.
Dies.: Entre lineas. Volkening, in: Revista Universidad de Antioquia 326 (Oktober–Dezember 2016), 39–42.
Gómez Arbeláez, José Miguel: La tradición o la endeblez de lo grande. Diss. Universidad de los Andes, Bogotá 2020, gedruckt: La endeblez de lo grande. Gómez Dávila y la tradición, Santa Rosa de Cabal 2021.

Gómez Rodas, Carlos Andrés: Nicolás Gómez Dávila frente la muerte de Dios, Una crítica filosófica al proceso de secularización occidental, Medellín 2020.

Ders.: Modern democracy as a divinization of man in Nicolás Gómez Dávila, in: Civilizar. Ciencias Sociales y Humanas 21/40 (2021), 113–124.

Gonzaléz, Pedro Blas: A South American Conservative Sage, in: Modern Age 57/1 (Winter 2015), 77–81.

Gutiérrez, Carlos B.: La crítica a la democracia en Nietzsche y Gómez Dávila, in: Ideas y valores 136 (April 2008), 111–125.

Hacker, Doja: Entzauberte Welt, in: Spiegel 6 (2006), 154f.

Helmich, Werner: Nicolás Gómez Dávila: un moralista paleo-europeo nella Colombia novecentesca. Autoritratto in quaranta aforismi, in: Aforismi e alfabeti. A cura di Giulia Cantarutti, Andrea Ceccherelli e Gino Ruozzi. Bologna 2016, 99–116.

Hösle, Vittorio: Variationen, Korollarien und Gegenaphorismen zum ersten Band der Escolios a un texto implícito von Nicolás Gómez Dávila, in: Die Ausnahme denken. Festschrift zum 60. Geburtstag von Klaus-Michael Kodalle, hg. von Claus Dierksmeier in Zusammenarbeit mit Mirko Schiefelbein und Folko Zander, Bd. 2, Würzburg 2003, 149–163.

Ders.: Im Dialog mit Gómez Dávila. Gegenaphorismen, Variationen, Korollarien. Springe 2022.

Hoyos Vásquez, Guillermo: Don Nicolás Gómez Dávila, pensador en español y reaccionario auténtico, in: Arbor. Ciencia, Pensamiento y Cultura CLXXXIV/734 (November–Dezember 2008), 1085–1100.

Huber, Toni: Nicolás Eslabón, in: Ders.: Bogotá. Und wenn die Dinge Leben hätten. Hannover 2015, 166–169.

Hudde, Hinrich: Reflexionen des Aphoristikers Nicolás Gómez Dávila über Geschichte, Geschichtsschreibung und Ästhetik (und zu Form und Stil seiner escolios), in: Kirsten Dickhaut / Stephanie Wodianka (Hg.): Geschichte – Erinnerung – Ästhetik. Akten des Festkolloquiums zum 65. Geburtstag von Dietmar Rieger, Tübingen 2010, 97–109.

Jessen, Jens: Der letzte Reaktionär, in: Die Zeit Nr. 10, 26. Februar 2004.

Kaltenbrunner, Gerd-Klaus: Nicolás Gómez Dávila. Wenn Systeme vergehen, überdauern Aphorismen. Eine christliche Kathedrale über heidnischen Krypten, in: Ders.: Vom Geist Europas, Bd. 2, Asendorf 1989, 518–522.

Ders.: Antimodernismus in Aphorismen. Hinweis auf den katholischen Denker Gómez Dávila und seine Ehrenrettung des „Reaktionärs", in: Saka-Informationen (Januar 1994), 16–18.

Kinzel, Till: Das aphoristische Denken und die implizite Bibliothek: Nicolás Gómez Dávilas Lektüren als angewandte Modernitätskritik, in: Nicolás Gómez Dávila e la crisi dell'Occidente, hg. von Fabrizio Meri und Silvano Zucal. Pisa 2014, 85–105.

Ders.: Nicolás Gómez Dávila – Aphorismen als Einspruch gegen die Moderne, in: Erträge 5 (Schriftenreihe der Bibliothek des Konservatismus), hg. von der Förderstiftung Konservative Bildung und Forschung, Berlin 2017, 147–169.

Ders.: Vom Sinn des reaktionären Denkens. Zu Nicolás Gómez Dávilas Kulturkritik, in: Philosophisches Jahrbuch 1 (2002), 175–185.

Ders.: Nicolás Gómez Dávila als Gegen-Aufklärer, Nachwort in: Nicolás Gómez Dávila: Texte und andere Aufsätze, Wien 2003, 179–189.

Ders.: Parteigänger verlorener Sachen – Nicolás Gómez Dávila, in: Sezession 3 (Oktober 2003), 8–13.

Ders.: Ein kolumbianischer Guerillero der Literatur: Zu Nicolás Gómez Dávilas Ästhetik des Widerstands, in: Germanisch-Romanische Monatsschrift (2004), 87–107.

Ders.: An den Rand der Welt geschrieben. Literarische Stahlgewitter im Kampf gegen die Moderne: Zum 10. Todestag des kolumbianischen Reaktionärs Nicolás Gómez Dávila, in: Junge Freiheit 21 (14. Mai 2004), 14.

Ders.: Denken als Guerillakampf gegen die Moderne. Leben und Werk des kolumbianischen Schriftstellers Nicolás Gómez Dávila, in: Unsere Agenda 3 (August 2005), 30–33; http://www.aphorismus.net/beitrag17.html.

Ders.: Politik des Geistes im Dienste von Schönheit und Würde, in: Peter Danich / Christian Sebastian Moser (Hg.): Stichwortgeber für die Politik II, Wien 2007, 39–49.

Ders.: Nicolás Gómez Dávila, Henry David Thoreau, el romanticismo y el arte de la lectura, in: Paradoxa. Revista de Filosofía 14 (Dezember 2007), 29–39.

Ders.: Estrategias literarias del desengaño en Baltasar Gracián y Nicolás Gómez Dávila, in: Sebastian Neumeister (Hg.): Los conceptos de Gracián. Tercer Coloquio Internacional sobre Baltasar Gracián en ocasión de los 350 años de su muerte, Berlin 2010, 261–281.

Ders.: Randbemerkungen zu Nicolás Gómez Dávila als Lehrer des Lesens, in: Einfache Formen und kleine Literatur(en). Für Hinrich Hudde zum 65. Geburtstag, hg. von Michaela Weiß und Frauke Bayer, Heidelberg 2010, 77–88.

Ders.: Nicolás Gómez Dávila jako nauczyciel czytania / Nicolás Gómez Dávila als Lehrer des Lesens, in: Krzysztof Urbanek (Hg.): Oczyszczenie inteligencji. Nicolás Gómez Dávila – myśliciel współczesny? Warschau 2010, 313–330.

Ders.: Nicolás Gómez Dávila und die ewigen Wahrheiten der Philosophie, in: Daniel Führing (Hg.): Gegen die Krise der Zeit. Konservative Denker im Portrait, Graz 2013, 21–31.

Ders.: Nicolás Gómez Dávila und die Frage nach Gott in der Religionsphilosophie des 18. Jahrhunderts, in: Krzysztof Urbanek (Hg.): Prawdziwy reakcjonista. Nicolásowi Gómezowi Dávili w stulecie urodzin, Warszawa 2013, 115–126 (in polnischer Übersetzung 103–113).

Ders.: Prologue, in: Nicolás Gómez-Dávila: Scholia to an Implicit Text. Bilingual Selected Edition, Bogotá 2013, 7–21.

Ders.: Nicolás Gómez Dávila und die Frage nach Gott, in: Lepanto-Almanach. Jahrbuch für christliche Literatur und Geistesgeschichte 2 (2021), 137–151.

Ders.: Suchen, was die Welt nicht bieten kann. Nicht Luther, sondern Hamanns Konversion war das begründende Ereignis der Neuzeit. Nicolás G. Dávila und der lebendige Gott, in: Die Tagespost, 18. März 2021, 24.

Klonovsky, Michael: Der Anden-Nietzsche, in: Focus 4 (2006), 60f.

Köhler, Steffen: Katholische Protestanten. Gómez Dávila und Donoso Cortés, Dettelbach 2008.

Ders.: Martin Mosebach. Die Schönheit des Opfers, Dettelbach 2007.

Kosilova, Elena: Подлинный реакционер: творчество Николаса Гомеса Давилы [Der authentische Reaktionär: Die Werke von Nicolás Gómez Dávila], in: Russian Sociological Review 20/1 (2021), 229–243.

Kuehnelt-Leddihn, Erik: Der Geist steht rechts! Das Lebenswerk des Nicolás Gómez Dávila, in: Ders.: Kirche kontra Zeitgeist, Graz 1997, 57–66.

Kugler, Gudrun: Menschheit mit Erbe. Mit den Aphorismen des kolumbianischen Denkers Nicolás Gómez Dávila bewahrt man kühlen Kopf, in: Die Tagespost, 14. Januar 2021, 13.

Lange, Manfred: Reaktionär in Bogotá, in: Deutsche Tagespost, 10. November 1987.

Lavina, Silvia: La idiosincrasia antimoderna de Nicolás Gómez Dávila, in: Eikasia. Revista de Filosofia, Juli 2012, 263–275.

Loeckle, Michael: Auguren des Verfalls. Rebellion bei Chargaff, Bernhard, Cioran, Gómez Dávila und Pessoa, München 2015.

Lombardi, Antonio: Une questione decisiva, in: Nicolás Gómez Dávila: Alle origine del mondo. Intorno al sacro e alla trascendenza, Villasanta 2013, 7–51.

Lombardi, Antonio / Zuppa, Gabriele: Nicolás Gómez Dávila e la Modernità, Villasanta 2014.

Mateos, Flavio: Nuevos aforismos reaccionarios. o.O. 2021.

Maurer, Reinhart: [Rezension von Nicolás Gómez Dávila: Einsamkeiten], in: Philosophische Rundschau 36 (1989), 150–155.

Ders.: Reaktionäre Postmoderne. Zu Nicolás Gómez Dávila, in: Nürnberger Blätter. Zeitung für Philosophie und Literatur 11 (Juni–August 1989), 1f., 4; auch in: Aufklärung und Postmoderne – 200 Jahre nach der französischen Revolution das Ende aller Aufklärung? Hg. von Jörg Albertz, Berlin 1991, 139–150.

Ders.: Ausnahmslose Gleichheit. Überlegungen im Anschluß an Gómez Dávila, in: Die Ausnahme denken. Festschrift zum 60. Geburtstag von Klaus-Michael Kodalle, hg. von Claus Dierksmeier in Zusammenarbeit mit Mirko Schiefelbein und Folko Zander, Bd. 2, Würzburg 2003, 165–176.

Mejía Mosquera, Juan Fernando: Zuleta, Cruz Vélez y Gómez Dávila. Tres lectores colombianos de Nietzsche, in: Universitas Philosophica 34–35 (2000), 257–304.

Ders.: Nicolás Gómez Dávila (1913–1994), in: Santiago Castro-Gómez et al. (Hg.): Pensamiento colombiano del siglo XX, Vol. 1, Bogotá 2007, 463–479.

Ders.: Entre un demócrata y un reaccionario: Guillermo Hoyos Vásquez y su lectura fenomenológica de Nicolás Gómez, in: Universitas Philosophica 30/61 (Juli–Dezember 2013), 97–115.
Ders. (Hg.): Facetas del pensamiento de Nicolás Gómez Dávila, Bogotá 2018.
Ders.: Pensar es escribir. La filosofía en »Notas« de Nicolás Gómez Dávila, Diss. Pontificia Universidad Javeriana, Bogotá 2021.
Meri, Fabrizio / Zucal, Silvano (Hg.): Nicolás Gómez Dávila e la crisi dell'Occidente, Pisa 2014.
Molina Peláez, Tomás Felipe: La crítica a la democracia liberal en la obra de Nicolás Gómez Dávila, Bogotá 2011 (Abschlußarbeit Universidad Colegio Mayor de Nuestra Señora del Rosario).
Ders.: El problema del historicismo en textos I de Nicolás Gómez Dávila, Magisterarbeit Pontificia Universidad Javeriana, Bogotá 2015.
Ders.: El sistema westfaliano. Un análisis desde la teología política de Nicolás Gómez Dávila, in: Papel político 21/2 (Juli–Dezember 2016), 411–434.
Ders.: Montaigne y Burckhardt como fuentes de la doctrina reaccionaria en los Escolios de Nicolás Gómez Dávila, in: Escritos (Medellín-Colombia) 27/58 (Januar–Juni 2019), 49–69.
Ders.: Los epígrafes en los Escolios de Nicolás Gómez Dávila: hacia una lectura intertextual, in: Universitas Philosophica 36/73 (Juli 2019), 235–258.
Ders.: La Modernidad democrática como religión. Una lectura intertextual de la crítica de Gómez Dávila en Textos, in: Revista de Filosofía Diánoia 65/84 (Mai–Oktober 2020), 59–80.
Moreno Blanco, Juan: El relato del uno y el otro en Henao y Arrubla, Nicolás Gómez Dávila y Gabriel García Márquez, Cali 2021.
Morgan, Chris A.: Don Cpolacho's Epitaphs, in: The American Conservative, 7. November 2014; http://www.theamericanconservative.com.
Mosebach, Martin: [Rezension zu Nicolás Gómez Dávila: Einsamkeiten], in: Schopenhauer-Studien 4 (1991), 316–318.
Ders.: Auf verlorenem Posten. Der kolumbianische Aphoristiker Gómez Dávila, in: Frankfurter Allgemeine Zeitung, 11. Dezember 1993; auch als leicht ergänztes Nachwort in: Nicolás Gómez Dávila: Aufzeichnungen des Besiegten, Wien 1994, 109–115; auch in: Martin Mosebach: Schöne Literatur. Essays, München 2006, 95–104 (Am Ende der Welt. Ein Besuch bei Nicolás Gómez Dávila).
Ders.: Der Zeitfremdling. Zum Tode von Nicolás Gómez Dávila, in: Frankfurter Allgemeine Zeitung, 9. Juni 1994.
Ders.: Meister der schwarzen Sentenzen, in: tageszeitung, 15. April 2006.
Ders.: Schöner Zweifel, schönere Wahrheit. Das Glossen-Werk des Nicolás Gómez Dávila, in: Nicolás Gómez Dávila: Das Leben ist die Guillotine der Wahrheiten. Ausgewählte Sprengsätze, Frankfurt/M. 2006, 5–17.
Muñoz Barallobre, Gonzalo: Nicolás Gómez Dávila, el camino del solitario, in: Carlos Javier González Serrano / Gonzálo Muñoz Barallobre (Hg.): Galería de los invisibles, Madrid 2012, 79–96.
Neumeister, Sebastian: [Rezension zu Till Kinzel: Nicolás Gómez Dávila. Parteigänger verlorener Sachen, 2015], in: Germanisch-Romanische Monatsschrift 66/2 (2016), 253–256.
Niedermayer, Franz: Konservative Aphoristik aus Kolumbien, in: Criticón 56 (1979), 272–273.
Ders.: Über Nicolás Gómez Dávila, in: Nicolás Gómez Dávila: Einsamkeiten. Glossen und Text in einem, Wien 1987, 169–181.
Ders.: Gedankensplitter von der Karibik, in: Deutsche Tagespost, 23. Februar 1993.
Noguera Pardo, Camilo: Biografía intelectual de Nicolás Gómez Dávila. Esbozos escogidos de sus influencias, Bogotá 2012.
Obidzińska, Bogna J. / Urbanek, Krzysztof (Hg.): Między sceptycyzmem a wiarą. Nicolás Gómez Dávila i jego dzieło, Warschau 2008.
Olano García, Hernán Alejandro: Aproximación al pensamiento de Nicolás Gómez Dávila sobre los derechos fundamentales, in: Revista de derecho no 33 (2010), 238–281.
Ders.: Brocados jurídicos. Escolios de Nicolás Gómez Dávila. Bogotá 2011.
Ders.: El Nietzche [sic!] colombiano. Aproximación biográfica de Don Nicolás Gómez Dávila, in: Misión Jurídica. Revista de Derecho y Ciencias Sociales 9 (Juni–Dezember 2015), 249–257.

Oppermann, Malte: Philosophie des Sündenfalls, Die Tagespost Nr. 124 (17. Oktober 2015), 9; auch in: Poeten, Priester und Propheten. Leben und Werk inspirierender Schriftsteller. Die Tagespost-Literaturserie, hg. von Stefan Meetschen und Alexander Pschera, Kißlegg 2016, 309–316.
Ortiz Charry, Gonzalo: El campo político en los escolios de Nicolás Gómez Dávila: Compilación sistemática y comentarios, in: Mediaciones 11 (Dezember 2013), 46–62.
Oviedo, José Miguel: Breve historia del ensayo hispanoamericano, Madrid 1991.
Pachón Soto, Damián: Nicolás Gómez Dávila, un exiliado de la modernidad, in: Ders.: Estudios sobre el pensamiento Colombiano, Vol. I, Bogotà 2011, 208–234.
Pasinato, Loris: Il pensiero nobile di Nicolás Gómez Dávila, in: Nicolás Gómez Dávila: Escolios a un texto implícito II, Rom 2018, 339–353.
Pheneger, Matthew: Nicolás Gómez Dávila and the «Authentic Reactionary», in: The Imaginative Conservative, 25. Oktober 2022; https://theimaginativeconservative.org/2022/10/nicolas-gomez-davila
Piltz, Detlev J.: Echtzeit. Aphorismen. Mit einem Essay über Nicolás Gómez Dávila, Bonn 2021.
Piotrowski, Bogdan (Hg.): Nicolás Gómez Dávila. Homenaje al centenario de su natalicio. Universidad de La Sabana, Facultad de Filosofía y Ciencias Humanas, Chía 2017.
Pizano, Diego: Don Nicolás Gómez Dávila y su biblioteca, in: El Espectador, 22. Mai 2009.
Pizano de Brigard, Francisco: Die Schlüssel des Nicolás Gómez Dávila, in: Nicolás Gómez Dávila: Auf verlorenem Posten, Wien 1992, 261–271.
Ders.: Semblanza de un colombiano universal & Conversaciones con Nicolás Gómez Dávila, Bogotá 2013.
Porceddu Cilione, Pier Alberto: Glosse al pensiero. Gómez Dávila, Cioran, Emo, in: P. O. I. – Rivista di indagine filosofica e di nuove pratiche della conoscenza 6–7/I–II (2020), 195–218.
Pskit, Wiktor: Language in the writings of Nicolás Gómez Dávila, in: Kwartalnik Neofilologiczny LVIII/3 (2011), 325–334.
Quevedo, Amalia: ¿Metafísica aqui? Reflexiones preliminares sobre Nicolás Gómez Dávila, in: Ideas y Valores 111 (Dezember 1999), 79–88.
Rabier, Michaël: Biblioteca gomezdaviliana. Las fuentes bibliográficas del pensamiento de Nicolás Gómez Dávila (I), in: Revista Interamericana de Bibliotecología 36/3 (2013), 235–248; authentic-reactionary-matthew-pheneger.html
Ders.: La «cuestion literaria» en la obra de Nicolás Gómez Dávila, in: Perífrasis 5/10 (Juli–Dezember 2014), 25–40.
Ders.: Un filósofo y su biblioteca: el Fondo Nicolás Gómez Dávila más allá de su valor patrimonial, in: Boletín cultural y bibliográfico XLIX/8–9 (2015), 233–237.
Ders.: Una cierta idea de la filosofía. Acerca de la recepción y no recepción de Nicolás Gómez Dávila en Francia, in: Revista Filosofía UIS 18/1 (Januar–Juni 2019), 189–206.
Ders.: Die Biblioteca Gomezdaviliana. Bibliographische Quellen des Denkens von Nicolás Gómez Dávila, in: Nicolás Gómez Dávila: Scholien. Ein Nachtrag, Wien/Leipzig 2014, 43–63.
Ders.: Nicolás Gómez Dávila, penseur de l'antimodernité. Vie, œuvre et philosophie, Paris 2020.
Reschika, Richard: Epiphanien der Schönheit. Nicolás Gómez Dávilas axiologische Kunstästhetik, Neustadt an der Orla 2022.
Ders.: Konkrete Unendlichkeit. Konturen einer konservativen Kunstästhetik im Werk Nicolás Gómez Dávilas, in: Tumult. Vierteljahresschrift für Konsensstörung 4 (2022), 83–87.
Restrepo David, Felipe: El amanecer y el deseo, in: Revista Universidad de Antioquia 314 (Oktober–Dezember 2013), 41–44.
Rieger, Rita: Nicolás Gómez Dávilas »Escoliso a un texto implícito I« in der Tradition der französischen Moralistik, Diplomarbeit, Graz 2005.
Rodríguez Cuberos, Edgar Giovanni: El romanticismo de Nicolás Gómez Dávila entre la reacción y la insubordinación, in: Nómadas 31 (Oktober 2009), 165–181.
Ruiz Gómez, Darío: Nicolás Gómez Dávila – el necessario pensamiento de derechas«, in: Revista Universidad de Antioquia 314 (Oktober–Dezember 2013), 37–40.

Rutkevich, Alexey M.: Католический реакционер Н. Гомес Давила [Der katholische Reaktionär: N. Gómez Dávila], in: Filosofskie nauki 1 (2011), 98–110.
Sanchez, Sebastian: Verdades de un reaccionário, in: Cultura, 6. Mai 2018, 2.
Sánchez Saus, Rafael: Nicolás Gómez Dávila. La Historia y la búsqueda de la verdad, in: Revista Hispanoamericana. Publicación digital de la Real Academia Hispanoamericana de Ciencia, Artes y Letras 5 (2015), 1–9.
Saralegui, Miguel: Nicolás Gómez Dávila como crítico de la cultura hispánica, in: Ideas y Valores 65/162 (2016), 315–336.
Schiffter, Frédéric: Témoigner de son écœurment (Sur Nicolás Gómez Dávila), in: Ders.: Le charme des penseurs tristes. Paris 2013, 133–142.
Schultze-Kraft, Peter (Hg.): Dossier zu Nicolás Gómez Dávila, in: Akzente. Zeitschrift für Literatur 2 (April 2008), 131–161 (Beiträge von Peter Schultze-Kraft, Till Kinzel, Botho Strauß, Peter Brokmeier, Franco Volpi).
Serrano Ruiz-Calderón, José Miguel: La figura literaria del reaccionario auténtico. Nota sobre algunos aspectos de la obra de Nicolás Gómez Dávila, in: Anuario Jurídico Villanueva V (2011), 233–244.
Ders.: La libertad en la obra de Nicolás Gómez Dávila, in: Foro. Nueva época 14 (2011), 119–142.
Ders.: Gnosticismo y religión democrática, in: Anuario de Derecho Eclesiástico des Estado 29 (2013), 365–392.
Ders.: Democracia y nihilismo. Vida y obra de Nicolás Gómez Dávila, Pamplona 2015.
Strauß, Botho: Der Aufstand gegen die sekundäre Welt. Bemerkungen zu einer Ästhetik der Anwesenheit, München 2004.
Tangheroni, Marco: Della storia. In margine ad aforismi di Nicolás Gómez Dávila, Milano 2008.
Torregroza Lara, Enver: Antropología y fenomenología en Nicolás Gómez Dávila, in: Pensamiento 76/291 (2020), 1153–1171.
Torres Duque, Óscar: Nicolás Gómez Dávila. La pasión del anacronismo, in: Boletín Cultural y Bibliográfico 32/40 (1995), 31–49.
Torretti, Roberto: Nicolás Gómez Dávila, pensador reaccionario, in: Estudios Públicos 131 (Winter 2013), 159–177.
Ulloa-Rivero, Carlos Andrés: De estelas y escombros. Ensayo sobre la obra de Nicolás Gómez Dávila, in: Cuestiones de filosofía 17/1 (2015), 104–117.
Ders.: Entre presencias y sombras: Estudio sobre la meditación axiológica en la obra de Nicolás Gómez Dávila, Diss. Universidad Nacional de Colombia, Bogotá 2018.
Ders.: La meditación axiológica como ruta investigativa en la obra de Nicolás Gómez Dávila, in: Ideas y Valores 69/162 (2020), 81–102.
Urbanek, Krzysztof (Hg.): Oczyszczenie inteligencji. Nicolás Gómez Dávila – myśliciel współczesny? Warschau 2010.
Ders. (Hg.): Prawdziwy reakcjonista. Nicolásowi Gómezowi Dávili w stulecie urodzin, Warszawa 2013.
Ders.: La recepción de la obra de Nicolás Gómez Dávila en Polonia, in: Pensamiento y Cultura 16/2 (Dezember 2013), 33–49.
Ders.: Adversus haereses. Nikolása Gómeza Dávili ›tekst implicite‹, in: Nicolás Gómez Dávila: Teksty. Übersetzt von Krzysztof Urbanek, Furta Sacra, Warschau 2017, 183–208.
Veci Lavín, Carlos: Nicolás Gómez Dávila. Un Campesino medieval indignado, in: La Razón Histórica. Revista Hispanoamericana de Historia de las Ideas 24 (2013), 66–78.
Verhelst Montenegro, Salomón / Raga Rosaleny, Vicente: Similitudes entre el escepticismo de los ›Ensayos‹ deMontaigne y las ›Notas‹ de Nicolás Gómez Dávila, in: Eidos 28 (2018), 218–254.
Villegas Giraldo, Pablo Andrés: El escepticismo y la fe. A propósito de Nicolás Gómez Dávila. Saarbrücken 2016; Santa Rosa de Cabal 2020 (elektronisch).
Volkening, Ernesto: Anotado al margen de El reaccionario de Nicolás Gómez Dávila, in: Eco. Revista de la cultura de Occidente 33/205 (November 1978), 95–99.
Ders.: Cuadernos. Selección de textos Efrén Giraldo, in: Revista Universidad de Antioquia, Medellín, Universidad de Antioquia 326 (Oktober–Dezember 2016), 18–26.
Ders.: Diario de lectura de los Escolios de Nicolás Gómez Dávila. Cuadernos I y II, hg. von Alfredo Abad, Francia Goenaga und Efrén Giraldo, Bogotá 2020.

Volpi, Franco: Nicolás Gómez Dávila, in: Ders. (Hg.): Großes Werklexikon der Philosophie, Bd. 1: A–K, Stuttgart 1999, 580f.
Ders.: Un angelo prigioniero nel tempo, in: Nicolás Gómez Dávila: In margine a un testo implicito (Piccola biblioteca Adelphi 459), Mailand 2001, 159–183.
Ders.: Un Ángel Cautivo en el Tiempo, in: Nicolás Gómez Dávila: Escolios a un texto implícito. Selección, Bogotá 2001, 479–499.
Ders.: Der Denker aus dem Nichts. Aphorismen als Lebensform. Der kolumbianische Philosoph Nicolás Gómez Dávila, in: Frankfurter Allgemeine Zeitung 113 (15. Mai 2004), 44.
Ders.: El solitario de dios, Bogotá 2005.
Ders.: Eine unverwechselbare und reine Stimme, in: Nicolás Gómez Dávila: Notas. Unzeitgemäße Gedanken, Berlin 2005, 403–428.
Walther, Matthew: Deathless Truths, in: First Things, Dezember 2014, 54–57.
Weber, Christoph: »Meine Überzeugungen sind die des alten Weibes, das im Winkel der Kirche seine Gebete murmelt«, in: Kirche und Gesellschaft im Wandel der Zeiten. Festschrift für Gabriel Adriányi zum 75. Geburtstag mit einer Bibliographie, hg. von Hermann-Josef Scheidgen, Sabine Prorok und Helmut Rönz, Nordhausen 2012, 569–581.

Über Nicolás Gómez Dávila

»Wenn ich kein Kommunist wäre, dann dächte ich vollständig so wie Gómez Dávila.«

Gabriel García Márquez

»Ein berühmter Unbekannter.«

José Miguel Oviedo

»Ich kenne im Spanischen kein früheres Beispiel eines durchsichtigeren und schöneren Stils.«

Álvaro Mutis

»Gómez Dávila ist zweifellos einer der originellsten Solitäre des 20. Jahrhunderts, der die Rolle des Philosophen-Schriftstellers in der modernen Welt in einem unvergleichlichen Stil gedeutet hat, indem er zugleich das griechische Erbe und den Geist von Chartres kultivierte.«

Franco Volpi

»Alteuropäer von Schrot und Korn.«

Gerd-Klaus Kaltenbrunner

»In der Flut seichter Schriften steht die Philosophie Dávilas wie ein Riff.«

Manfred Lange

»Die Kette der Zufälle, die dazu geführt haben, den im eigenen Land weitgehend unbekannten Kolumbianer ins Deutsche zu übersetzen, hat mysteriöse Dimensionen.«

Martin Mosebach

»Wer einmal anfängt, ihn zu zitieren, mag nicht mehr aufhören.«

Michael Klonovsky

»Der Reaktionär ist der letzte Phantast in einer kompletten Fantasy-World.«

Botho Strauß

Zeittafel zum Leben von Nicolás Gómez Dávila

Am18. Mai 1913 wird Nicolás Gómez Dávila in Bogotá geboren. Im Alter von sechs Jahren zieht er 1919 mit seiner Familie nach Paris, wo er eine Benediktiner-Schule besucht. Eine schwere Lungenentzündung fesselt ihn fast zwei Jahre lang ans Bett, in dieser Zeit wird er durch Privatlehrer unterrichtet. Im Alter von dreiundzwanzig Jahren kehrt er 1936 nach Kolumbien zurück. Er heiratet Emilia Nieto Ramos, mit der er drei Kinder hat.

1948 unterstützt er die Gründung der Universidad de los Andes, der bedeutendsten Privatuniversität in Bogotá.

1949 reist er ein einziges weiteres Mal mit seiner Frau nach Europa.

1954 erscheinen die Notas I als von seinem Bruder Ignácio veranstalteter Privatdruck in Mexiko, 1959 erscheinen die Textos I, ebenfalls als Privatdruck, der nicht kommerziell vertrieben wird.

1958 lehnt er den Posten eines Chefberaters ab, der ihm vom kolumbianischen Präsidenten Alberto Lleras nach dem Ende der Militärdiktatur angeboten wird.

Das Angebot eines anderen Präsidenten im Jahre 1974, Botschafter in London zu werden, nimmt er ebenfalls nicht an.

1977 erscheint in zwei dicken Bänden sein Hauptwerk, die umfangreiche Sammlung seiner Escolios a un texto implícito.

Zwei weitere Bände neuer Glossen erscheinen 1986, schließlich 1992 der letzte Band fortgesetzter Glossen.

Am 17. Mai 1994 stirbt Gómez Dávila in Bogotá.

1995 erscheint in der Revista Universidad de Antioquia der unveröffentlichte Essay El reaccionario auténtico.